Historia de América Latina

Germán Vázquez y Nelson Martínez Díaz

Primera edición 1998 (Ampliada y renovada)

Produce: SGEL - Educación

© EDIPROYECTOS EUROPEOS, 1990
Montesa, 27 - 28006 MADRID

© Sociedad General Española de Librería, S.A.
Avda. Valdelaparra, 20 - 28108 ALCOBENDAS (MADRID)

ISBN: 84-7143-643-4
Depósito Legal: M-23246-2006
Impreso en España. Printed in Spain

Fotocomposición y fotomecánica: AMORETTI, S.F., S.L.
Impresión: GRÁFICAS PEÑALARA
Encuadernación: YELES CASTELLANA DE ENCUADERNACIÓN

Contenido

Presentación

Este Manual es un breve resumen de la historia de América Latina, desde la prehistoria y las civilizaciones prehispánicas hasta nuestros días, con especial atención a los acontecimientos del siglo XX. Está dirigido, en primer lugar, a estudiantes de español como lengua extranjera; pero también, a todos aquellos lectores, españoles o extranjeros, que deseen tener una visión global y concisa de la historia y la cultura de estos pueblos.

Para designar al conjunto de estos países se han utilizado muy diversos nombres: Hispanoamérica, América Española, Iberoamérica (incluye también Brasil), Sudamérica, Latinoamérica o América Latina. Sin que pretendamos excluir a ninguno de ellos, que todos tienen sus partidarios, creemos que el más usual en nuestros días, sobre todo en esos países, es el de América Latina.

Aunque este libro, por ser una breve síntesis, presenta a América Latina como una unidad, tiene muy en cuenta las enormes diferencias que ha habido siempre entre unos países y otros, y hasta entre distintas regiones dentro de un mismo país. Por ello, los autores han intentado mantener un equilibrio entre la descripción de los rasgos generales y el desarrollo de la particular historia de cada uno de los pueblos y culturas del continente. Las señas de identidad individuales no se pierden en el conjunto sino que a través de él adquieren su verdadero perfil y comprensión.

EL EDITOR

El marco geográfico

América, considerada como un solo continente o como un «doble» continente, es la extensión de tierra más alargada del planeta, pues va del Círculo Polar Ártico al Círculo Polar Antártico. Tiene unos 16.000 km de longitud en el sentido norte-sur, y abarca la totalidad de los hemisferios septentrional y meridional.

Forma dos triángulos comparables: América del Norte y América del Sur, unidos por un estrecho istmo, América Central. Su superficie total abarca 42.000.000 de km², lo que supone el 29 por 100 de las tierras emergidas; su altitud media llega a los 650 m sobre el nivel del mar.

Geográficamente, el Nuevo Mundo presenta dos rasgos característicos que le hacen distinto de los restantes continentes:

a. Es la masa terrestre más aislada del planeta, ya que está separada del resto del mundo por dos grandes océanos, el Atlántico y el Pacífico. Su único punto de contacto con el Viejo Mundo se encuentra en el noroeste, donde el pequeño mar de Bering la acerca a Asia.

b. Las cadenas montañosas que recorren de arriba abajo el territorio —*Montañas Rocosas, Sierra Madre, Sierras Costeras y Andes*— se concentran en la zona occidental o pacífica.

Esta última peculiaridad, unida a la extensión del continente, proporciona tanta variabilidad en longitud y en altitud que permite que allí se encuentren todos los paisajes y climas de la tierra, lo cual resulta importantísimo desde el punto de vista cultural. La orografía condiciona también el sistema fluvial y lacustre, la distribución de la población y la actividad económica.

1. Relieve

Los dos subcontinentes y el istmo muestran un relieve muy similar:

a. Al oeste, una alta cadena montañosa de formación reciente que corre paralela a la costa del Pacífico. En ella se encuentran alturas superiores a los 5.000 m.

b. Al este, un sistema montañoso viejo y desgastado por la erosión, cuyas cimas no rebasan los 3.000 m de altura.

c. En el centro, grandes llanuras aluviales atravesadas por ríos muy caudalosos.

a. El relieve de América Central

La orografía de la América Central presenta la misma estructura que la mitad oeste del subcontinente norte: una serie de elevados altiplanos encerrados entre dos cordilleras, una costera (*Sierra Madre Occidental*) y otra interior (*Sierra Madre Oriental*). Ambos sistemas se unen en una zona de fuerte actividad volcánica (*Popocatepetl y Orizaba*), dando origen a la *Cordillera Centroamericana*, muy ramificada a su paso por Centroamérica (*Sierras de Talamanca y Veraguas, Montañas de Copán*, etc.).

Las islas de las Antillas enlazan las costas atlánticas de los dos subcontinentes; son los restos de un sistema montañoso hundido que hace millones de años unía los Montes Apalaches con el macizo de las Guayanas.

b. El relieve de América del Sur

Suramérica repite la estructura geológica de Norteamérica:

1. En el este dos zonas montañosas: el macizo *Brasileño* y el de las *Guayanas*, separados por la cuenca del río Amazonas.

2. En el centro tres enormes llanuras surcadas por poderosas corrientes fluviales:

a. Los *Llanos del Orinoco*, entre los Andes y el macizo de las Guayanas.

b. La *Depresión del Amazonas*, limitada por los desgastados montes de Guayanas y la meseta Brasileña.

c. El *Gran Chaco* y las *Pampas*, al sur del macizo Brasileño.

3. En el oeste los *Andes*, una gigantesca cordillera que recorre el subcontinente de punta a punta. Ocupa una superficie de 1.800.000 km²; su longitud es de 7.300 km y su anchura va de los 178 km a los 290. Tiene una altitud media de 3.500 m, aunque una treintena de picos rebasan los 5.000, alcanzando uno de ellos, el *Aconcagua*, los 6.999,70 m, lo que le convierte en el punto más elevado de América. Al igual que sucede en el norte con las *Montañas Rocosas*, los *Andes* se adentran en el mar cuando llegan al sur del continente formando un rosario de islas y archipiélagos.

2. Hidrografía

Nueve de los veinticinco ríos más largos del mundo se encuentran en América, y uno de ellos, el *Ama-*

El famoso Salto de Ángel, en Venezuela, es la catarata más alta del mundo, con 979 m

zonas, supera a los demás en caudal. Lo cual quiere decir que el Nuevo Mundo posee las mayores reservas de agua dulce de la Tierra. Todos ellos desembocan en la vertiente atlántica al estar el principal sistema orográfico muy próximo a la costa del Pacífico.

Cinco de esas nueve corrientes circulan por Iberoamérica:

a. El *Amazonas* (6.280 km de curso). Es el primer río del universo por su caudal, aunque el tercero en extensión. Nace en los Andes, en el Nevado de Yarupá, y cruza Suramérica de oeste a este, recibiendo durante el trayecto poderosos afluentes: el *Ucayali*, el *Madeira*, el *Tapajoz* y el *Xingú* por su margen sur; y el *Putumayo*, el *Caquetá* y el *Negro* por su margen norte. Este fortísimo río recibe tres nombres: antes de unirse al Ucayali se le denomina *Marañón*, después *Solimóes* y finalmente Amazonas.

b. El *Plata-Paraná* (4.700 km de curso). El *Río de la Plata* se forma a partir de los ríos *Uruguay* y *Paraná* que, a su vez, recibe las aguas del *Paraguay* (2.660 km de curso). Esta corriente puede navegarse hasta la ciudad argentina de Rosario.

c. El río *Bravo del Norte* (3.034 km de curso). Se origina en las Montañas Rocosas y sirve de frontera entre México y los Estados Unidos de Norteamérica; desemboca en el Golfo de México.

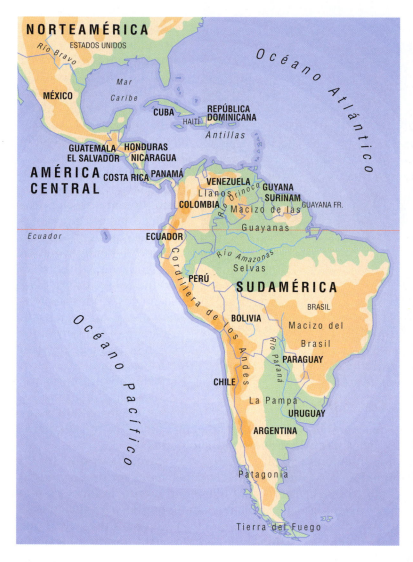

Dejando a un lado el río *Bravo del Norte*, los más notables son el *Coco* y el *San Juan* en Centroamérica, y el *Pánuco, Papaloapán, Coatzacoalcos, Grijalva, Usumacinta, Yaqui, San Pedro, Lerma* y *Balsas* en México.

Iberoamérica está cubierta de hermosos lagos. En México destacan los de *Chalapa, Pátzcuaro* y *Xochimilco;* en Centroamérica los de *Managua, Nicaragua* y *Atitlán;* y en América del Sur los de *Maracaibo* y *Titicaca,* así como los bellísimos y numerosos sistemas lacustres de la Patagonia (*Buenos Aires, Argentino, Nahuel Huapi,* etcétera).

Una mención especial merecen las cataratas del Nuevo Mundo, de gran hermosura e inestimable valor económico. Sobresalen dos: el *Salto del Ángel* en Venezuela, la más alta del planeta (808 m de altura), y las cataratas del *Iguazú,* formadas por este río antes de encontrarse con el Paraná, de 4.000 m de ancho, 70 de alto y 275 caídas.

d.   El *Orinoco* (3.000 km de curso). Hace puente con el Amazonas a través del Casiquiare y recoge las aguas de ríos tan importantes como el *Vichada,* el *Apure* o el *Caura.*

e.   El *San Francisco* (2.900 km de curso). Surge de una de las cabeceras del Paraná y presenta un curso lleno de rápidos y cascadas.

En América del Sur, además de los ríos ya señalados, cabe añadir otro: el *Magdalena,* de unos 1.600 km de longitud, de los cuales 1.300 son navegables.

En México y América Central el relieve impide la formación de grandes corrientes.

3. Climas

La enorme latitud de América y su distinto relieve hace posible la serie completa de zonas climáticas, que se repite en orden inverso de norte a sur.

a. Climas de América Central

En la parte de México situada al norte del Trópico de Cáncer dominan los climas

El clima tropical favorece una exuberante vegetación, escenario de multitud de poblados de América

temperatura templada (alrededor de 25°) y constante (la amplitud térmica anual no supera los 3°), y por lluvias abundantes durante todo el año, abarca la cuenca del Amazonas y el litoral pacífico de Ecuador y Colombia.

b. *Tropical.* A diferencia del anterior, el clima tropical, dominante en Suramérica, posee una estación seca que se hace más patente a medida que se desciende en latitud o se asciende en altura. Por eso en los Andes septentrionales y en la meseta brasileña el clima ecuatorial deja paso al *tropical de altitud*, muy apto para el asentamiento humano.

c. De *alta montaña*. A partir de los 5.000 m se da en los Andes un clima frío con temperaturas por debajo de los 0°.

d. *Desértico* costero. La franja litoral de Suramérica que va del sur de Ecuador al norte de Chile es un territorio tan seco que el guano depositado por las aves marinas se conserva intacto. Este clima desértico, que comprende toda la costa peruana (desierto del Perú) y el norte de Chile (desierto de Atacama), se origina a partir de la acción combinada de dos factores: la proximidad a la línea del Trópico de Capricornio y la existencia de la corriente fría de Humboldt.

2. La *zona templada* se extiende por Brasil meridional y por los países del Cono Sur (Uruguay, Argentina y Chile). Al igual que sucede en Europa y en la mayor parte de los Estados Unidos de Norteamérica, la zona templada del hemisferio sur presenta un fuerte contraste térmico entre un invierno frío y un verano caluroso, y una clara división en cuatro tipos climáticos:

a. *Chino* (sur de Brasil, sureste de Argentina y Uruguay). Se caracteriza por pre-

de estepa y desierto, consecuencia ambos de la circulación atmosférica y de la gran cadena montañosa del oeste, que impide el paso de los vientos marinos húmedos.

El resto del país tiene un clima tropical, si bien las diferencias de relieve originan una gran diversidad climática. Así, en Yucatán, la tierra de los mayas, hay un clima tropical puro mientras que en el Valle de México, cuna de la civilización azteca, se encuentra el subtropical de altura.

En las Antillas y en el Istmo centroamericano el calor tropical y las fuertes lluvias que lo acompañan se hacen sentir con todo su rigor. Por eso la población se concentra en las vertientes occidentales, menos lluviosas y con estación seca.

b. Climas de América del Sur

1. La *zona intertropical* comprende la mayor parte del subcontinente. En ella se distinguen cuatro tipos climáticos:

a. *Ecuatorial.* Caracterizado por una

sentar un verano cálido y húmedo de tipo tropical y un invierno suave y lluvioso idéntico al de la Europa mediterránea.

b. *Mediterráneo* (centro de Chile). Se parece mucho al anterior, salvo en el hecho de que apenas llueve durante la estación estival.

c. *Oceánico* (sur de Chile). Este clima muestra pocos contrastes pluviométricos y térmicos entre el verano y el invierno.

d. *Continental seco* (Patagonia). La barrera que los Andes suponen para la penetración en el continente de los vientos húmedos y templados procedentes del océano Pacífico ocasiona que la fachada oriental tenga un clima continental de estepa.

4. Flora y fauna

Todas las clases de vegetación están representadas en Iberoamérica:

la selva virgen ecuatorial; las sabanas y bosques tropicales; las estepas y desiertos de las áreas áridas; las praderas (*pampas*), bosques de coníferas y estepas de los climas templados; y los páramos y *punas* de los fríos Andes.

Por lo que respecta a los animales de América, conviene diferenciar entre la fauna que vive en el subcontinente norte y la que habita en el subcontinente sur. La primera se parece tanto a las de Eurasia que los biólogos con frecuencia agrupan las especies de ambos territorios en una sola región zoológica, la *holártica*. La segunda, en cambio, tiene animales que no se encuentran en ninguna otra parte del mundo.

a. Fauna del México septentrional

Los animales del norte y centro de México pertenecen en su inmensa mayoría a las especies norteamericanas. Los más conocidos son el puma, el coyote, el bisonte, el venado cimarrón y el berrendo entre los mamíferos; el guajolote, antepasado de los pavos domésticos que se consumen en las fiestas de Navidad, entre las aves; y la serpiente de cascabel, el monstruo de gila y los caimanes del género *alligator* entre los reptiles.

b. Fauna de América Central

En América Central abundan los jaguares, los osos hormigueros y las zarigüeyas; también hay muchas serpientes venenosas de diversos géneros, iguanas y caimanes. La fauna ornitológica es muy variada, destacando el quetzal, un hermoso pájaro que desgraciadamente corre peligro de extinguirse.

El puma, felino parecido a un gato gigante, y que los españoles llamaron "león", campea de norte a sur por toda América

c. Fauna de América del Sur

La fauna de Suramérica cuenta con diferentes especies de monos (pigmeo o «de bolsillo», mono-araña, aullador, etc.), murciélagos, perezosos, marsupiales y felinos (jaguar, ocelote y puma). En la región andina habitan las llamas, alpacas, vicuñas y huemules; en las Pampas y la Patagonia se encuentran varias clases de roedores excavadores (mulita, quirquincho, peludo o armadillo), el zorro patagónico y la comadreja; y en las costas australes grandes colonias de lobos marinos, focas y pingüinos. Entre las aves sobresalen los colibríes, tucanes, cóndores, ñandúes y buitres reales.

5. Población

El Nuevo Mundo está escasamente poblado, ya que sólo viven 600.000.000 de personas en sus 42.000.000 de km². La densidad media es, por lo tanto, bastante baja: 14 habitantes por km², y se encuentra muy por debajo de la europea (66 habitantes/km²) y de la asiática (63,4 habitantes/km²).

a. Distribución

La población de Latinoamérica se distribuye de manera desigual. En Bolivia no se llega a las 6 personas por km² mientras que en El Salvador se alcanza la cifra de 215. Esta desigualdad, motivada sobre todo por la dureza climática del Nuevo Mundo, se manifiesta de manera muy llamativa. Por un lado, existen numerosos espacios casi vacíos (zona desértica del México septentrional, Andes centrales y meridionales, cuenca del Amazonas y el extremo sur del continente), con densidades inferiores a 1 habitante por km². Por el otro, hay

Cuadro A
Distribución de la población latinoamericana

País	Densidad (habitantes/km²) 1970	(población en miles) 1970	1990
México	26	50,718	81,250
Costa Rica	35	1,798	3,035
El Salvador	164	3,441	5,172
Guatemala	48	5,179	9,197
Honduras	23	2,583	5,138
Nicaragua	14	2,021	3,676
Panamá	19	1,463	2,418
Cuba	73	8,341	10,075
República Dominicana	89	4,348	7,170
Puerto Rico	306	2,750	3,300
Colombia	19	22,160	32,300
Venezuela	11	10,755	19,321
Ecuador	12	6,028	10,547
Perú	11	13,586	21,550
Bolivia	4	4,658	7,171
Paraguay	6	2,419	4,277
Chile	13	9,780	13,173
Argentina	9	24,352	32,322
Uruguay	15	2,889	3,094

En algunos países de América Latina, como Guatemala, la población indígena representa más del 50%

enormes concentraciones humanas en las cercanías de las costas y de las grandes ciudades: Caracas, Montevideo, Buenos Aires, Santiago de Chile, Lima, Bogotá, Quito y México, D.F.

b. Composición racial

Lo que singulariza al pueblo iberoamericano, lo que le hace distinto, es su carácter mestizo, resultante de la mezcla racial efectuada a partir del siglo XVI. Las uniones de blancos, negros e incluso asiáticos con los habitantes autóctonos, los amerindios, originaron nuevos grupos étnicos (mestizos, mulatos y zambos), los cuales, a su vez, se fusionaron con los anteriores creando ese increíble caleidoscopio racial que el ilustre filósofo mexicano José Vasconcelos denominó *raza cósmica.*

1. Los *amerindios.* La raza india pertenece al grupo racial amarillo (véase capítulo 2). Tras la llegada de los europeos al Nuevo Mundo, millones y millones de aborí-

genes americanos murieron a resultas de los ataques de los hombres blancos o víctimas de enfermedades hasta entonces desconocidas para ellos (viruela, gripe, sarampión). Por tal razón los indios sólo representan en la actualidad el 10 por 100 de la población total.

2. Los *blancos.* Desde la llegada de Colón, los blancos no han cesado de entrar en América, bien como colonos (siglos XVI y XVII), bien como emigrantes (siglos XIX y XX). El número de europeos que pasaron al Nuevo Mundo se calcula en unos 40.000.000. La mayor parte de los pobladores blancos de Hispanoamérica fueron españoles, aunque en épocas recientes se les sumaron un gran número de emigrantes italianos (cerca de 3.000.000 desembarcaron en Argentina entre 1850 y 1940).

3. Los *negros.* Los africanos llegaron a la América Hispánica en calidad de esclavos y nunca fueron muy numerosos. Según Alejandro Humboldt, en 1800 había 750.000 negros, 7.500.000 indios y 3.500.000 blancos en las posesiones españolas. Hoy en día la mayor presencia de gentes de color se da en las Antillas y en el Brasil.

Ahora bien, estos tres grupos raciales y sus mezclas no se distribuyen de manera homogénea (véase cuadro B). Por eso, cabe establecer la siguiente clasificación:

a. Países mestizos (México, El Salvador, Nicaragua, Honduras, Panamá, Colombia, Venezuela, Chile y República Dominicana). En ellos domina la población mestiza (cruce de las razas blanca e india), pero el poder político y económico está monopolizado por los blancos de sangre pura.

b. Países indígenas (Perú, Bolivia y

Cuadro B
Composición racial

	% blancos	% negros	% indios	% mestizos
México	10	—	15	75
Costa Rica	97,6	—	0,4	2
El Salvador	1	—	10	89
Guatemala	4	—	54	42
Honduras	—	—	6,7	—
Nicaragua	17	10		73
Panamá	11,1	13,3	9,5	65,3
Cuba	75	—		25
República Dominicana	20	—		80
Puerto Rico	—	20		—
Colombia	20	5	7	68
Ecuador	15	3	60	22
Perú	15	—	46	38
Bolivia	15	—	53	32
Paraguay	—	—	3	97
Chile	30	—	5	65
Venezuela	20	8	7	65
Argentina	97	—	3	—
Uruguay	90	—	10	—

Ecuador). El grupo amerindio constituye la base fundamental de la población.

c. Países blancos (Argentina, Uruguay, Costa Rica y Cuba). El elemento blanco es prioritario frente a las restantes razas.

c. Estructura demográfica

La América Hispánica se caracteriza por presentar una altísima tasa de natalidad (36 por 1.000), especialmente en Centroamérica, y una mortalidad inferior al 10 por 1.000 debida al uso masivo de penicilinas, sulfamidas y vacunas. En consecuencia, se ha producido una espectacular explosión demográfica que es uno de los mayores problemas de los países latinoamericanos.

d. Urbanismo

Los americanos, como hemos visto anteriormente, viven principalmente en ciudades.

Una veintena de urbes superan el 1.000.000 de habitantes, dos (México D.F. y Buenos Aires) sobrepasan los 5.000.000, y cuatro (Bogotá, Santiago de Chile, Lima y Caracas) están a punto de alcanzar esta elevada cifra.

Las causas principales de tan espectacular crecimiento son dos:

1. El centralismo administrativo de las capitales.

2. La emigración de los campesinos a la ciudad, que desean mejorar sus duras condiciones de vida.

El resultado de estos movimientos migratorios no puede ser más negativo: un crecimiento urbanístico desordenado y caótico, la aparición de decenas de miles de chabolas (chozas fabricadas con materiales de desecho sin energía eléctrica, agua y alcantarillado) y la degradación del centro histórico, o sea, de los edificios construidos durante el período colonial.

6. Economía

Pocas áreas de la Tierra contienen tantas riquezas como Latinoamérica. Lamentablemente muchos recursos no se han descubierto aún, o están poco explotados o mal distribuidos. Por ejemplo, los expertos estiman que el 7,4 por 100 de las reservas petrolíferas terrestres se encuentra en la América no anglosajona; sin embargo, la ausencia de estudios profundos permite suponer que el cálculo no responde a la realidad.

a. La agricultura

Dos rasgos caracterizan la agricultura de las naciones iberoamericanas:

1. La gran variedad de especies cultivadas existentes. La dilatada latitud del territorio permite que se críen plantas tropicales (café, cacao, caña de azúcar y frutas exóticas) en la zona intertropical, y especies mediterráneas (cereales, vid y olivo) en la región templada del Cono Sur.

2. Un contraste muy marcado entre las grandes explotaciones (latifundios) y las pequeñas haciendas (minifundios). Las primeras, que abarcan miles de hectáreas, se dedican a un solo cultivo (trigo, café, caña de azúcar o plátanos); la mayor parte de la cosecha se vende a compañías multinacionales norteamericanas o europeas que dominan el mercado mundial. Sus propietarios obtienen el máximo rendimiento gracias a la utilización de las técnicas más modernas y al empleo de una abundante mano de obra muy mal pagada. Una variedad limitada a la zona templada es el gran latifundio ganadero donde miles de vacas y ovejas pastan en total libertad. En los minifundios, por el contrario, se practica un policultivo (varias especies al mismo tiempo) de subsistencia con métodos primitivos. Los dueños de estas parcelas suelen trabajar como peones (asalariados) en los latifundios.

b. La industria

A pesar de la abundancia de recursos naturales, tanto energéticos (petróleo, electricidad) como minerales, la industria iberoamericana responde al modelo típico de los países subdesarrollados.

Las condiciones de vida en el Amazonas son especialmente duras para la población infantil, expuesta a diversas enfermedades

Por un lado, la red de transportes es muy débil, lo cual impide la aparición de regiones industriales y obliga a las fábricas a concentrarse en torno a las grandes ciudades. Por el otro, la mayoría de las empresas de Hispanoamérica depende de las grandes compañías multinacionales que controlan la tecnología y dirigen la producción en función de unos intereses opuestos a los del país.

c. El comercio

La dependencia de Latinoamérica de las naciones desarrolladas se manifiesta también en el plano comercial. Al carecer de una estructura industrial fuerte, los Estados centro y suramericanos se ven obligados a importar maquinaria, tecnología y productos manufacturados de todo tipo. Los pagos de las importaciones se efectúan con las divisas internacionales obtenidas gracias a las exportaciones, que se centran en un único producto (petróleo, minerales o frutos tropicales).

La orquídea es una de las flores más delicadas y atractivas de la rica flora americana

Este desigual sistema de intercambio conduce a la quiebra de las economías iberoamericanas, porque si los países ricos consumidores compran menos o deciden bajar los precios, como ha ocurrido en los últimos años, los ingresos de los Estados latinoamericanos disminuyen y deben solicitar créditos en divisas a las instituciones financieras internacionales para poder pagar sus importaciones. Las cantidades prestadas aumentan con tanta rapidez que muchos países no pueden ni pagar los intereses. La *deuda externa* es hoy por hoy el mayor problema de Hispanoamérica.

PARTE I
Culturas de América prehispánica

1. Fuentes y ciencias americanistas

1. Las ciencias americanistas

El americanismo es una ciencia muy joven, ya que celebró su primer congreso internacional en la ciudad francesa de Nancy en 1875. Tiene como objeto de estudio la historia, las costumbres, las lenguas, las creencias religiosas y el tipo físico de los amerindios en el período anterior a la llegada de los europeos. Posteriormente la definición se ha hecho más general al incluir dentro de su campo de actuación las culturas indígenas de los períodos colonial e independiente.

Las principales ciencias americanistas son cuatro: la Antropología Física, la Antropología Cultural, la Lingüística y la Historia. Cada una de ellas se ocupa de un área determinada. La primera estudia la constitución física de los distintos grupos indoamericanos; la segunda se interesa por las manifestaciones culturales; la tercera por las lenguas; y la última investiga el origen y evolución de las sociedades indígenas. Incluye también otras ciencias especializadas, como la Botánica, la Geografía, la Psicología o la Arqueología.

Gracias a los datos proporcionados por estas disciplinas podemos conocer la estructura y el funcionamiento de las sociedades indias actuales, o reconstruir la historia y la cultura de las grandes civilizaciones prehispánicas.

2. Fuentes de información

Las fuentes de información sobre las civilizaciones precolombinas se dividen en dos grandes categorías: *prehispánicas* e *hispánicas*. Las primeras datan de los tiempos anteriores a la Conquista española y por lo general carecen de intención histórica; las segundas proceden de la época colonial y en su mayor parte tienen un carácter histórico, es decir, fueron elaboradas voluntariamente para dejar constancia del pasado o de un hecho concreto.

Las *fuentes prehispánicas* se subdividen a su vez en tres grupos:

a. *Arqueológicas* (monumentos, restos humanos, utensilios de la vida cotidiana, armas, instrumentos de trabajo, tejidos, etc.). Este tipo de fuentes suministra datos muy valiosos sobre la economía, la vida cotidiana, la organización social y el tipo físico de los pueblos indígenas americanos.

b. *Iconográficas* (esculturas, relieves, pinturas murales y monumentos conmemorativos). Muy importantes para el estudio de las ideas políticas y religiosas. En algunos casos, como el de las estelas mayas, incluyen fechas cronológicas.

c. *Escritas* (jeroglíficos mayas, aztecas y mixtecas reproducidos en papel, piedra u otro material). Las culturas mexicanas desarrollaron diversos niveles de escritura que utilizaron con fines religiosos, políticos o históricos.

Las *fuentes hispánicas* son en su inmensa mayoría documentales, o sea, escritas. Las crónicas e historias del período colonial se clasifican de la siguiente manera:

a. *Indígenas*. Escritas por indios y mestizos, o por españoles que recogen los relatos orales de los indígenas. Pueden estar redactadas en castellano, en alguna lengua americana escrita con caracteres latinos, o en el antiguo sistema de escritura prehispánico.

b. *Españolas.* Las fuentes españolas se diferencian sobre todo por su intencionalidad.

De ahí que convenga distinguir entre las *narrativas* (historias, crónicas, etc.), pensadas para transmitir datos al futuro, y las testimoniales (relaciones de exploradores y conquistadores, cartas personales, informes administrativos y judiciales, etc.), hechas sin mentalidad histórica.

3. Las «crónicas de Indias»

La calidad literaria de las denominadas *crónicas de Indias* —nombre que se da a las fuentes escritas en caracteres latinos durante el período colonial— depende de los intereses del autor y de su educación. Algunas sólo resultan atractivas para los especialistas, otras merecen el calificativo de obras literarias. Tal sería el caso de los *Naufragios,* de Alvar Núñez Cabeza de Vaca, un soldado español que después de desembarcar en la península de Florida recorrió a pie y desarmado todo el sur de los Estados Unidos hasta la actual ciudad de El Paso.

Tampoco hay semejanzas en cuanto al contenido. La calidad de las noticias sobre las civilizaciones y culturas precolombinas que aparecen en las crónicas de Indias varía mucho y está en función de los motivos del libro. Las relaciones que tratan la Conquista mencionan poco las sociedades prehispánicas; en cambio, las dedicadas al mundo indígena ofrecen infinidad de datos.

Hernán Cortés es recibido por Moctezuma en Tenochtitlán (óleo sobre cobre de finales del siglo XVIII, Museo de América, Madrid)

Existen, pues, dos clases de crónicas: las *históricas* y las *etnológicas.* A ellas habría que añadir un tercer tipo: las *histórico-etnológicas,* que mezclan ambas materias en proporciones desiguales.

a. *Crónicas históricas*

La información sobre los indígenas incluida en los textos históricos no está elaborada ni sistematizada. Se trata de notas dispersas que ilustran y engrandecen el relato. Sin embargo, estos apuntes tienen un gran valor porque los conquistadores fue-

Bautismo de un jefe azteca tras la Conquista de México (pintura del siglo XVIII, Museo de América, Madrid)

2. La *Historia verdadera de la conquista de la Nueva España*. Bernal Díaz del Castillo, veterano del ejército de Cortés, escribió su obra cuando contaba ochenta y cuatro años de edad. Pretendía poner de relieve que la Conquista de México fue una empresa colectiva, y no, como afirmaban otros autores, la obra personal de Hernán Cortés. Dueño de una increíble memoria, el anciano soldado describe magistralmente los acontecimientos, los protagonistas y los lugares de la gesta.

b. Crónicas etnológicas

Los relatos etnográficos se centran en la descripción de la historia y la cultura de los pueblos de la América prehispánica. A diferencia de las crónicas históricas, las obras indigenistas no tienen un contenido homogéneo. Por eso, conviene establecer dos grandes apartados: a) *Crónicas regionales;* y b) *Monografías*.

Las crónicas regionales tratan sobre grupos étnicos concretos, aunque a veces mencionan de pasada datos procedentes de sociedades vecinas. Fueron redactadas por los misioneros españoles, que necesitaban conocer perfectamente la vida y las creencias indígenas, o por indios pertenecientes a la nobleza precolombina. Las monografías presentan una mayor especialización, ya que sus autores se limitaron a desarrollar con mayor o menor amplitud el tema lingüístico o la supervivencia de las creencias religiosas indias en el período colonial. Los ejemplos más notables de primer subgénero son:

ron los únicos europeos que pudieron contemplar las sociedades precolombinas vivas.

Entre las crónicas e historias escritas por participantes en los hechos destacan los escritos de Hernán Cortés y Bernal Díaz:

1. Las *Cartas de relación*. Hernán Cortés escribió cinco cartas al emperador Carlos V sobre la Conquista del imperio azteca. El estilo —sencillo, atractivo y hasta elegante— se parece tanto al de Julio César que algunos críticos han comparado las *Cartas de relación* con la *Guerra de las Galias*.

1. La *Historia general de las cosas de la Nueva España*. Fray Bernardino de Sahagún, un misionero franciscano, consagró la mayor parte de su larga vida al estudio de la civilización azteca. Para ello, utilizó un método científico idéntico al que usan los antropólogos del siglo XX. Su obra, dividida en doce libros ilustrados con bellas láminas, está escrita en castellano y en lengua náhuatl o mexicana.

2. La *Relación de las cosas del Yucatán*. El franciscano Diego de Landa también empleó técnicas etnográficas para investigar la espléndida civilización maya. La relación, bastante más pobre que la de fray Bernardino de Sahagún, hace hincapié en las creencias de los mayas y en su sistema de escritura.

c. Crónicas histórico-etnológicas

Los escritos que mezclan contenidos históricos y antropológicos son los más abundantes. Por lo general, se inician con la llegada de los indios al lugar donde se desarrollan los hechos y se remontan en el tiempo hasta la época colonial. Sus autores —*cronistas oficiales,* historiadores particulares o pensadores— pretenden dar a conocer determinados sucesos o ideas al público en general. Las crónicas histórico-etnológicas se dividen en tres grupos: a) *Historias generales;* b) *Historias regionales o locales;* y c) *Historias comparativas*.

Las *Historias generales* persiguen un ambicioso objetivo: relatar todo cuanto sabía el cronista sobre los indígenas americanos y la Conquista española. Se trata de trabajos de síntesis financiados por el gobierno que recogen, a veces literalmente, otros textos. El ejemplo más significativo serían las *Décadas* de Antonio de Herrera, un *Cronista oficial de Indias* que tardó diecinueve años en redactar su obra.

Las *Historias regionales* pretenden lo mismo que las anteriores, pero a una escala menor. Entre las crónicas locales más notables sobresalen cuatro títulos:

1. La *Historia de las Indias de Nueva España e Islas de la Tierra Firme*. Diego Durán, fraile dominico, escribió a partir de un manuscrito en lengua náhuatl un grueso libro sobre la historia de los aztecas de México, que incluye un estudio monográfico de sus dioses y ceremonias religiosas.

2. La *Crónica del Perú*. Pedro Cieza de León, hombre de curiosidad insaciable y notable inteligencia, dejó una vasta producción literaria dividida en cuatro gruesas partes. Cieza ofrece tantos datos y tan valiosos que el autor ha merecido el calificativo de *Príncipe de los cronistas de Indias*.

3. Los *Comentarios reales*. Garcilaso de la Vega *el Inca,* hijo de una *ñusta* o princesa peruana y de un conquistador español, pasó la mayor parte de su vida en España. Movido por la añoranza que sentía de su tierra natal, escribio uno de los libros más sugestivos que se conocen sobre el Nuevo Mundo. La primera parte de él, consagrada al Perú incaico, recoge las anécdotas, leyendas y noticias que escuchó en su niñez.

Las *Historias comparativas,* como indica su nombre, comparan el desarrollo histórico, la estructura política y las creencias de dos o más sociedades (precolombinas, europeas de la antiguedad, etc.) con el objeto de descubrir semejanzas y diferencias. Los motivos varían de un escritor a otro: los jesuitas José de Acosta y Bernabé Cobo utilizaron el método comparativo con un propósito exclusivamente científico, mientras que el dominico Bartolomé de las Casas lo empleó en su *Apologética historia* para demostrar que los indios de América eran seres humanos dignos de respeto.

4. Obras literarias y religiosas indígenas

Los textos religiosos y literarios indígenas presentan rasgos peculiares que les hacen distintos de las crónicas de Indias. Sus autores —indios ancianos que aprendieron la escritura latina— querían conservar la tradición cultural precolombina. Por esta razón, se limitaron a transcribir sin ningu-

Fray Bartolomé de las Casas, uno de los más polémicos cronistas de Indias, luchó por la dignidad de la población indígena de América

na modificación los poemas e ideas religiosas que aprendieron antes de la llegada de los españoles. Quiere ello decir que ni el contenido, ni la estructura, ni el estilo se ajusta a los criterios literarios europeos. Los principales manuscritos son:

1. Los *Cantares mexicanos* y los *Romances de los señores de la Nueva España.* Estas colecciones de poemas aztecas recogen en lengua náhuatl algunas de las creaciones más notables de los poetas del México prehispánico.

2. El *Popol Vuh.* El *Libro del Consejo* es una de las piezas literarias más misteriosas y bellas de la literatura universal. Su anónimo redactor indígena logró *en su ruda y extraña elocuencia y poética originalidad, una de las más raras reliquias del pensamiento aborigen* (Hubert Howe Bancroft, *History of the Native Races of the Pacific Coast,* 1875-1876).

3. Los *Libros de Chilam Balam.* Estos textos, piedras angulares de la literatura indígena americana, se denominan así por-que aluden a un adivino *(Chilam)* llamado Jaguar *(Balam),* el cual vivió poco antes de la llegada de los españoles. Los *Libros de Chilam Balam* proceden de un documento original, hoy en día desaparecido, redactado en lengua maya yucateca con caracteres latinos. El escrito, que transcribía el contenido de los antiguos códices jeroglíficos prehispánicos, se distribuyó entre los sacerdotes nativos de varios pueblos. Las distintas copias pasaron de padres a hijos, y cada propietario añadió al núcleo original aquello que le parecía interesante. El resultado final fueron veinte libros parecidos, pero al mismo tiempo diferentes, que incluyen materias variadas y sin ninguna relación: medicina, poemas y piezas de teatro mayas, novelas españolas traducidas al yucateco, textos históricos, oraciones paganas y cristianas, etc. Los manuscritos mejor conocidos son el *Chilam Balam de Chumayel,* el *Chilam Balam de Tizimín,* y el *Códice Pérez,* recopilación de fragmentos tomados del *Chilam Balam de Maní* y de otros libros.

2. Rasgos generales de las culturas prehispánicas

América está separada de Europa, Asia y África por dos grandes océanos, el Atlántico y el Pacífico. Este aislamiento geográfico determinó la marginación cultural de sus habitantes, los cuales quedaron fuera del proceso histórico que daría origen a la civilización occidental. En consecuencia, las culturas precolombinas fueron excluidas de la Historia Universal y se convirtieron durante mucho tiempo en simples curiosidades históricas. Afortunadamente la mentalidad de los investigadores ha cambiado en los últimos años. Hoy en día, la América prehispánica se considera una parte más del pasado de la humanidad.

La importancia del Nuevo Mundo para las Ciencias Sociales reside en que allí también se produjo una evolución social que finalizó con el nacimiento de la vida urbana, las clases sociales y el Estado. Sin embargo, el desarrollo cultural americano tiene rasgos propios que le hacen diferente del europeo o del asiático.

La primera característica de las culturas amerindias sería por tanto su *originalidad,* motivada por el aislamiento de América; y la segunda, que está asimismo condicionada por el medio geográfico, la *variedad.*

Si el aislamiento provocó una evolución independiente y autónoma, la forma del continente, que se extiende del Polo Norte al Polo Sur, obligó a sus habitantes a adaptarse, física y culturalmente, a paisajes y climas muy diversos. En consecuencia, las diferencias raciales, lingüísticas y culturales entre unos pueblos y otros son muy acusadas.

1. Razas

a. Tipo físico

Algunos estudiosos han afirmado que los indígenas de América forman un grupo racial distinto de los cuatro conocidos (australiano, blanco, amarillo y negro), pero no hay ninguna razón científica que justifique tal opinión. Los indios poseen caracteres raciales muy parecidos a los de los pueblos amarillos de Asia, pues, al igual que ellos, tienen la piel de color amarillo, el pelo liso y un rostro similar al de los mongoles. Por lo tanto, deben incluirse dentro del grupo racial xantodermo o amarillo, si bien forman una raza aparte: la *amerindia.*

Los amerindios habitan una zona mayor que la de las demás razas humanas, ya que ocupan todo el continente americano salvo las costas e islas cercanas al Ártico, que están pobladas por otra raza amarilla: la esquimal. Sin embargo, esto no basta para explicar la gran variedad de tipos físicos que se encuentra entre los amerindios. El medio ambiente es uno de los factores que más condicionan el aspecto del hombre americano, pero no el único. Hay un segundo elemento igualmente importante: el histórico. Los indios no descienden de una sola etnia procedente de Asia, sino de varias, que entraron en el Nuevo Mundo en épocas distintas. La mezcla de los emigrantes —pertenecientes a razas amarillas más o menos evolucionadas— y su adaptación a un hábitat geográfico concreto serían, pues, las dos razones que explican la extraordinaria diversidad racial de América. A ellas habría que sumar una tercera: la participación de australianos y melanesios, pertenecientes a grupos raciales no xantodermos (amarillos), en la formación de la estirpe amerindia (véase el tema 3: *Origen del hombre americano*).

b. Número de habitantes en 1492

Los cálculos sobre el número de habitantes del Nuevo Mundo no son muy fiables, pues se apoyan en los datos proporcionados por los cronistas, quienes, por variadas razones, dan cifras superiores a las reales. La cantidad total varía de un investigador a otro. Así, en la década de los veinte, Karl Sapper y Herbert Spinden estimaron una población de aproximadamente 40 a 50 millones, mientras que otros estudiosos, como Ángel Rosenblat, admitían sólo 13.385.000 seres humanos en 1492. Posteriormente la escuela demográfica de la Universidad de California en Berkeley ha aventurado la hipótesis de que en el Nuevo Mundo había cerca de 100 millones de indios.

2. Lenguas

Si la variedad racial es grande, la pluralidad lingüística alcanza extremos increíbles:

Esta región no puede ser comparada a ninguna otra del mundo por su multiplicidad y diversidad. Se han estudiado alrededor de 2.000 idiomas y dialectos divididos en 17 grandes familias y 38 pequeñas, con cientos de lenguajes sin clasificar (Norman A. McQuown, «The Indigenous Languages of Latin America», *American Anthropologist,* 57, 1955).

No obstante, el estudio de los idiomas nativos ha permitido establecer parentescos entre ellos y agruparlos en *familias* y *grupos.* El número de familias reconocidas supera el centenar, si bien no todas poseen la misma importancia. Algunas incluyen un solo lenguaje, como la araucana, y otras, como la gran familia uto-azteca, más de 25 grupos de lenguas. Los principales troncos

serían el *Esquimal,* el *Atapasco,* el *Algonquino* y el *Iroqués* en América del Norte; el *Utoazteca,* el *Maya* y el *Otomangue* en América Central; y el *Quechua,* el *Chibcha,* el *Arahuaco,* el *Caribe,* el *Tupí-guaraní* y el *Ge* en América del Sur. Todos ellos, a su vez, podrían reducirse a *macrofamilias.* Por ejemplo, las familias sudamericanas se agruparían en tres enormes troncos: *Macro-chibcha, Andino-ecuatorial* y *Ge-Pano-Caribe.*

De lo expuesto se deduce que no existe una lengua madre que haya dado origen a la pluralidad lingüística del Nuevo Mundo, pues los diferentes grupos no se parecen en nada, salvo en el hecho de ser idiomas aglutinantes. Por lo que respecta a la afinidad de los lenguajes indígenas de América con otros hablados en el Viejo Mundo, la lingüística ha demostrado la total ausencia de filiaciones.

La distribución geográfica de las familias y grupos lingüísticos pone de manifiesto dos hechos clave:

a. Estadísticamente hablando, la inmensa mayoría de las lenguas americanas se localizan al oeste de la cadena montañosa que recorre el continente de norte a sur. Quiere ello decir que la zona este o pacífica presenta una mayor homogeneidad linguística que la oeste o atlántica.

b. No existe ninguna correspondencia entre etnia y lengua, ya que grupos raciales distintos pueden hablar idiomas pertenecientes a la misma familia lingüística.

La multiplicidad de lenguajes y su sorprendente fragmentación indica la total ausencia en la América Precolombina de una unidad cultural, así como un bajísimo nivel de centralización política. Por supuesto, el mosaico idiomático tendía a desaparecer allí donde se habían constituido imperios expansivos, como en México y en Perú.

3. Culturas

La variedad ecológica, racial e idiomática del Nuevo Mundo se extiende también al

| Las culturas prehispánicas produjeron hermosas obras de arte como esta cerámica mexicana de la zona de Monte Albán

plano cultural, ya que en la América Precolombina se encuentran todas las formas posibles de organización humana, desde las más bajas a las más avanzadas. De lo expuesto se deduce que las culturas americanas sufrieron un proceso evolutivo que las llevó de lo simple a lo complejo.

a. Caracteres generales de las culturas precolombinas

En principio, interesa señalar que las etapas evolutivas del Nuevo Mundo son muy parecidas, si no iguales, a las del Viejo Mundo porque, como han demostrado los antropólogos, el ser humano tiende a actuar de la misma manera en circunstancias similares. Lo cual no quiere decir que las culturas americanas sean idénticas a las de Europa, Asia o África. Por el contrario, presentan características propias que las hacen muy distintas. Las principales serían las siguientes:

1. Ausencia de grandes herbívoros domesticados (caballos, bueyes y vacas) para tiro, carga y monta.
2. Desconocimiento de la rueda y de sus múltiples aplicaciones.
3. Retraso en el desarrollo de la metalurgia, que no superó el nivel del bronce.
4. Descubrimiento y utilización del caucho.
5. El hábito de fumar, o sea la inhalación directa del humo que surge de la combustión de ciertas hierbas por medio de cigarros, cigarrillos o pipas.

Lo arriba escrito nos permite sacar tres consecuencias:

1. El desarrollo de las culturas americanas fue autónomo e independiente del proceso evolutivo que se dio en el Viejo Mundo.
2. No existe ningún intercambio importante de ideas, costumbres u objetos entre Eurasia y la América Precolombina, aunque haya evidencias de contactos transoceánicos.
3. Las limitaciones técnicas de los amerindios les hicieron diferentes del resto de los hombres. Las culturas americanas —y esto es lo que las singulariza— se apoyaron

únicamente en la paciencia, los músculos y los corazones de sus creadores.

b. Áreas culturales

El Nuevo Mundo se divide en dos grandes zonas culturales: la *América nuclear* y la *América marginal.*

La *América nuclear* está situada en la vertiente del Pacífico y se extiende desde el suroeste de los Estados Unidos de Norteamérica hasta el norte de Chile y el noroeste de Argentina. Esta región fue donde se alcanzaron los niveles más altos de desarrollo sociocultural. Incluye tres áreas culturales:

1. *Mesoamérica* (México, Guatemala, Belice y parte de Honduras).
2. *Área Intermedia* (Centroamérica y la mitad norte de Colombia y Ecuador).
3. *Área Andina* (sur de Colombia y Ecuador, Perú, Bolivia, norte de Chile y noroeste de Argentina).

La *América marginal* comprende el resto del continente. La adaptación humana resulta allí muy difícil; por eso, los grupos étnicos de la zona nunca sobrepasaron la fase de jefaturas.

c. Etapas

En la evolución cultural del Nuevo Mundo se distinguen cinco etapas:

1. Etapa de las *bandas cazadoras y recolectoras* (40000 a 5000 a. C.), también denominada *lítica o precerámica.*
2. Etapa de las *tribus agrícolas* (5000 a 1000 a. C.). Durante este período, que otros investigadores llaman *Formativo* o *Neolítico,* el hombre descubre la agricultura y logra domesticar algunos animales (pavo y llama); asimismo, se inicia en el arte de la alfarería y de la arquitectura.
3. Etapa de los *Señoríos agrícolas* (1000 a. C. a los comienzos de la Era cristiana). Corresponde al período *Preclásico* o *Formativo* de otras clasificaciones. Sus características más notables son el nacimiento de la vida urbana y la aparición de las clases sociales.
4. Etapa de los *Estados agrícolas* (hasta el 1000 d. C.). En la fase agrícola o *Clásica,* la consolidación de las clases sociales da origen a los primeros Estados americanos. Se trata de Estados teocráticos que entrarán en crisis al principiar el siglo X de nuestra Era.
5. Etapa de los *Estados militaristas* (1000 d. C. a la Conquista española). La guerra y el tributo constituyen la base de los *Estados militaristas* o *Postclásicos.* Estos Estados de corte militarista, darán origen a partir del siglo XII a los dos grandes imperios que encontraron los españoles, el *azteca* y el *inca.*

3. Origen del hombre americano

Una de las primeras preguntas que se plantearon los europeos cuando llegaron al Nuevo Mundo fue la del origen de los hombres que vivían en aquel continente. Las respuestas a este interrogante se pueden dividir en dos grandes grupos: a) teorías clásicas y fantásticas; y b) teorías científicas.

1. Teorías clásicas y fantásticas

Las hipótesis anteriores al siglo XIX *(teorías clásicas)* y las posteriores sin carácter científico *(fantásticas)* presentan grandes diferencias, aunque todas ellas, tomadas en conjunto, muestran tres puntos en común:

a. Los autores no son objetivos. Pretenden justificar determinadas ideas o actuaciones que nada tienen que ver con la ciencia y mucho con la política.

b. Se apoyan en comparaciones lingüísticas y afinidades culturales sin ningún valor científico. Los argumentos empleados parecen sugestivos e incluso lógicos a primera vista; sin embargo, son del todo falsos, porque las comparaciones deben hacerse teniendo en cuenta el rol o papel que un elemento determinado juega en una cultura, y no aislándolo, como hacen los autores fantásticos o los clásicos.

c. La mayor parte de las teorías sostienen que los amerindios no son originarios de América sino de los otros continentes.

La distinción principal afecta al contenido: algunos se inclinan por una procedencia única mientras que otros defienden un origen múltiple.

Hay infinidad de interpretaciones clásicas y fantásticas sobre el poblamiento de América; pero aquí sólo veremos las más importantes.

a. Origen bíblico

La religión católica desempeñaba un papel muy importante en la España de los siglos XV y XVI. Por eso, cuando se planteó el problema del origen del hombre americano, muchos escritores recurrieron a la Biblia para resolver el misterio.

La primera hipótesis en esta línea la planteó el español Arias Montano al sostener que dos tataranietos de Noé colonizaron el Nuevo Mundo después del Diluvio Universal. Más tarde, otros autores, tomando como fuente de inspiración el *Libro de los Reyes,* identificaron el Perú de los incas con el misterioso Ophir bíblico, deduciendo de ello que los judíos poblaron América durante el reinado de Salomón. Sin embargo, la tesis que despertó más entusiasmo fue la de las Diez Tribus Perdidas de Israel. Según su autor, el famoso padre Bartolomé de las Casas, estos pueblos, que desaparecieron de la historia tras la conquista del reino hebreo por los asirios en el año 721 a. C., lograron escapar a la furia de los vencedores, cruzaron Asia Central, China y el estrecho de Bering, y se refugiaron en México. Alejandro von Humboldt, lord Kingsborough y otros ilustres americanistas compartieron las especulaciones de De las Casas.

Inspirándose también en los textos bíblicos, un tercer grupo de investigadores buscó a los antepasados de los amerindios en Fenicia. Los partidarios de la tesis fenicia, muy numerosos aún, muestran en apoyo de sus ideas varias inscripciones escritas en fenicio o en cananeo descubiertas en Estados Unidos y Brasil; inscripciones que han resultado ser falsas.

b. Origen egipcio

Los egipcios gozaron de un favor análogo al de los judíos como colonizadores del Nuevo Mundo. El principal defensor del origen egipcio de las culturas precolombinas fue el británico Elliot Smith, fundador de la *Escuela Heliolítica* o *Escuela de Manchester*. Smith suponía que todas las civilizaciones de la Tierra, incluidas las americanas, procedían de una civilización madre, la egipcia. La lista de pruebas presentadas por la Escuela de Manchester es larguísima, aunque sus argumentos no resisten la menor crítica. Las más llamativas e importantes serían: 1.º, el culto solar o heliolítico, que da nombre a la escuela; 2.º, la arquitectura piramidal; 3.º, la momificación; 4.º, la leyenda del Diluvio Universal; y 5.º, la existencia de un calendario solar de 360 días más 5 complementarios.

c. Continentes desaparecidos

El mito del continente desaparecido ha inspirado un gran número de hipótesis para explicar el poblamiento del Nuevo Mundo. Entre todas las tierras sumergidas destaca la Atlántida, una gigantesca isla que se extendía de Europa a las Antillas. Al decir de algunos escritores, la civilización nació en este mundo perdido y de allí se extendió de forma paralela al Viejo y al Nuevo Mundo.

El océano Pacífico también cuenta con su continente desaparecido: Mu. A diferencia de la Atlántida —una leyenda clásica creada por el gran filósofo griego Platón para explicar sus ideas sociales y políticas—, Mu es el nombre de un continente muy moderno. Lo inventó un embaucador llamado James Churchward a finales del pasado siglo. Churchward suponía que extraterrestres procedentes del planeta Venus coloni-

zaron el vastísimo continente de Mu hace millones de años. Hacia el 19000 a. C. los habitantes de Mu invadieron Asia, Egipto, Europa y América, donde establecieron una colonia, madre de las culturas precolombinas. Diez mil años después, el continente se hundió en el Pacífico tras sufrir el impacto de un gigantesco meteoro.

d. El «Homo Pampaeus»

Las opiniones de Florentino Ameghino también datan del siglo XIX, y no tienen nada que envidiar a las anteriores en cuanto a fantasía. Ameghino intentó demostrar que la especie humana se originó en Argentina hacia la mitad de la Era Terciaria. Su compleja teoría evolutiva, que culminaba con el *Homo Pampaeus,* antepasado directo del *Homo sapiens,* perdió toda credibilidad al demostrar sus críticos que los cuatro cráneos atribuidos al *hombre de las pampas* pertenecían a un tipo indio moderno.

2. Teorías científicas

Las hipótesis del siglo XX se diferencian de las anteriores en dos aspectos. En primer lugar, se apoyan en argumentos serios, lógicos y razonados, en una palabra, científicos. En segundo lugar, todas están de acuerdo en rechazar el origen europeo o africano del hombre americano.

Lo escrito no quiere decir que los investigadores compartan el mismo punto de vista o que el problema se haya solucionado al fin. De hecho, las dos grandes hipótesis modernas —la monorracial o asiática y la multirracial— siguen siendo objeto de discusión en los círculos científicos.

a. La teoría monorracial

Ales Hrdlička expuso en la década de los veinte una tesis muy coherente que goza hoy en día de una amplia popularidad. Retomando las ideas de José de Acosta y de otros pensadores españoles, Hrdlička afirmó que los amerindios descendían de diversas subrazas amarillas que entraron en América por el estrecho de Bering en distintas épocas. Esta pluralidad, unida a las adaptaciones corporales motivadas por el medio ambiente, explicaría la variabilidad física de los amerindios.

b. Las teorías multirraciales

Los planteamientos de Hrdlička fueron rechazados por algunos estudiosos que se negaron a admitir la existencia de un *American Homotype,* o sea, de un tipo físico común a todos los pueblos indígenas. Estos investigadores pensaban que razas humanas procedentes de Australia, Asia y Oceanía participaron en el poblamiento del Nuevo Mundo; su mezcla creó la enorme diversidad racial actual.

Basándose en comparaciones somáticas y en analogías culturales y lingüísticas, Paul Rivet, el defensor más famoso del poligenismo, sostuvo la presencia de dos grupos raciales no amarillos en América: el *australiano* y el *melanesio.* El primero llegaría a las costas meridionales de Suramérica cruzando el continente Antártico, que estaba libre de hielos y gozaba de un clima templado entre el 15000 y el 6000 a. C. El segundo, una subraza negra que habita la zona del océano Pacífico conocida como Melanesia, alcanzó el Nuevo Mundo por vía marítima.

Posteriormente se añadieron otras etnias: la *tasmana,* mezcla de las razas australiana y melanesia; la *indonesia,* subraza amarilla con rasgos negros y australianos; y la *polinesia,* también amarilla aunque con un marcado componente blanco.

El origen del hombre americano sigue siendo, pues, un misterio sin respuesta. No obstante, las investigaciones modernas permiten extraer cuatro conclusiones:

1.° No ha habido nunca poblaciones autóctonas en el continente americano.

2.° El *American Homotype* biológicamente homogéneo de Hrdlička no existe.

3.° Los caracteres raciales asiáticos son dominantes. Lo cual implica que la inmensa mayoría de los primeros pobladores pertenecía a la raza amarilla.

4.° La presencia en América de grupos étnicos distintos del xantodermo (melanesios, australianos, tasmanios, etc.) no puede ponerse en duda. Sin embargo, se carece de datos que permitan valorar su importancia.

En resumen, *hay motivos para pensar que América fue poblada secundariamente por hombres llegados de Asia a través del estrecho de Bering. Según esta concepción, el tipo físico indígena, con su morfología xantoderma difuminada, se habría formado a partir de un tipo amarillo menos diferenciado que el mongol de hoy día. Habría habido varias oleadas de migraciones a intervalos irregulares y esta ocupación progresiva, unida a una lenta evolución [...], explicaría la diversidad de los amerindios actuales* (Paulette Marquet, *Las razas humanas,* Madrid, 1973).

3. Contactos transoceánicos

Un tema muy relacionado con el origen del hombre americano, y que a veces se confunde con él, como sucede con las opiniones de Paul Rivet, es el de los contactos entre los habitantes del Viejo y del Nuevo Mundo. El asunto ha atraído a un gran número de científicos, los cuales han elaborado teorías muy curiosas y a veces extravagantes.

a. Relaciones transatlánticas

Dejando a un lado las navegaciones de los vikingos o normandos a América, la mayoría de los historiadores se han negado a aceptar la llegada de europeos o africanos al Nuevo Mundo antes de 1492. Unos pocos, en cambio, han defendido lo contrario afirmando que egipcios, fenicios, cartagineses, romanos y árabes cruzaron el Atlántico en varias ocasiones. Las pruebas que presentan son muy débiles: petroglifos fenicios, como el de Paraíba (Brasil), cuyo original nadie ha visto; restos de pequeñas esculturas romanas; y monedas.

Las expediciones de Thor Heyerdahl, que atravesó el Atlántico en dos ocasiones a bordo de barcas fabricadas con las técnicas de los antiguos egipcios, demostraron la posibilidad de los viajes transoceánicos, aunque no existe ningún dato que confirme su existencia real.

b. Relaciones transpacíficas

Bastante más interesantes resultan las navegaciones transpacíficas, pues se ha llegado a decir que la primera civilización de América, la olmeca, surgió a partir de la acción educativa de un grupo de viajeros chinos.

Estas hipotéticas expediciones, realizadas entre el 1200 a. C. y el 900 d. C., habrían estimulado el desarrollo de las civilizaciones mexicanas introduciendo conceptos religiosos budistas, técnicas metalúrgicas e ideas artísticas hindúes y chinas.

Desde luego, sería absurdo pensar que América permaneció aislada del resto del mundo hasta el viaje de Cristóbal Colón; pero también carece de lógica suponer que las culturas del Nuevo Mundo nacieron gracias a unos cuantos marineros asiáticos, africanos o europeos porque las sociedades americanas tienen unos rasgos propios que las hacen diferentes. Los contactos, si existieron, no modificaron en absoluto las estructuras culturales de los amerindios.

4. Prehistoria

1. Los primeros pobladores

Como se ha visto en el tema anterior, los primeros pobladores entraron en América por el noroeste del continente. ¿Cuándo y cómo penetraron?, ¿qué nivel de desarrollo cultural tenían? Para responder a estas preguntas debemos recurrir a la Geología y a los hallazgos arqueológicos.

a. Vía de entrada

El rasgo más notable de la Edad Cuaternaria fue el enfriamiento general del clima terrestre que se manifestó mediante las *glaciaciones:* invasiones de hielo procedentes de los casquetes polares y de las cadenas montañosas que cubrieron grandes superficies de la Tierra. La llegada del hombre a América tuvo lugar durante el último período glaciar, denominado Wisconsin en el Nuevo Mundo y Würm en Europa (50000-8000 a. C.). En esta época, la acumulación de agua helada en el continente provocó un descenso de las aguas marinas que dejó seco el estrecho de Bering. Se creó así un puente de tierra entre Asia y América que permitía el paso de hombres y animales por vía terrestre. Ahora bien, como los hielos no se mantenían estables, sino que avanzaban o retrocedían, el puente emergió y se sumergió en varias ocasiones. Lo cual implica que debió haber varias migraciones en fechas distintas.

Una vez en el Nuevo Mundo, los primeros americanos se encontraban con una barrera de hielo que impedía el acceso a las grandes llanuras de Norteamérica. Sólo tenían tres caminos para salvarla: 1.º, cruzar el continente por la zona ártica para descender luego por la costa atlántica; 2.º, atravesar el pasillo que separaba la masa de hielo originada en las Montañas Rocosas de los glaciares que salían de los montes orientales; y 3.º, recorrer la costa del Pacífico, mucho más ancha que en la actualidad, dado el bajo nivel de las aguas marinas. La más lógica de las tres era la última, ya que el aumento de los hielos terrestres en los períodos más fríos abría el puente de Bering, pero también cerraba el corredor interglacial y hacía inviable la ruta ártica.

b. Cronología

No se sabe bien cuándo llegó el primer hombre a América. El descubrimiento de unos instrumentos de piedra muy primitivos en el desierto de Mohave (California), semejantes a los fabricados por hombres anteriores al estadio de los *sapiens,* hizo pensar a algunos investigadores que la presencia del ser humano en el Nuevo Mundo se remontaba al 200000 a. C. Sin embargo, las fechas obtenidas en los demás yacimientos arqueológicos no superan los 50-40.000 años de edad. Por tanto, el poblamiento de América debe fijarse de acuerdo con los datos arqueológicos a principios del período glaciar Wisconsin.

Las excavaciones arqueológicas han puesto de manifiesto dos hechos de gran importancia:

1.º La antigüedad de los yacimientos disminuye a medida que se avanza hacia el sur, lo que indica un poblamiento procedente de Norteamérica.

2.º La existencia de dos tradiciones líticas distintas: el *estadio de prepuntas de proyectil (Pre-Projectil Point Horizon)* y la *etapa de los cazadores de la megafauna (Big-Game Hunting Tradition)*. La primera es bastante burda y cronológicamente se extiende del 50-40000 al 13000 a. C.; fecha que marca el inicio de la segunda, más refinada.

Por lo que respecta a las evidencias paleontológicas, éstas no concuerdan con el registro arqueológico, pues los restos humanos encontrados hasta el momento pertenecen a hombres idénticos a los actuales

2. Culturas prehistóricas de América

La Prehistoria del Nuevo Mundo comienza con la llegada del hombre a América y finaliza 43.000 años después con el descubrimiento de la agricultura. Este larguísimo período de tiempo —llamado por algunos investigadores *lítico* o *precerámico*— se divide en dos etapas desde el punto de vista histórico:

a. *Arqueolítico* o fase de las *prepuntas de proyectil*.

Pintura mural que representa la llegada de los primeros pobladores a América durante el período glaciar Wisconsin, Museo Nacional de Antropología de México

y son relativamente modernos (las fechas van del 20000 al 10000 a. C.). Ninguno se parece al *hombre de Neandertal,* que vivió en Asia hasta el 40000 a. C.

Todos los testimonios indican que emigrantes asiáticos, dueños de una cultura muy primitiva, cruzaron el puente de tierra que unía Asia y América durante la edad de los hielos en dos ocasiones al menos.

b. *Cenolítico* o fase de las *puntas de proyectil*.

a. El período Arqueolítico

La fase *arqueolítica* (40000-13000 a. C.) presenta grandes semejanzas con el Paleolítico Inferior europeo, pues los instrumentos de piedra, hueso o madera están fabricados de una manera muy rudimentaria y tosca. Se trata de lascas y cantos rodados que exhiben bordes más o menos afilados. Estos útiles tan primitivos nos permiten deducir que los hombres del Arqueolítico vivían básicamente de la recolección de frutos silvestres y de la caza de pequeños animales; actividad que les obligaba a llevar una existencia nómada, porque debían trasladarse a otro lugar cuando agotaban los recursos de la zona donde se asentaban. La caza de los grandes mamíferos del período glacial se limitaba a la captura de piezas enfermas o viejas.

| El hombre americano tuvo que salvar obstáculos para desarrollar la agricultura en zonas montañosas de Los Andes

b. El período Cenolítico

Hacia el 13000 a. C. emigrantes procedentes de Asia introdujeron nuevas técnicas en el trabajo de la piedra, iniciando así un nuevo período: el *Cenolítico*. Esta fase, cuyo final se sitúa según la zona entre el 7000 y el 5000 a. C., se subdivide a su vez en Cenolítico *Inferior* y *Superior*.

El primer horizonte se caracteriza por la aparición de las puntas de proyectil: lascas de pequeño tamaño (de 5 a 12 cm), poco peso y afiladas por los dos bordes que se colocaban en uno de los extremos de unas lanzas cortas llamadas dardos o jabalinas. Las puntas de proyectil evolucionaron con gran rapidez. Las más antiguas, las puntas *Clovis* de Norteamérica y las *colas de pescado* de Suramérica, están pensadas para la caza de los gigantescos mamíferos que poblaban el continente en la época glacial; en cambio, las más modernas, conocidas como *Folsom,* se diseñaron para la captura de animales de menor tamaño. Entre unas y otras se sitúan las puntas *Sandías,* instrumentos muy extraños que no han sido aceptados por muchos científicos.

De lo expuesto se deduce que nos encontramos ante cazadores especializados que se dedicaron primero a la caza de las grandes especies del Pleistoceno (mamut, megaterio, bisonte gigante) y después, tras la extinción de estos animales en el 10000 a. C., a la persecución de piezas menores (caballo, bisonte, elefante y camello).

El fin del período glacial en el VIII milenio antes de nuestra Era fue seguido por un notable ascenso de las temperaturas y por una progresiva desecación que provocó notables cambios en la flora y la fauna de América. Los paleoindios no respondieron de la misma manera al reto planteado por el medio ambiente. Algunos grupos optaron por continuar cazando; otros centraron su economía en la recolección de plantas y moluscos, en la pesca y en la caza de pequeños animales.

La diversidad cultural fue, por lo tanto, el rasgo distintivo del Cenolítico. En la costa atlántica de Venezuela y Brasil surgió la cultura *sambaqui* o *conchera*, dedicada de manera exclusiva a la recolección de mariscos; y en las zonas más duras los cazadores-recolectores intensivos, que basaron su alimentación en los productos animales o vegetales proporcionados por las distintas estaciones. Finalmente, en el resto del continente se continuó la caza mayor hasta la desaparición de las principales especies en el 5000 a. C.

3. El nacimiento de la agricultura

En el 7000 a. C. algunos grupos recolectores comenzaron la larga caminata que desembocará milenios después en una economía exclusivamente agrícola. Esta prolongada y compleja andadura puede resumirse en tres ideas básicas:

1.º La aclimatación de las plantas fue un proceso largo que finalizó en el 2000 a. C.

2.º Se origina de forma paralela e independiente en cuatro áreas distintas: Mesoamérica, Andes, zona selvática de la cuenca Amazónica y territorios orientales de Estados Unidos.

3.º A diferencia de lo sucedido en el Viejo Mundo, la domesticación de animales tuvo poca importancia en América. Los amerindios sólo lograron dominar dos clases de aves (el pato y el pavo) y un mamífero (la llama).

El desarrollo de la agricultura llevó a profundos cambios en la organización social y en el modo de vida de los indios. Apareció el sedentarismo, la sociedad comenzó a dividirse en grupos desiguales, se inventó la cerámica y nació una industria textil ligada al cultivo del algodón.

El acelerado crecimiento de las comunidades agrícolas, tanto en población como en producción, facilitó el surgimiento de una reducida capa dirigente que se adueñó del poder político, y controló las actividades religiosas y económicas del grupo. Una de las manifestaciones artísticas más tempranas de esta nueva forma de gobierno se encuentra en los muros exteriores del denominado «Templo» de Cerro Sechín (valle de Casma, Perú). En ellos se representa a los jefes locales descuartizando a un grupo de personas que pueden ser prisioneros de guerra, delincuentes o víctimas religiosas.

5. Mesoamérica I. Unidad y pluralidad cultural

1. Definición de Mesoamérica

Según Paul Kirchhoff, creador del concepto, el área cultural que denominamos Mesoamérica ocupa el territorio comprendido entre una línea imaginaria que uniera los ríos Pánuco y Sinaloa, por el norte, y otra que fuese del golfo de Honduras (océano Atlántico) al golfo de Nicoya (océano Pacífico).

Esta vasta zona muestra una gran variedad de paisajes, climas y lenguas, lo cual se traduce en un amplio abanico de culturas. Sin embargo, todas ellas presentan una serie de rasgos comunes que permiten considerarlas como variantes regionales de una misma civilización: la *mesoamericana*. Los elementos más notables serían: el uso de la *coa* o palo plantador en las tareas agrarias; la utilización de *chinampas* o sementeras acuáticas; la construcción de templos en forma de pirámide escalonada; la práctica del sacrificio humano; el empleo de una escritura jeroglífica; y una concepción del tiempo centrada en el uso combinado de dos calendarios, el solar de 365 días y el ritual de 260.

2. El período Formativo: los olmecas

En el período *Formativo* (2500 a.C.-comienzos de la Era Cristiana) nace la primera gran civilización americana: la *olmeca* (1500-100 a. C.). Los olmecas («hombres del País del Hule») ocuparon una zona de unos 18.000 km² situada en los actuales Estados mexicanos de Tabasco y Veracruz. El país, cálido, húmedo, pantanoso y lleno de bosques, ofrece pocas condiciones para el desarrollo humano. Por eso, la aparición de la *élite* dirigente estuvo, sin duda, relacionada con el control ejercido por ciertas familias sobre las tierras más fértiles.

La civilización olmeca alcanzó su mayor apogeo entre el 1200 y el 400 a. C. De esta época datan los importantes centros político-religiosos de San Lorenzo, La Venta y Tres Zapotes. Se trata de pequeños conjuntos urbanos levantados sobre enormes terrazas de arcilla que servían al mismo tiempo como lugar de residencia del grupo dominante y como centro de peregrinación religiosa.

El considerable esfuerzo humano y organizativo requerido por los grandes monumentos exigía una estructura social muy centralizada. Según los testimonios arqueológicos, los olmecas se dividían en dos grupos: el superior, formado por uno o varios linajes (conjunto de familias emparentadas), que monopolizaba el poder político y religioso; y el inferior, que incluía a la mayor parte de la población. El primero, encarnación de la comunidad e intermediario de las relaciones entre los hombres y los dioses, controlaba también la vida económica, pues se apoderaba de los excedentes agrarios, dominaba la actividad artesanal, forzaba a los plebeyos a trabajar en las obras públicas y distribuía a su gusto los productos obtenidos gracias al comercio.

Las creencias religiosas de los olmecas, pilar del poder despótico ejercido por sus gobernantes, se basaba en el culto al jaguar, credo que acaso exigiese la realización de sacrificios humanos. Asimismo, hay

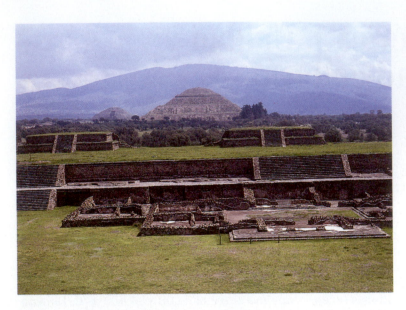

Vista general del conjunto arqueológico de *Teotihuacán, la ciudad de los dioses, situado en el Valle de México*

evidencias que indican la presencia de otros dioses relacionados con el agua, la vegetación y la muerte; deidades que se extenderán posteriormente al resto de Mesoamérica.

La principal manifestación artística es la escultura en piedra, perfectamente representada en las llamadas «cabezas colosales», gigantescas tallas de hasta 11 toneladas de peso que reproducen de manera realista los retratos de los gobernantes.

A partir de la segunda mitad del Formativo, la necesidad de obtener jade y otras materias de lujo impulsó a los olmecas a asentarse en el Altiplano Central, costa pacífica de Guatemala y Oaxaca, territorios donde ejercieron una fuerte influencia. Tan sólo el Occidente de México (Michoacán, Colima, Jalisco, Nayarit y Guanajuato) desarrolló una cultura propia.

La civilización olmeca merece el calificativo de «cultura madre» porque las sociedades posteriores —la maya incluida— se limitaron a profundizar en las ideas políticas, económicas y religiosas creadas por el «Pueblo del Hule».

3. Las culturas clásicas: Teotihuacán y Monte Albán

La decadencia de la civilización olmeca, que se prolongó hasta el 31 a. C., abre un nuevo período histórico: el *Clásico* (1-1000 d. C.), cuyos rasgos característicos serán:

a. El desarrollo paralelo y a veces relacionado de las distintas culturas regionales. Entre ellas destacan tres: la *maya* (véase el tema 6), la teotihuacana y la *zapoteca*.

b. El nacimiento de las clases sociales, de la religión oficial y de las ciudades, o sea, del Estado.

a. Teotihuacán, la ciudad de los dioses

El valle de Teotihuacán, situado entre los de México y Puebla, en pleno corazón del Altiplano mexicano, fue el lugar donde surgió la primera gran ciudad de América. Entre el 100 y el 700 d. C., Teotihuacán, un diminuto poblado durante el Formativo, experimentó un acelerado proceso de crecimiento que le llevó a alcanzar los 22,5 km² de superficie y una población cercana a los 150.000 habitantes. La urbe se estructuró en torno a una calzada principal orientada en sentido

Pectoral de jade de la cultura olmeca, la primera gran civilización americana

Cabeza colosal olmeca, actualmente en el Parque
de la Venta, Villahermosa, México. Estas esculturas
se han convertido en uno de los reclamos turísticos de México

norte-sur y una secundaria trazada de este a oeste. La Calle de los Muertos, de unos 4 km de longitud, unía la plaza de la Pirámide de la Luna con la Ciudadela, una ancha plataforma elevada de 400 m de lado que contiene el templo de Quetzalcóatl y otros edificios religiosos. A ambos lados de la calzada se alzaban templos, como la Pirámide del Sol, palacios, como el de Los Jaguares, y barrios residenciales. La estructura más impresionante de Teotihuacán es, sin duda, la Pirámide del Sol, una masa de adobe, piedra de relleno y estuco que tiene 65 m de altura y una base de 250 x 250 m.

La costumbre teotihuacana de pintar las paredes exteriores e interiores de los edificios generó una bellísima pintura mural de temática religiosa; temática que reaparece en la finísima y bella cerámica ritual elaborada por los alfareros teotihuacanos.

De lo arriba expuesto se deduce que la religión jugó un papel clave en la organización social. Siguiendo los patrones olmecas, la capa sacerdotal rigió con mano de hierro la sociedad teotihuacana.

Ahora bien, las viejas ideas heredadas del período Formativo evolucionaron con el correr de los siglos. La ciudad comenzó siendo un centro de peregrinación religiosa al que acudían los campesinos de los alrededores; pero, poco a poco, se transformó en un emporio industrial gracias al monopolio que los teócratas de Teotihuacán ejercían sobre la producción y la elaboración de la obsidiana, una dura piedra volcánica importantísima para unas sociedades que desconocían los metales. La unión de uno y otro factor permitió la aparición de un tercero: el comercio interregional, y éste condujo a un cuarto: la expansión imperialista. La progresiva presencia de guerreros en las pinturas murales ilustra perfectamente el complejo proceso que impulsó a los teotihuacanos a ocupar zonas estratégicas de Mesoamérica desde donde podían controlar determinadas materias y ejercer una fuerte influencia educativa e ideológica.

Este desarrollo mercantil e industrial se apoyaba en una sólida estructura agrícola, que permitía el mantenimiento de artesanos, guerreros y sacerdotes. Por tanto, no resulta extraño que las principales deidades (Tlaloc, Chalchiuhtlicue y Xipe-Totec) estuviesen vinculadas con el agua y la vegetación. A ellos habría que añadir otras viejas divinidades del Formativo, como Quetzalcóatl, el dios del bien; Huehuetéotl, el dios del fuego; y Mictlantecuhtli, señor de la muerte.

La caída de Teotihuacán se produjo en la segunda mitad del siglo VII. Las razones no se conocen muy bien, aunque los datos arqueológicos indican que se debió a una conjunción de factores internos (rebeliones campesinas, problemas de abastecimiento, etc.) y externos (ataques de Estados rivales e invasiones de pueblos bárbaros).

b. Monte Albán y los zapotecas

En el valle de Oaxaca, situado en la parte central del actual Estado del mismo nombre, los zapotecas crearon en la primera centuria de nuestra Era una pujante cultura, cuyo foco principal se situó en Monte Albán. Las ruinas de esta ciudad, que llegó a contar los 35.000 habitantes, se levantan en la cima de un cerro nivelado artificialmente, y muestran los restos de numerosas plataformas, juegos de pelota y templos. Las laderas de la montaña estaban ocupadas por centenares de casas y cámaras subterráneas funerarias que reproducen hasta el mínimo detalle los palacios de los vivos.

La sociedad zapoteca presenta un carácter más teocrático que la teotihuacana, lo cual se debe, sin duda, a la posición secundaria que ocupaba Monte Albán en el comercio internacional de Mesoamérica. La importancia de los sacerdotes alcanzó tales extremos que un arqueólogo mexicano, Ignacio Bernal, afirmó que si se debía hablar de teocracia, Monte Albán sería el mejor ejemplo.

Uno de los mayores logros del sacerdocio zapoteca fue la creación de un sistema de escritura —el primero de Mesoamérica— para atender las necesidades de un culto complejo. Los habitantes de Monte Albán adoraban a 39 deidades distintas, 11 de ellas femeninas. Algunos dioses, como Xipe Totec, Quetzalcóatl y Huehuetéotl, procedían de diferentes regiones de Mesoamérica; otros, en cambio, eran autóctonos. Entre estos últimos destacan Pije-Tao, creador del universo; Cocijo, divinidad de la lluvia y del relámpago; Pitao-Cozobi, deidad del maíz, y la misteriosa diosa 13 Serpiente.

Máscara realizada en turquesas y conchas, procedente de Teotihuacán, actualmente en el Museo Británico de Londres

4. El período Posclásico

La caída de Teotihuacán, seguida por la de Monte Albán y las ciudades mayas, pone de manifiesto la inviabilidad del sistema teocrático. Por esta razón, el período Posclásico, que se abre en el año 1000 y se prolonga hasta la llegada de los españoles, presenta innovaciones radicales. Las nuevas sociedades intensifican las tendencias guerreras del Clásico final convirtiéndose en Estados militaristas que vivirán gracias al tributo impuesto a los pueblos vencidos. Esta orientación tendrá repercusiones en todos los campos culturales: la estructura social se seculariza al tiempo que aumenta la división de las clases sociales, el arte se hace más profano, y los dioses de la guerra cobran la misma importancia que las arcaicas deidades agrícolas. En el Posclásico se introducen los metales en Mesoamérica, si bien se emplearon únicamente en la confección de joyas y adornos personales.

a. El Altiplano: toltecas y chichimecas

En pocos lugares de Mesoamérica se observa tan bien las tendencias del Posclásico como en Tula, la capital del imperio tolteca. Los toltecas, gentes de idioma náhuatl, procedían de las tierras áridas del norte y se asentaron en el México Central en el 650, aunque su ciudad sólo comenzó a cobrar importancia a partir del siglo X. La pequeña urbe es un ejemplo magnífico de la ideología militarista imperante durante el período: paneles de águilas y jaguares devorando corazones que evocan las órdenes militares de la época azteca, cariátides esculpidas con ropas guerreras, relieves reproduciendo cráneos, huesos cruzados, serpientes emplumadas, etc.

Los toltecas controlaron durante 150 años el noroeste de México. Entre el 1167 y el 1178 de nuestra Era, Tula cayó ante el empuje de las hordas semibárbaras procedentes de la frontera septentrional del imperio que no tardaron mucho tiempo en adoptar la cultura mesoamericana. Las su-

Vista del sitio arqueológico de Monte Albán, el centro más importante de la cultura zapoteca

cesivas oleadas de invasores chichimecas («gentes del linaje de perro») se asentaron preferentemente en los Valles de México y Puebla-Tlaxcala donde crearon una serie de ciudades-estados que mantuvieron una situación de guerra permanente hasta que los aztecas lograron imponer su dominio en el 1428 d. C.

b. El resto de Mesoamérica

El desarrollo de las demás áreas de Mesoamérica también se vio condicionado por la ideología militarista.

En el actual Estado de Veracruz (golfo de México) los teócratas de El Tajín, que lograron elevar el Juego de Pelota a la categoría de religión estatal durante el período Clásico, se vieron forzados siglos después a adoptar la ideología y el violento modo de vida de los habitantes del Altiplano. Lo mismo sucedió en la Huasteca, situada al norte de Veracruz y en Oaxaca.

En la costa del Pacífico, los tarascos, herederos de las antiguas culturas del

Cerámica totonaca de la cultura de El Tajín en el actual Estado de Veracruz, México

Occidente mexicano, rompieron el secular aislamiento de la zona y se integraron plenamente en el ámbito cultural mesoamericano. Los tarascos, pueblo emparentado con los chichimecas, moraron en el actual Michoacán y en el noroeste de Jalisco y Guerrero. Su organización política estaba encabezada por el *cazonci,* un monarca absoluto que reinaba sobre una población dividida en dos clases antagónicas: los *achaecha* (señores, sacerdotes y grandes comerciantes) y los *purepecha* (pescadores, campesinos y esclavos). El *cazonci* desempeñaba también las funciones de sumo sacerdote de Curicaveri, dios ígneo y solar que presidía un largo panteón encabezado por la diosa de la Luna. Esta anticuada concepción del poder, inspirada por un pensamiento religioso no menos antiguo, contrastaba fuertemente con el desarrollo metalúrgico de los michoacanos, los únicos mesoamericanos que utilizaron armas e instrumentos agrícolas de cobre.

6. Mesoamérica II. La civilización maya

Durante el período Clásico floreció en los bosques tropicales de Mesoamérica una de las culturas más asombrosas de la historia de la humanidad: la civilización de los mayas.

La sociedad maya presenta rasgos peculiares que la hacen diferente de las otras sociedades mesoamericanas. Estos elementos distintivos son: 1.º, el empleo de una escritura jeroglífica compuesta por más de 700 signos; 2.º, el uso de la bóveda falsa en arquitectura; 3.º, el desarrollo de una escultura monumental de carácter religioso que asocia la estela y el altar; y 4.º, un sistema para medir el tiempo que parte de una fecha concreta.

Así definida, la subárea cultura maya comprende el territorio de los actuales Estados mexicanos de Yucatán, Campeche y Quintana Roo, parte de los de Tabasco y

El Castillo o Templo de Kukulkán, en Chichén-Itzá, Yucatán, se ha convertido en uno de los símbolos turísticos de México

Chiapas, los Departamentos guatemaltecos de Petén e Izabal, el noroeste de Honduras, y Belice. En total unos 280.000 km². El *Mayab* o «País de los mayas» se divide en tres zonas ecológicas: la península del Yucatán, la zona central del Petén y las Tierras Altas de Chiapas y Guatemala. De las tres, la más problemática para el progreso humano es la central, ya que la abundancia de lluvias, ríos y pantanos crea un denso bosque de tipo tropical. Paradójicamente, fue en este difícil hábitat donde los mayas alcanzaron su mayor esplendor.

1. Historia

Desde el punto de vista temporal, la larga historia maya se inicia en el Formativo y se extiende hasta la Conquista española.

Muchas antiguas ciudades mayas siguen literalmente sepultadas en la selva, como Tikal, en Guatemala

Abarca, por lo tanto, unos 2.600 años, separados en tres períodos: Formativo, entre el siglo X a. C. y el siglo III d. C.; Clásico (siglos III al X d. C.); y Posclásico, de la décima centuria a la Conquista.

En la etapa formativa, pequeñas comunidades procedentes del altiplano guatemalteco se asentaron en el Petén fundando pequeños poblados que recibieron pocos siglos antes de la Era Cristiana las influencias civilizadoras de Izapa, una cultura de origen olmeca situada en la costa pacífica de Guatemala.

A partir del año 300 d. C. aparecen los grandes centros ceremoniales característicos de la cultura maya: Tikal, Uaxactún, Naranjo, Nakún y Yaxhá. Se trata de verdaderas ciudades en el sentido económico y administrativo del término, si bien su planificación urbana, condicionada por las dificultades del bosque tropical, dista mucho de la perfección de Teotihuacán. Los edificios se levantan en torno a plazas irregulares y se agrupan en bloques sin ningún orden geométrico. En los recintos se encuentran varios tipos de construcciones, entre los cuales destacan los templos-pirámides y los palacios para la élite. Los primeros se edificaban sobre un basamento piramidal de varios cuerpos, carecían de ventanas y el techo, construido con una falsa bóveda, estaba rematado por una crestería. Los segundos constaban de dos o más naves superpuestas divididas en habitaciones abovedadas con salida independiente al exterior.

Un factor que, sin duda, contribuyó de manera decisiva al crecimiento de las ciudades mayas fue la presencia de una poderosa colonia teotihuacana en Kaminaljuyú, en los altos de Guatemala. La progresiva desaparición del poder de Teotihuacán en la región creó una grave crisis política que se prolongó del 534 al 593 d. C. La restauración de la paz social abrió una nueva fase histórica: el Clásico Tardío (600-900 d. C.), caracterizado por una explosión cultural impulsada por los gobernantes de las grandes ciudades-estado del período (Tikal, Palenque, Copán, Quiriguá, Yaxchilán, Bo-

*Vista de Palenque, México, uno de los grandes
centros de la cultura maya en la época de su
máximo esplendor*

nampak o Piedras Negras). La historia de
estas localidades se conoce a grandes rasgos gracias al desciframiento parcial de la
escritura jeroglífica maya. Así, por ejemplo, sabemos que 18 Jog, soberano de Copán, fue derrotado por Cauac Caan de Quiriguá, y que el personaje enterrado bajo el
Templo de las Inscripciones de Palenque se
llamaba Pacal.

A lo largo de los siglos IX y X se produjo
una gravísima crisis que finalizó con el
hundimiento total de la civilización maya.
Las razones de este colapso se desconocen,
pero sus consecuencias no encierran misterio alguno: las ciudades, manifestación material del poder de los reyes-dioses, se
abandonaron y la población volvió al sistema político igualitario de los primeros tiempos del Formativo.

El colapso afectó menos a los diminutos
Estados de la península del Yucatán, una
zona marginal durante el período Clásico
que se convirtió en la heredera de la refinada cultura de las tierras centrales. La
historia de los mayas yucatecos se extiende
a lo largo del período Posclásico y puede dividirse en tres fases.

La primera gira alrededor de Chichén Itzá, un antiguo asentamiento clásico que fue
ocupado hacia el año 987 de nuestra Era
por los itzá, un grupo étnico procedente de
las costas tabasqueñas muy influido por la
cultura militarista del Altiplano. Posteriormente, una nueva oleada invasora formada
por gentes aún más toltequizadas, cuyo gobernante llevaba el título de Kukulcán
(«Serpiente Emplumada»), pobló Mayapán,
creando una urbe claramente tolteca en lo
que se refiere a costumbres y creencias religiosas.

La segunda fase se inició cuando la dinastía *cocom* de Mayapán, ayudada por merce-

narios procedentes del México Central, derrotó a los itzá al comenzar el siglo XIII, e instauró un sistema político despótico que duró hasta el 1441; fecha en que fue destruida por una liga de ciudades-estado capitaneada por Ah Xupán Xiú, señor de Uxmal.

La caída de Mayapán inició un período de conflictos civiles y guerras que enfrentó a una veintena de pequeñas ciudades-estado. Las discordias internas existentes entre los distintos estados dificultarían la conquista española hasta tal punto que Tayasal, el último reducto maya de Petén, no capituló sino en 1697, setenta años después de la llegada del capitán español Francisco de Montejo al Yucatán.

2. Organización social

La estratificación social maya se basaba en el parentesco. Este hecho, sin embargo, no indica que los mayas formasen una sociedad igualitaria porque sus clanes se dividían en linajes (grupos de familias) inferiores y superiores, según estuviesen más o menos alejados del antepasado fundador. De forma que los descendientes directos del hijo primogénito del creador del clan ocupaban la posición social más elevada, los linajes procedentes de los primogénitos de sus hermanos, la escala inmediatamente inferior, y así sucesivamente. En términos socioeconómicos, el grado de relación con la línea directa del antepasado daba origen a auténticas castas cerradas que condicionaban totalmente la vida de una persona. La pertenencia a un determinado linaje obligaba al individuo no sólo a contraer matrimonio con una persona de su mismo linaje, impidiendo con ello cualquier tipo de movilidad social, sino que, además, le forzaba a vestir de una manera determinada, a ejercer la profesión del clan, y a vivir de acuerdo con una conducta prefijada de antemano.

Lo expuesto quiere decir que entre los mayas, a diferencia de lo que sucede en el resto de la América precolombina, sí puede hablarse de castas o clases sociales integradas exclusivamente por reyes-dioses, sacerdotes, guerreros, comerciantes, artesanos y campesinos. Cada casta se organizaba teóricamente en sublinajes especializados en una u otra actividad.

En la vida real, el peso de las castas improductivas recaía única y exclusivamente sobre los linajes campesinos, sobre «la gente de baja condición», como se les denominaba de manera despectiva. Los agricultores mantenían a los «parientes» nobles con sus cosechas, construían los templos y los palacios donde vivían, peleaban en las guerras y debían entregar de tiempo en tiempo ofrendas para los dioses. A cambio de ello, recibían una pequeña parcela de 4 ó 5 ha en usufructo, así como el derecho a levantar una pequeña choza en un lugar que, por supuesto, dependía de la posición social de la familia.

Los esclavos se encontraban al margen del sistema de parentesco, pero de hecho estaban incluidos en él, pues los hijos de los *pentacoob* nacían esclavos. Las razones que conducían a la esclavitud no diferían mucho de las griegas o romanas: la guerra, la delincuencia o el nacimiento.

El sistema, pensado para comunidades agrícolas autosuficientes, se modificó a medida que el crecimiento general creaba nuevas necesidades. Las castas secundarias, como la de los comerciantes o los guerreros, se desarrollaron con tanta rapidez que tal vez llegaron a poner en peligro el orden social tradicional. Al respecto resulta importante señalar que los mayas, en contra de la creencia popular, no fueron un pacífico pueblo de campesinos regidos por intelectuales, sino una sociedad tan guerrera como cualquier otra.

Las investigaciones de las últimas décadas —escribe el mayista español Miguel Rivera— han demostrado la relativa abundancia de enfrentamientos bélicos entre las ciudades y los distritos. El tablero de los esclavos de Palenque y la famosa estela 12 de Piedras Negras son ejemplos de estas luchas, y en ellos se ven prisioneros atados

Detalle del dintel de un templo de Yaxchilán, Guatemala. Los mayas fueron los mejores escultores de la América prehispánica

en situación de inferioridad con relación a los personajes principales. Pero posiblemente la síntesis más acabada de la belicosidad maya se encuentre en los murales de Bonampak, en Chiapas, donde se ha figurado una cruenta batalla y los cautivos martirizados que fueron su consecuencia (Mi-

comunidad; y como tales tenían derecho a ceder a sus hermanos y sobrinos los cargos políticos de mayor responsabilidad.

El omnipotente poder del *Halach Huinic* («el hombre verdadero»), también denominado *Ahau* («Señor») emanaba de su papel de intermediario entre sus parientes supe-

La llamada Casa de las Tortugas, en Uxmal, México, una de las grandes ciudades mayas

guel Rivera, «Los pueblos del maíz», *Historia 16,* extra VI, 1978).

3. Organización político-administraiva

El gobierno de la comunidad recaía, lógicamente, en el linaje principal, que monopolizaba las tareas administrativas y, sobre todo, las religiosas. Los descendientes del antepasado fundador eran verdaderos dioses vivientes que ostentaban el mando político, económico, judicial y militar de la

riores, los dioses, y sus parientes inferiores, los hombres. El cargo, hereditario, pasaba de padres a hijos; pero si el *Ahau* moría sin descendencia masculina el título pasaba a las mujeres. Si tampoco dejaba hijas, el cargo era heredado por el hermano de mayor edad, lo cual conducía a una profunda remodelación de los diversos linajes del clan.

El *Halach Huinic* controlaba la vida de la comunidad desde la capital del distrito ayudado por el resto del linaje gobernante, los *bataboob,* que se encargaban de administrar los centros secundarios subordinados, presidir los consejos comunales, supervisar la recogida de tributos e impartir justicia.

Centenares de funcionarios, parientes más o menos cercanos, ponían en práctica las órdenes del supremo monarca. Entre ellos destacaban los *ah cuch caboob,* empleados que cobraban los tributos y planificaban la prestación del trabajo personal; el *ah holpop,* delegado político-religioso del gobierno central en los pueblos; y los *tupiles,* especie de policías encargados de vigilar el orden público.

En épocas de guerra, los *bataboob* debían ceder su autoridad al *nacom,* jefe militar supremo que gozaba de plenos poderes durante un período de tiempo no superior a los tres años.

4. Economía

En el plano económico, los mayas sacaron el máximo rendimiento a sus tierras, aunque contaban con útiles muy rudimentarios para dominar un medio ambiente especialmente hostil. La actividad agrícola, la principal rama de la producción, se organizaba de acuerdo con el principio de parentesco, lo cual implicaba que la tierra pertenecía al *Ahau,* encarnación del grupo, quien la distribuía en función de las necesidades de cada familia. Las cosechas quedaban en poder del campesino, si bien éste debía entregar una parte al señor para contribuir al sostenimiento de la familia dominante y del aparato burocrático. La recompensa por esta cesión era doble. Por un lado, el linaje gobernante aseguraba la existencia de los campesinos en épocas de crisis al suministrarles alimentos y ropas procedentes de los almacenes del Estado; por el otro, efectuaba los ritos necesarios para atraerse el favor de los dioses de la lluvia y la vegetación.

La ausencia de excedentes de producción, unida a la división sexual del trabajo existente en la familia maya, impidió la aparición del comercio, salvo el que se daba entre las distintas ciudades-estado, y

Estela maya de Quiriguá, Guatemala, realizada en honor de un rey hacia el siglo IX

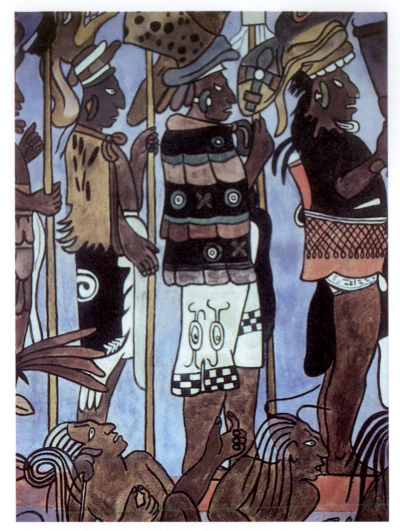

Pintura mural de Bonampak, México. Casi todas las pinturas mayas se han perdido por la humedad y las lluvias

dón, hule, etc.) Un factor que favoreció el crecimiento del comercio fue el complejo sistema hidrológico de las tierras centrales que proporcionaba a los mercaderes mayas vías de comunicación rápidas y cómodas.

El progresivo incremento de la actividad mercantil impulsó la aparición de un rudimentario sistema monetario centrado en el cacao, las cuentas de jade y, más tarde, en las hachuelas de cobre, procedentes, según se sabe, del territorio ecuatoriano.

El otro pilar de la economía maya lo constituía el tributo en trabajo personal gratuito que, encauzado convenientemente y justificado con razones religiosas, proporcionaba la mano de obra necesaria para erigir los grandes edificios públicos:

El pueblo menudo hacía a su costa las casas de los señores [...] Allende de la casa hacía todo el pueblo a los señores sus sementeras, y se las beneficiaban y cogían en cantidad que les bastaba a él y a su casa [...]

A los demás principales inferiores del señor ayudaban en todas estas cosas conforme a quienes eran, o al favor que el señor les daba (Diego de Landa, *Relación de las cosas del Yucatán,* Madrid, 1985).

que consistía básicamente en bienes insuficientes, no producidos o de lujo. El comercio, por lo tanto, estaba controlado por el «Hombre verdadero» y era ejercido por la casta hereditaria de los comerciantes, quienes crearon una gigantesca red mercantil. A través de ella se importaban mercancías de lujo procedentes de Teotihuacán y otros lugares de Mesoamérica (jade, sal, plumas de quetzal, etc.) y se exportaban piezas artesanales y productos locales (cacao, algo-

5. Religión

La religión maya fue sobre todo y ante todo un instrumento político, un arma que permitió a las castas superiores dominar a una sociedad de campesinos autosuficientes que no necesitaban ningún tipo de autoridad suprema para sobrevivir, como se demostró tras el colapso político que puso fin a la etapa clásica.

La estructura social se justificaba gracias a un complejo pensamiento teológico que se basaba en una idea central: la existencia de un orden universal, inmutable e incambiable, que nada ni nadie podía modificar. De ahí la obsesión o, por decirlo con las palabras del mayista británico Eric J. Thompson, la «atención absorbente» que sintieron las castas dominantes por el tiempo; un tiempo cíclico, cuya característica principal —la eterna creación y destrucción de la humanidad— confirmaba de manera didáctica el postulado expuesto en las líneas precedentes. A saber, que *nada ni nadie podía cambiar el orden político existente.* Por eso, la postura más razonable era la de aceptar la autoridad absoluta del *Halach Huinic,* dado que su doble naturaleza —humana y divina a un tiempo— le convertía en el único ser viviente capaz de asegurar no sólo la existencia de los linajes plebeyos, sino incluso su bienestar material.

Los dioses poseían un poder limitado que les permitía influir de manera momentánea en la marcha del Universo, si bien esta influencia carecía de la fuerza necesaria para modificar un orden cósmico que estaba por encima de ellos. Por tanto, el carácter de las deidades dependía de las consecuencias favorables que su actuación tenía para la vida humana. El dios era bondadoso si su conducta beneficiaba a los hombres y perverso si les perjudicaba. De ahí que las divinidades mayas se caracterizasen por su dualidad, de manera que en función de las circunstancias podían ser buenas o malas, jóvenes o viejas, y masculinas o femeninas. La principal deidad del

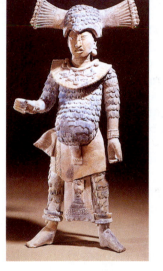

panteón maya era Itzam Ná, el dios creador y conservador de la especie humana. Cuando se manifestaba como deidad de la vegetación y de la fertilidad recibía la denominación de Bolom Dz'acab. Su esposa, Ix Chebbel Yax, regía la vida de las tejedoras y se representaba en los códices como una anciana pintada de rojo. Chac, señor de las lluvias, estaba vinculado a las aguas. En cambio, Kinich Ahau, el Sol, y Ah Mun, el joven dios del maíz, se relacionaban con la agricultura. Ix Chel, por su parte, presidía las prácticas relacionadas con el sexo, la procreación y el parto. Junto a ellos había una pluralidad de dioses patrones del tiempo, las diversas profesiones y el espacio, tales como Ah Puch, príncipe de los muertos; Tox, deidad de la guerra; Ek Chuac, protector de los mercaderes; o Kan Uay Tun, divinidad encargada de regular el orden de sucesión de los poderes políticos. Asimismo se divinizaba a los *Ahau* cuando fallecían.

El ceremonial no se limitaba a la adoración de los dioses, sino que abarcaba todas las actividades que directa o indirectamente contribuían a mantener el orden social: construcción de monumentos, ritos funerarios en honor de los gobernantes fallecidos, distribución de bienes, actos políticos (entronización del *Halach Huinic,* bodas y nacimientos reales), etc.

Los rituales, que incluían sacrificios de hombres, autosacrificios, ofrendas y otras prácticas, eran presididos por el *Ahau,* sumo sacerdote, y dirigidos por el *ah kin* o sacerdote. La casta sacerdotal incluía especialistas de varias clases, como el *ahau can* («Señor Serpiente»), astrólogo, adivino y profeta; el *ah nacom,* encargado de los sacrificios humanos; el *ah chilam,* adivino; y el *Ah Men,* curandero.

6. Ciencias y artes

Se ha dicho de los mayas que fueron los griegos del Nuevo Mundo. Lo cual es del todo cierto, porque pocos pueblos desarrollaron una cultura tan abstracta e intelectual como los habitantes de las selvas del Petén. Tal vez por ello los mayas gozan de un reconocimiento mayor que los incas y los aztecas. La alta categoría intelectiva de este pueblo se plasma en tres campos: la aritmética, el calendario y la escritura jeroglífica.

La numeración, consecuencia directa de la necesidad de contabilizar las observaciones astronómicas que regulaban el ciclo agrícola, era vigesimal e incluía el concepto de *cero*, ideado muchos siglos antes que apareciera en la numeración arábiga. Para representar los números utilizaban una combinación de puntos (. igual a 1) y barras (- igual a 5). En matemáticas dominaron la división de fracciones y los logaritmos.

Sobre esta base, los sacerdotes mayas elaboraron un complejo sistema para medir el tiempo que regía el destino de los hombres e incluso afectaba a los dioses. Los mayas poseían dos calendarios: el *tzolkin* o ritual y el *haab* o solar. El primero constaba de 260 días divididos en 13 meses de 20 días, y se utilizaba para predecir el futuro de las personas. El segundo tenía 18 meses o *tunes* de 20 días, lo cual daba un período de 360 días, más cinco días aciagos. Combinando ambos calendarios se obtenía un ciclo de 52 años llamado por los mayas *cuenta corta*.

Además de este sistema, idéntico al empleado por los aztecas (véase la sección 6.ª del tema 7), los mayas desarrollaron otro de mayor complejidad, denominado *Serie inicial* o *cuenta larga,* que permitía contar el tiempo transcurrido desde la creación del mundo que, según ellos, tuvo lugar en el año 320 a. C. Para ello, *contabilizaban los días mediante unas unidades temporales y según su sistema de numeración; así, en orden ascendente, se nombraban:* kin *(equivalente a un día),* huinal (20 kines o días), tún *(18 x 20 días = 360 días, cifra más aproximada a la duración del año solar, aunque rompiera la proporción del sistema numeral de base 20),* katún *(18 x 20 x 20) y* baktún *(18 x 20³ días), de modo que utilizando esta forma de cuenta en días se podía expresar cualquier fecha a partir del comienzo de la Era maya* (Ángel Sanz, «Historia de la América prehispánica», en *Gran Historia Universal,* vol. XXVI, Madrid, 1986).

El tercer gran logro de los mayas fue la escritura, compuesta por más de 700 signos, que aparece en piedra, en códices (tiras de fibra de maguey plegadas en forma de biombo) y en la superficie de algunos vasos cerámicos. Esta grafía, aún no descifrada del todo, es en parte fonética y en parte ideográfica.

En el terreno de las artes, los mayas aportaron un genial concepto a la arquitectura: la bóveda falsa, construida por aproximación de enormes losas inclinadas. También destacaron en la escultura, como ponen de manifiesto las hermosas estelas de Piedras Negras y Tikal, y en la pintura, aunque, desgraciadamente, sólo se conservan vestigios que asombran por la sobriedad de la línea y la seguridad del trazo.

Por lo que respecta a la literatura debió ser de una belleza poética y una profundidad filosófica sorprendente. Al menos eso se deduce de las pocas piezas que se conservan.

7. Mesoamérica III. La civilización azteca

En 1519, año de la llegada de los españoles al México Central, una gran parte de Mesoamérica estaba bajo el control de los aztecas, quienes habían forjado en poco más de un siglo un poderoso imperio que se extendía de la frontera septentrional del área al istmo de Tehuantepec, y del Atlántico al Pacífico. El corazón de este vasto territorio era Tenochtitlán, una ciudad densamente poblada del Valle de México, al sur del Altiplano Central. La urbe, compuesta por dos ciudades gemelas (Tenochtitlán y Tlatelolco), contaba entre 150.000 y 300.000 habitantes, concentrados en dos pequeñas islas que habían crecido gracias al empleo de islotes artificiales. El centro de la ciudad estaba ocupado por el recinto sagrado, un conjunto de 78 edificios religiosos presididos por el Templo Mayor. A su alrededor, ordenados en círculos concéntricos se alzaban los dos palacios reales, las residencias de los nobles y las casas de los plebeyos. El mercado estaba en Tlatelolco y era visitado diariamente por más de 60.000 personas.

La Cuenca de México

Vaso ceremonial azteca hallado en las excavaciones del Templo Mayor, México

está rodeada por una cordillera en forma de anfiteatro con alturas superiores a los 5.000 m (Popocatepetl e Iztacíhuatl); su altitud es de unos 2.300 metros sobre el nivel del mar; y goza de un agradable clima subtropical de altura. En la época prehispánica la zona central estaba ocupada por cinco grandes lagos comunicados entre sí: Xaltocan y Zumpango al norte, Tetzcoco en el centro, y Xochimilco y Chaco al sur. Todos tenían el agua dulce, salvo la laguna de Tetzcoco.

1. Historia

Tras la caída del imperio tolteca a fines del siglo XII, el Valle de México fue invadido por sucesivas oleadas de pueblos bárbaros procedentes del norte que fundaron diversas ciudades-estado, como Xaltocan, Tetzcoco, Azcapotzalco o Coatlinchan. La última invasion la efectuaron los aztecas, un grupo de lengua náhuatl originario de Aztlan, un lugar semimítico situado en el Occidente de México.

Los mexicas —nombre que se daban los aztecas a sí mismos— se asentaron primero en la colina de Chapultépec y luego, tras ser expulsados de allí, en Culhuacán, de donde también debieron huir. Finalmente se establecieron de manera definitiva en un islote arenoso del lago de Tetzcoco. Los comienzos de la ciudad de Tenochtitlán, fundada en 1345, estuvieron llenos de problemas y dificultades. Por un lado, una parte de la población, descontenta con el terreno que se le había asignado, abandonó la pequeña aldea para fundar una nueva ciudad (Tlatelolco) en una isla cercana. Por el otro, la falta de materiales para la construcción y la ausencia de tierras cultivables obligó a los gobernantes mexicas a aceptar la autoridad de Azcapotzalco, una de las principales ciudades-estado de la región. Durante largo tiempo, los aztecas tuvieron que participar en las guerras imperialistas de Azcapotzalco, lo cual les proporcionó una gran experiencia militar que les sería de gran utilidad en el futuro.

La muerte del rey azcapotzalca en 1426 abrió una crisis dinástica que aprovecharon los aztecas para independizarse. Su jefe Itzcoatl (1426-1440) se alió con el señorío de Tetzcoco, el principal rival de Azcapotzalco, y logró vencer a sus antiguos señores. La desaparición del poder azcapotzalca abrió un nuevo período en la historia de Mesoamérica porque los vencedores decidieron mantener la unión e integrar en ella a los vencidos. Nació así la Triple Alianza, una confederación que se caracterizó por su marcado talante imperialista.

Así, Motecuhzoma I *Ilhuicamina* (1440-1468), el sucesor de Itzcoatl, dominó el sur del Valle de México y conquistó extensos territorios en Oaxaca y la costa del Golfo. La misma política siguió Axayacatl (1468-1481), quien unió al naciente imperio una parte del Valle de Toluca y la zona de Cacaxtla. Fracasó, en cambio, al intentar anexionarse el territorio tarasco, aunque compensó esta derrota con un sonado éxito de gran valor simbólico: la ocupación de la ciudad hermana de Tlatelolco.

El proceso expansionista sufrió una breve pausa durante el reinado de Tizoc (1481-1486), un misterioso gobernante que, según cuentan las crónicas, murió envenenado. Pero se reanudó con gran fuerza al ocupar el *icpalli* o trono Ahuitzotl (1486-1502). Este monarca extendió de forma considerable las fronteras aztecas, pues se apoderó de Xoconochco, Tehuantepec, Veracruz y otras áreas de gran riqueza. Ahuitzotl fue también un magnífico hombre de Estado y un gran urbanista que amplió el Templo Mayor de Tenochtitlán, el principal monumento de la ciudad.

A su muerte le sucedió Motecuhzoma II *Xocoyotzin* (1502-1520), un sagaz político que inició una serie de profundas reformas encaminadas a consolidar el imperio. Así, obligó a los nobles a desempeñar cargos públicos e impuso la supremacía de Tenochtitlán en la Triple Alianza al sustituir a los gobernantes legítimos por parientes suyos. Las reformas también afectaron a la política imperial, puesto que Motecuhzoma frenó la expansión militar y se concentró en la tarea de someter a los territorios independientes que habían resistido los ataques de sus predecesores. No lo consiguió, y ello sería la principal razón del fin del imperio, porque los españoles nunca habrían logrado vencer a los mexicas sin la ayuda de Tlaxcallan, uno de los Estados libres del México Central.

2. Organización social

La sociedad azteca experimentó profundas modificaciones a lo largo de su corta historia al transformarse poco a poco el igualitarismo de los primeros tiempos, consecuencia de la orientación militar y de la persistencia de los grupos de parentesco, en la rígida estructura social descrita por los soldados españoles.

En principio, pueden diferenciarse dos grandes clases sociales: la noble y la plebeya. Teóricamente, los miembros del grupo inferior podían ascender al superior y viceversa, pero en la práctica la movilidad social era inexistente.

Representación de Xiuhtecuhtli, el dios del fuego de los aztecas. Estas esculturas servían de imágenes de culto en los templos

El sector dominante estaba formado por capas sociales de diversa procedencia encabezadas por el linaje real descendiente del primer *tlatoani* («Orador») o rey mexica.

Le seguían en poder y prestigio los *tetecuhtin* («Señores»), nobles de alto rango que se habían hecho merecedores del título por los valiosos servicios que prestaron al Estado. Los Señores poseían enormes extensiones de tierras en los países conquistados que se cultivaban mediante siervos y ocupaban los cargos más elevados del gobierno de la nación. El rango no era hereditario, si bien los hijos de los *tetecuhtin* podían suceder a su padre cuando demostraban poseer los requisitos necesarios.

El tercer bloque estaba formado por los *pipiltin* (literalmente «Hijos»), quienes, como su nombre indica, estaban emparentados con los monarcas y los *tetecuhtin*. Constituían la gran masa de la nobleza y sin ellos el imperio no hubiera podido funcionar, dado que todos los puestos intermedios de la administración, la magistratura, el ejército y el sacerdocio eran ejercidos por los *pipiltin*. Estos nobles tenían derecho a poseer una o más parcelas del latifundio familiar.

Los *cuauhpipiltin* («Hijos del águila») constituían el último escalón de la clase noble. Se trataba de guerreros o mercaderes procedentes de la clase plebeya que habían logrado franquear la barrera social gracias a sus dotes militares o a su habilidad comercial. Estos méritos les daban derecho a disponer de la producción de un pequeño lote de tierras que se les entregaba para su sustento, a contraer más de un matrimonio, y a quedar exentos de la obligación de tributar en especie o en trabajo al *tlatoani*. Los *cuauhpipiltin,* sin embargo, no eran bien vistos por los aristócratas de sangre, que les prohibían lucir determinados adornos reservados a la nobleza, recordándoles así lo bajo de su cuna.

La clase dominada carecía de la homogeneidad que caracterizaba al estamento plebeyo de otras sociedades precolombinas. Había tantas diferencias económicas e incluso jurídicas que conviene diferenciar al menos tres estratos: superior, medio e inferior.

El primero lo integraban los *pochteca,* comerciantes dedicados a la exportación e importación de los productos de lujo consumidos por la élite dirigente. El carácter semioficial de su profesión, que les llevaba a veces a actuar como espías, les proporcionaba grandes riquezas y la gratitud del Estado. Los *pochteca* tenían derecho a tribunales, fiestas y emblemas particulares; pero no estaban libres de entregar fuertes tributos, lo cual señalaba su pertenencia a la clase plebeya. Algunos artesanos especializados en la elaboración de los artículos suntuarios gozaban de una posición similar.

Por el contrario, la inmensa mayoría de los *macehualtin* («Merecidos») se situaba en el escalón intermedio. Su profesión dependía del lugar donde residiesen: los que vivían en las áreas rurales o en los suburbios de Tenochtitlán se dedicaban a la agricultura; los de las ciudades al comercio al por menor, a las artesanías o a los servicios (médicos, parteras, barberos, etc.). Los *macehualtin* tenían rigurosamente prohibido poseer tierras en propiedad. Además, debían pagar impuestos, cumplir el servicio militar y trabajar gratis en las construcciones públicas.

Los plebeyos se organizaban en *calpultin* (singular *calpulli*) o barrios. El *calpulli* fue originariamente un grupo de familias emparentadas entre sí que cultivaban la tierra de manera comunal y estaban subordinadas a un jefe, el *calpullec*. Esta institución, típica de las sociedades agrícolas preaztecas, se convirtió en Tenochtitlán en una simple demarcación territorial con funciones económicas, administrativas, militares y educativas.

Los *mayeque* («braceros») y los *tlatlacotin* o esclavos constituían los estratos inferiores de la sociedad azteca. Los primeros cultivaban las tierras de los nobles y estaban adscritos a ellas. Al igual que sucedía en la Europa medieval, los *mayeque* formaban parte del latifundio y se heredaban o compraban junto con el resto de la propiedad. La categoría de siervo pasaba de padres a hijos e incluía, entre otras muchas cargas, la obligación de servir en el ejército, de hacer las tareas domésticas de la casa del Señor, y de entregarle una parte de la propia cosecha.

Los *tlatlacotin,* denominados impropiamente esclavos por los cronistas españoles, gozaban de una posición jurídica que les hacía más semejantes a los siervos del Medievo que a los esclavos de la Antigüedad clásica. Así, podían contraer matrimonio con personas libres, sus hijos no heredaban la condición de esclavo y tenían derecho a poseer propiedades (esclavos incluidos). Las causas que conducían a la esclavitud eran dos: la pobreza, que impulsaba a algunas personas a venderse a sí mismas, y la condena por robo u otro delito.

Portaestandarte azteca hallado en las ruinas del Templo Mayor de la Ciudad de México

Las diferencias entre *pipiltin* y *macehualtin* no se limitaban a los campos de la economía y la política, sino que comprendían también otras facetas de la vida humana, como el matrimonio (los nobles eran polígamos y los plebeyos monógamos) o la educación. Los aztecas fueron el único pueblo de la América prehispánica que estableció la educación obligatoria y gratuita para todos los varones. Sin embargo, su sistema educativo reflejaba la estratificación social, pues los hijos de la nobleza iban al *calmecac,* un internado donde se impartía una refinada educación, y los del pueblo a los *telpochcaltin,* escuelas de barrio que daban una formación puramente militar.

3. Organización político-administrativa

La mayor autoridad de Tenochtitlán era el *Huey tlatoani* («Gran orador»), quien acumulaba en su persona el poder ejecutivo, legislativo y judicial. También tenía las máximas competencias en el campo religioso, si bien, a diferencia del *Sapa Inca* peruano, sus súbditos no le atribuían carácter divino. El cargo pertenecía a una familia, aunque no pasaba de padre a hijo, sino de hermano a hermano. Cuando fallecía el último hermano vivo, le sucedía uno de los hijos del hermano que reinó en primer lugar.

El *Huey tlatoani* contaba con la ayuda del *cihuacóatl* («Serpiente hembra»), un virrey o visir que ejercía la regencia en caso de ausencia o muerte del monarca. El rango de *cihuacóatl* se heredaba y entre sus funciones estaba la de presidir el tribunal más alto o de última instancia, así como la supervisión de los distintos consejos: el militar, el judicial y el económico. Este último consejo, situado en una sala del palacio imperial llamada *petlacalco* («Casa del cofre»), dependía directamente del virrey y se encargaba de todo lo relacionado con la movilización de la mano de obra, los tributos y las obras públicas. Los responsables de las distintas comisiones formaban el

general, los mexicas y sus confederados respetaron la autonomía de los Estados sometidos siempre y cuando se declarasen vasallos suyos, entregasen un fuerte tributo anual y participasen en las guerras del imperio. El gobierno directo sólo se imponía cuando los vencidos se rebelaban. En ese caso, se sustituía al *tlatoani* local por un gobernador militar azteca. Para vigilar la recogida de tributos de las 38 provincias dominadas, que dependía de los gobernantes de la zona, se creó una red de *calpixque* o recaudadores de tributos, que podían pedir ayuda a las guarniciones militares diseminadas a lo largo y ancho del imperio en caso de peligro.

4. Economía

El tributo, la agricultura y el binomio artesanía/comercio constituían los tres pilares de la economía azteca. Cada uno era indispensable para los otros y su desarrollo dependía directamente de la guerra.

La agricultura mexica estaba perfectamente adaptada al medio ambiente. En las zonas secas se construyeron centenares de canales de riego para aprovechar las aguas de los lagos y ríos; y en las lagunas, donde no se podía cultivar, se crearon infinidad de *chinampas,* islotes artificiales de cieno apuntalados en sus esquinas con sauces acuáticos, que daban dos cosechas anuales. Las *chinampas,* al igual que las restantes tierras, se dividían en tres grupos según su poseedor: comunales, estatales y privadas. Las primeras pertenecían al *calpulli* y se entregaban en usufructo a los miembros del barrio para su cultivo individual. Las segundas eran propiedad del Estado, quien las explotaba directamente o mediante arriendo para sufragar los gastos del palacio, la justicia o el ejército. Las terceras estaban en manos de los nobles y podían venderse junto con sus *mayeque* siempre y cuando el comprador fuese miembro de la nobleza.

Nezahualpilli, rey azteca de la ciudad de Texcoco en un dibujo del siglo XVI

Consejo Supremo, organismo que, junto con otros altos dignatarios, constituía el cuerpo electoral encargado de seleccionar al nuevo *tlatoani* entre los distintos candidatos.

El imperio se organizó de una forma más simple que el de los incas, ya que, por regla

La posesión de la tierra permitía a los *pipiltin* dedicarse íntegramente a la guerra, gracias a la cual se obtenían enormes cantidades de objetos exóticos, materias primas o productos de primera necesidad. La mayor parte del tributo de los pueblos sometidos se empleaba en el mantenimiento de la corte, del ejército, de las fiestas religiosas, de los obreros y del pueblo en época de malas cosechas; el resto se entregaba a los artesanos para su transformación en productos de lujo, que a su vez se exportaban a otras áreas de Mesoamérica.

Esta economía, de marcado corte imperial, exigía un activo comercio, cuyas rutas cubrían desde las costas del Pacífico hasta las del Golfo de México. Por eso los *pochteca* gozaban, como hemos visto, de un fuer-

te prestigio social. La actividad de los mercaderes no se limitaba al territorio controlado por los aztecas. La demanda de cacao, plumas de quetzal y otras materias tropicales llevaba a los *pochteca* a los lejanos mercados de Xicalanco, en el Golfo de México, y Xoconochco, en la costa pacífica, importantes centros comerciales donde se intercambiaban las producciones del Altiplano y del área maya.

Algunos bienes suntuarios se distribuían paralelamente a través de la red de mercados locales o regionales. En los *tianguiz,* que se celebraban cada cinco o veinte días, se vendían todo tipo de mercancías y se ofrecían los servicios de muchas profesiones. Una corte de 12 jueces, presididos por un representante de los *pochteca,* y un ejér-

Plaza de las Tres Culturas en México, lugar donde se funden lo prehispánico, lo colonial y lo contemporáneo

cito de funcionarios se encargaban de impedir los fraudes o de resolver los litigios.

Las compras se hacían a base de trueque o, lo más frecuente, con moneda. El sistema monetario mexica se diferenciaba bastante del occidental, pues los valores de cambio más frecuentes eran las semillas de cacao y las mantas, cuyo valor dependía de su tamaño y calidad. Al respecto interesa señalar que las mantas suponían una elevada porción de los tributos recogidos.

5. Religión

El militarismo de la sociedad azteca se reflejaba con gran claridad en la esfera religiosa. Los mitos de creación, por ejemplo, sacralizaban la guerra al sostener que la única forma de evitar la destrucción de la humanidad, como había sucedido a las cuatro anteriores, consistía en alimentar al Sol con la sangre de los enemigos prisioneros de guerra para fortalecerle y evitar así su muerte.

Sin embargo, las creencias guerreras de los *pipiltin* mexicas no eran compartidas por la inmensa mayoría de los campesinos del México Central, sostén económico de Tenochtitlán, que seguían adorando a los viejos dioses de la vegetación y el agua. Esta oposición dio origen a una religión donde convivían en pie de igualdad ambas tradiciones. La presencia de dos capillas gemelas en el Templo Mayor de Tenochtitlán, dedicada una a Tlaloc, el dios acuático, y otra a Huitzilopochtli, la belicosa deidad de los aztecas, simbolizaba a la perfección el dualismo típico del pensamiento mexica.

Las principales deidades del panteón eran Ometecuhtli y Omecíhuatl, dioses creadores, y sus cuatro hijos: Tezcatlipoca, dios de la Providencia; Huitzilopochtli, de la guerra; Quetzalcóatl, deidad del bien; y Xipe, patrono de la primavera y los cultivos. La misma importancia poseían Tlaloc y Chalchiuhtlicue, divinidades acuáticas; Mictlantecuhtli, señor de los Infiernos; y las distintas advocaciones de la gran diosa madre de los primeros agricultores (Coatlicue y Tlazolteotl).

El dualismo se extendía también al mundo de ultratumba. Los guerreros muertos en combate o en la piedra de los sacrificios iban al Paraíso Solar; los que perecían ahogados o por causas relacionadas con el dios de las aguas marchaban al Paraíso de Tlaloc, un delicioso jardín lleno de flores, riachuelos y frutas variadas. El resto de los mortales se encaminaba al *Mictlan* («Lugar de los difuntos»), donde se llevaba una existencia similar a la anterior.

Los sacrificios humanos, punto culminante del complejo sistema ceremonial mexica, reproducían también la dualidad, ya que las técnicas empleadas en algunos de ellos (decapitación, flechamiento, inmersión en agua o desollamiento) tenían un claro simbolismo agrario. Sin embargo, todos finalizaban de la misma manera que el sacrificio realizado en honor de Tonatiuh, la deidad solar: los sacerdotes abrían el pecho del cautivo con una gran navaja de piedra, sacaban el corazón y lo ofrecían al Sol.

La complejidad de la vida religiosa azteca exigía un sacerdocio numeroso y bien organizado. A la cabeza se encontraban dos sumos sacerdotes, iguales en poder y prestigio, representantes respectivos de Tlaloc y Huitzilopochtli. Les seguía en categoría el *Mexicatl teohuatzin* («Sacerdote mexicano»), encargado de las ceremonias, y sus subordinados directos. El resto del clero se agrupaba en órdenes religiosas divididas en cuatro grupos de edad: novicios, jóvenes, maduros y ancianos.

6. Ciencias y artes

Las creaciones intelectuales de los aztecas seguían la línea trazada por los mayas, aunque no alcanzaron su brillantez.

El calendario, herencia de los antiguos habitantes del Altiplano, constaba de dos ciclos: el *tonalpohualli* («Cuenta de los días») o año ritual de 260 días, y el *xihuitl*, o año solar de 365.

*Escultura azteca que representa a la diosa
Coatlicue, la madre de todos los dioses, Museo
Nacional de Antropología, México*

El primero estaba formado por la unión de una serie de números, del 1 al 13, con otra de 20 signos. Ambas ruedas se combinaban de tal manera que una composición determinada no se repetía hasta que transcurrían 260 jornadas (13 x 20). El *xihuitl* tenía 18 meses de 20 días cada uno. Lo que sumaba 360. A esta cantidad se añadía 5 días llamados *nemontemi,* que se consideraban nefastos. La unión de ambos sistemas permitía numerar los años solares. Las fechas, establecidas según la técnica del *tonalpohualli* se repetían pasados 52 años. Este período equivalía a nuestro siglo y su final provocaba una gran inquietud pues los aztecas pensaban que la desaparición del mundo sucedería al final de un ciclo de 52 años.

La escritura mexica no alcanzó la madurez de la maya. Los conceptos y objetos se representaban mediante dibujos más o menos realistas, aunque también existían algunos glifos de tipo ideográfico y otros fonéticos para transcribir numerosas silabas y los sonidos *a, e* y *o.* Gracias a estos símbolos, reproducidos en largas tiras de papel de fibra de maguey o piel de venado plegadas como un biombo, los aztecas podían llevar las cuentas de los tributos, recordar los acontecimientos pasados y predecir el futuro.

La ausencia de una escritura formal no fue ningún obstáculo para los poetas aztecas, que compusieron centenares de bellas composiciones de todos los géneros, desde el épico *yaocuicatl* («canto de guerra») hasta el lírico *xochicuicatl* («canción de la flor»), pasando por el *icnocuicatl,* un poema de corte dramático y honda profundidad filosófica. La prosa mexica ofrece un interés literario menor, salvo la retórica, arte en el que los aztecas fueron consumados maestros.

Las artes presentaron un desarrollo extraordinario. Los mexicas destacaron en todas las manifestaciones artísticas, si bien fue la escultura en piedra —tanto de bulto redondo, como en relieve— el campo que más trabajaron. La escultura azteca tiende al colosalismo y su estética, geométrica y naturalista a un tiempo, está pensada para causar una honda impresión en el espectador. También sobresalieron en las denominadas artes industriales: lapidaria, plumería y cerámica.

8. Culturas de Centroamérica y los Andes Septentrionales

El área cultural denominada *Intermedia* ocupa el territorio comprendido entre las fronteras meridionales de Mesoamérica y los límites septentrionales de la zona andina, o sea el pasillo centroamericano en su integridad, los Andes venezolanos y las actuales naciones de Colombia y Ecuador. Su gran diversidad paisajística, climática y orográfica se traduce en una extraordinaria variedad cultural imposible de reflejar en estas breves páginas, si bien cabe diferenciar dos regiones: Centroamérica y los Andes Septentrionales.

1. América Central

La posición geográfica de Centroamérica, puente de unión entre los dos grandes subcontinentes americanos, condicionó totalmente el desarrollo cultural de sus habitantes, que asimilaron influencias diversas, y a veces opuestas, procedentes de Mesoamérica y los Andes. Así, los centroamericanos cultivaron al mismo tiempo la yuca y el maíz, cultivos típicos de Norte y Suramérica respectivamente, trabajaron el jade mesoamericano y la orfebrería andina, adoraron a deidades mexicanas que se representaban de acuerdo con el simbolismo característico de la escultura colombiana, y se comunicaron mediante idiomas emparentados con las grandes familias lingüísticas septentrionales (utoazteca y otomangue) o meridionales (macrochibcha, arahuaco y caribe).

Sin embargo, esta doble influencia no se tradujo en una simbiosis cultural común a toda el área; por el contrario, originó dos sectores claramente opuestos:

a. El área del Pacífico, de tradición mesoamericana, que comprendía Honduras, casi todo El Salvador excepto la parte oriental, la mitad occidental de Nicaragua, y el noreste de Costa Rica hasta la península de Nicoya.

b. El área del Atlántico, de cultura suramericana, cuyos límites engloban el actual Panamá, casi todo el territorio costarricense, y la mitad oriental de Nicaragua y Honduras.

a. Culturas mesoamericanas de la América Central

La presencia mesoamericana en el norte de Honduras se remonta a la época olmeca, aunque fueron los comerciantes mayas quienes dieron a la zona una configuración cultural mesoamericana al introducir la cerámica polícroma, el juego de pelota y los templos con basamentos piramidales a fines del siglo VI d. C.

El colapso maya influyó de manera negativa en el desarrollo de los grupos mesoamericanizados de Centroamérica, que entraron en una crisis profunda. En cambio, el ascenso y la posterior caída de los toltecas (siglos X al XII d. C.) resultó beneficiosa para la zona, pues oleadas de emigrantes toltecas y nahuas se asentaron en la costa occidental de la América Central tras cruzar el área maya. Estos grupos, que difundieron en Centroamérica la cerámica *plumbate,* típica de los toltecas, y el culto a Quetzalcóatl y Tlaloc, crearon varios señoríos en la costa pacífica de El Salvador, Honduras, Nicaragua y Costa Rica. Tanto los pipiles de El Salvador y Honduras como los chorotegas y nicaraos de Nicaragua y Costa Rica

presentan rasgos muy mexicanizados: sacrificios humanos, uso del *xihuitl* o año solar de 365 días, empleo de almendras de cacao en los intercambios comerciales, etc.

b. Culturas de tradición suramericana de la América Central

A partir del 300 a. C. surgió en Chiriquí (Panamá) una interesante cultura de clara inspiración colombiana caracterizada por la fabricación de grandes vasijas trípodes y por una escultura monumental cuyo tema principal son los guerreros con cabezas-trofeo en las manos.

Posteriormente aparecieron nuevos señoríos en Coclé (Panamá) y Diquís (Costa Rica) que se mantendrán hasta la llegada de los españoles. Unos y otros comparten varios elementos en común: un lenguaje perteneciente a la familia macro-chibcha, una sociedad estratificada con una economía basada a partes iguales en la agricultura y el comercio, y finalmente una hermosísima orfebrería en oro y tumbaga realizada con técnicas muy variadas (repujado, cera perdida, etc.).

2. Los Andes Septentrionales

Los Andes Septentrionales (Colombia, Ecuador y el oriente andino de Venezuela) presentan también una gran diversidad cultural, aunque, a diferencia de Centroamérica, hay una notable homogeneidad lingüística, pues los idiomas chibchas de Colombia guardan un enorme parecido con las lenguas paeces de Ecuador. En el plano sociopolítico, las poblaciones prehispánicas de Colombia y Ecuador no superaron la fase del cacicato, también denominado jefatura o señorío, una forma de organización basada en la casta y en la ausencia de ciudades. Tal vez por esta razón, los señoríos del área se distinguieron por su extraordinaria longevidad: los chibchas, por ejemplo, llegaron a Colombia al finalizar el siglo VI a. C. y se quedaron allí más de dos mil años.

Estatua gigante del recinto arqueológico de San Agustín, Colombia, donde se han encontrado unas 320 estatuas

a. Origen y desarrollo de las culturas nor-andinas

La zona norandina presenta serios problemas que aún no se han resuelto del todo. Los más importantes giran en torno a uno de los grandes enigmas de la Prehistoria de América: la aparición de la cerámica. En Puerto Hormiga (costa atlántica de Colombia) y Valdivia (costa de Ecuador) se encuentran los ejemplares cerámicos más antiguos del Nuevo Mundo. Curiosamente, estas piezas, fechadas en torno al 3000 a. C., no fueron fabricadas por agricultores, como sería lo lógico, sino por gentes que se dedicaban a la recolección de mariscos. Igual de misterioso resulta la presencia de unas figurillas femeninas hechas de barro que en América se relacionan siempre con las sociedades agrícolas. Las figuritas de Valdivia datan de 2300 a. C. y la agricultura no aparece en los Andes Septentrionales hasta el siglo XV antes de nuestra Era.

La planta característica de los Andes Septentrionales fue la yuca amarga, un tubérculo originario de Venezuela que se adaptaba muy bien al clima cálido y húmedo de las costas ecuatorianas y colombianas. Pero la yuca obligaba a los grupos nor-andinos a permanecer en una zona ecológica desfavorable para el desarrollo cultural. Por eso, la introducción del cultivo del maíz desde Mesoamérica facilitó la repoblación de las tierras interiores de clima más templado y altitud media (hasta los 1.500 m), prácticamente despobladas desde los tiempos de los grandes cazadores.

Entre el 500 a. C. y el 500 d. C. nacen varias culturas en Ecuador (Esmeraldas, Guangala, Jambeli) y Colombia (Tumaco, San Agustín, Tierradentro, Quimbaya y Colima). Todas destacaron en la metalurgia y la cerámica, y todas, salvo San Agustín y Tierradentro, muestran una clara influencia mesoamericana. Las culturas más notables son San Agustín y Quimbaya. La primera, situada en la cabecera del río Magdalena, duró unos 1.800 años (del siglo VI a. C. al XII d. C.) y sobresale por su escultura monumental; la segunda destacó por su extraordinario dominio de la metalurgia. Un historiador escribe al respecto lo siguiente:

Los Quimbayas aprovecharon el oro aluvional [...] para la fabricación de objetos de adorno, pero principalmente utilizaron la «tumbaga» o mezcla de cobre y oro. Una «tumbaga» en la que el oro entra en proporción de un 18 por 100 funde a una temperatura

Cerámica que representa a una sacerdotisa de la cultura de Bahía, Ecuador, Museo del Banco Central, Quito

*de solo 800 ºC, mientras que el oro solo fun-
de a 1.063 ºC y el cobre a 1.083 ºC. Conse-
guían así ahorrar esfuerzos, oro y combusti-
ble. Luego le daban a las piezas de «tumbaga» una verdadera apariencia de oro puro,
gracias al [...] afinado y dorado de las superficies [...] Los orfebres indígenas utilizaron todas las técnicas metalúrgicas conocidas en la América Prehispánica: fundición a
molde abierto, fundición a cera perdida,
martilleado, repujado, soldadura, etc.* (Manuel Lucena, *Del barro de Valdivia al oro de
los chibchas,* Historia 16, Extra VI, 1978).

b. Culturas clásicas de los Andes Septen-
trionales

A partir del siglo VI las sociedades nor-
andinas entraron en una nueva fase de desarrollo motivada por razones económicas
(introducción de la ganadería y el perfeccionamiento de las técnicas agrícolas) y
guerreras (invasiones de tribus caribes de
bajo nivel cultural). Esta etapa, caracterizada por un incipiente urbanismo y la aparición de jefaturas estratificadas de corte
militarista, se mantendrá en la Sierra ecuatoriana (cañaris, puruhas y caras quiteños)
hasta la invasión inca, y en los Andes colombianos (taironas y chibchas) hasta la llegada de los españoles.

Los chibchas o muiscas (hacia 500 a. C.-
1539 d. C.), habitantes de las mesetas de
Cundinamarca y Boyacá, crearon una pujante cultura que algunos investigadores
consideran la cuarta más importante de la
América Precolombina. La fama de los
chibchas proviene en gran parte de la leyenda del Dorado, el mítico cacique que
tras recubrirse el cuerpo con polvo de oro
se lavaba en la laguna de Guatavita, arro-
jando luego valiosísimas joyas a las aguas.
Curiosamente, los chibchas no tuvieron
más oro que el que obtenían a cambio de
sus dos fuentes de riqueza: las esmeraldas
y la sal, objeto de primera necesidad para
las sociedades preindustriales. Los muiscas, agricultores intensivos, no fueron buenos arquitectos, pues todos sus edificios, incluidos los palacios y los templos, se construyeron con madera y barro. En cambio,
fabricaron cerámicas, tejidos y joyas de alta calidad. Políticamente, se organizaron en
dos confederaciones (Bogotá y Hunza), cuyos caciques, el Zipa y el Zaque, mantenían
una guerra continua por la hegemonía. En
el aspecto religioso, la casta sacerdotal, independiente del poder político, creó un
complejo ceremonial para honrar al Sol, a
la Luna, al Arco Iris y a los muertos, que incluía prácticas como la momificación y el
sacrificio de niños.

9. Culturas andinas preincaicas

El núcleo central del área cultural andina comprende las actuales Repúblicas de Perú y Bolivia. Desde el punto de vista geográfico se divide en tres regiones claramente distintas: la *Costa,* una franja desértica atravesada de cuando en cuando por ríos que forman fértiles valles; la *Sierra,* una zona montañosa muy apta para el asentamiento humano; y la *Selva,* un territorio boscoso y húmedo surcado por poderosas corrientes fluviales.

1. El Formativo andino. Chavín y Paracas

a. Chavín (1200-300 a. C)

El desarrollo de las comunidades agrícolas peruanas de la Sierra (Cerro Sechín, Kotosh etc.) culminó con el florecimiento en el 1200 a. C. de la cultura Chavín, cuyo centro se sitúa en Chavín de Huantar, en el valle de Santa, a 3.135 m sobre el nivel del mar.

El carácter urbano está muy atenuado en Chavín, lo cual indica que no se trataba de una verdadera ciudad, sino de un lugar sagrado donde residía una *élite* sacerdotal y, acaso, un pequeño grupo de artesanos. El edificio más importante es el Castillo, una construcción con planta en forma de U, cuyo interior está ocupado por

Cerámica mochica que representa a un guerrero, Museo de Arqueología y Antropología de Lima

varios corredores y salas. En el centro de dos de ellas se encuentra una escultura de 4,53 m de alto llamada el Lanzón que representa a un monstruo mitad hombre, mitad jaguar. La presencia del jaguar en los monumentos arquitectónicos y en la cerámica negra característica de Chavín, hace suponer que el lugar estaba consagrado al culto de una divinidad felina. Otra deidad importante debió ser el caimán, reproducido con rasgos antropomorfos en la famosa estela Raimondi.

A semejanza de los olmecas de la costa del Golfo de México, los sacerdotes de Chavín gozaron de un gran prestigio entre los campesinos que les permitió controlar la producción agrícola y artesanal de un territorio en expansión. Este hecho, unido a la estratégica posición de Chavín de Huantar a mitad de camino entre la Sierra y la Costa, facilitó la creación de rutas comerciales y la difusión de las ideas artísticas e ideológicas de Chavín a lo largo y ancho de los Andes Centrales.

b. Paracas, Vicús y Pucara

La expansión religiosa y artística de Chavín se vio frenada por la aparición de algunas culturas regionales

culturas de piedra que adornan el yacimiento indican la existencia de una intensa actividad bélica, porque reproducen seres humanos llevando cabezas-trofeo en las manos.

Por lo que respecta a la cultura *Vicús,* asentada en la costa norte, los rasgos chavinoides carecen de importancia frente a las dos grandes innovaciones de los vicús: una cerámica de corte naturalista que representa animales y personas en actitudes cotidianas; y una metalurgia de tecnología muy avanzada.

Vista de las ruinas de un palacio de Chan-Chan, la antigua capital de la cultura chimú, Perú

muy dinámicas y activas a finales del período Formativo.

La principal fue la de *Paracas* (1300 a. C.-200 d. C.), localizada en la costa sur del Perú. Lo poco que sabemos sobre los paraqueños procede de centenares de cámaras subterráneas repletas de momias amortajadas con mantas de algodón o lana de magnífica calidad, gran belleza y motivos muy variados y coloristas. El estudio de los restos humanos y de los tejidos pone de manifiesto que las gentes de Paracas no sólo eran hábiles tejedores, sino también belicosos guerreros que conservaban las cabezas de sus enemigos muertos como trofeos de guerra. Se alimentaban de peces, mariscos y productos agrícolas, y adoraban a una deidad felina humanizada procedente indudablemente de Chavín.

La cultura *Pucara,* en el altiplano andino, tampoco escapó al influjo ideológico de Chavín, pues el monstruo-jaguar aparece con frecuencia en su interesante cerámica polícroma. Las hieráticas es-

Cerámica masculina representando a un flautista de la cultura de Chancay, Perú

2. Las culturas clásicas: Tiahuanaco, Moche y Nazca

Las expresiones regionales surgidas al amparo de la decadencia de Chavín cristalizaron en sólidas formaciones culturales a partir de la tercera centuria de nuestra Era.

El rasgo más notable del Clásico Andino, también denominado período Intermedio Temprano, fue la desaparición de los rígidos cánones estéticos de Chavín y su sustitución por una amplia gama de estilos artísticos muy diferentes entre sí. El período se caracterizó asimismo por el auge de la arquitectura monumental, el progreso de las industrias textil y metalúrgica (se comienza a trabajar el bronce), y la potenciación de la agricultura de regadío. Las nuevas culturas —Moche, Nazca y Tiahuanaco— se organizaron en Estados teocráticos que, a diferencia de los mesoamericanos, presentan un bajo desarrollo urbano y un considerable militarismo.

Cerámica realista de la cultura mochica que representa a un guerrero con un prisionero

a. Moche (200-800 d. C.)

La civilización moche o mochica, heredera de la cultura Vicús, se formó en los valles costeros de Moche y Chicama (costa norte del actual Perú), desde donde se expandió a los valles próximos. Las pequeñas ciudades mochicas estaban fortificadas y se situaban en lugares estratégicos de fácil defensa. Según se desprende del registro arqueológico, eran básicamente centros administrativos o cuarteles militares.

La importancia de la guerra, que se manifiesta también en la continua presencia de guerreros en la cerámica, respondió a las necesidades de una economía centrada casi exclusivamente en la agricultura de regadío. Las obras hidráulicas (canales, presas, acueductos, etc.), imprescindibles en una zona desértica como la costa peruana, exigían dominar las cabeceras de los ríos porque de lo contrario la infraestructura hidráulica podía hundirse en cualquier momento. De ahí la elevada posición social de los generales y jefes militares, que compartieron la cúspide de la pirámide social con el sacerdocio. El resto de la población estaba formado por una gran masa de campesinos, los cuales se veían forzados a entregar los excedentes de sus cosechas y a trabajar en las obras de regadío para obtener la benevolencia de los dioses y la protección de los guerreros. Había también un pequeño grupo de ceramistas, orfebres y criados, así como un considerable número de prisioneros de guerra reducidos a la esclavitud y obligados a trabajar en las construcciones públicas. Éstas, muy numerosas al parecer, podían ser de varias clases, pero siempre monumentales y espectaculares. Entre las obras de ingeniería mochica destacan el acueducto de Ascope, los canales de irrigación del valle de Chicama y los gigantescos templos-pirámide de adobe de la ciudad de Moche: la *huaca* del Sol, el mayor edificio del Perú prehispánico, y la de la Luna.

La cerámica mochica nos ha dejado numerosos ejemplos de vida cotidiana

La religión mochica, mal conocida, refleja el militarismo de la sociedad, pues los arcaicos ritos agrarios articulados en torno a Ai Apaec («el Creador») coexisten con los cultos lunares típicos de las sociedades guerreras.

Pero, sin duda, el principal logro cultural de los mochicas reside en su perfecta cerámica escultórica. Los *huacos* moches son verdaderas esculturas de arcilla polí-

cas, se encuentran los mismos elementos culturales que entre los mochicas: obras hidráulicas gigantescas, militarismo (fortificaciones, culto a las cabezas-trofeo), y una estructura política despótica cimentada en la explotación de los agricultores por unos cuantos clérigos y guerreros. No obstante, existen notables diferencias entre un área y otra. Así, por ejemplo, la cerámica nazca muestra unos diseños pictóricos de gran

Vista parcial del palacio de Kalasasaya,
dentro del recinto arqueológico de
Tiahuanaco, Bolivia

croma que muestran de manera realista todas las facetas de la vida del mochica, incluyendo —y esto resulta sorprendente— la sexual.

b. Nazca

Los nazcas, contemporáneos de los mochicas, crearon una pujante sociedad en los valles costeros meridionales de Nazca, Chincha, Pisco, Lomas e Ica. En esta cultura, sucesora directa de las gentes de Para-

imaginación y colorido que no se parecen nada a la expresividad escultórica de los *huacos* mochicas. Las manifestaciones artísticas nazqueñas más conocidas son las llamadas «líneas de Nazca», colosales bocetos de animales estilizados grabados en la pampa que separa los valles de Nazca y Palpa. La función de estos misteriosos dibujos no está clara: algunos investigadores piensan que tenían un significado religioso; otros ven en ellos conceptos astronómicos relacionados con los movimientos del Sol.

c. Tiahuanaco

Tiahuanaco, la más notable de las culturas clásicas del Altiplano andino, se localiza en la vertiente oriental del lago Titicaca, a unos 4.000 m sobre el nivel del mar. Tiahuanaco fue una verdadera ciudad que llegó a tener en su momento de mayor apogeo una población cercana a los 20.000 habitantes. En su centro se levantan seis edificios de clara finalidad religiosa, entre los que destacan dos: la *Akapana,* una pirámide de 15 m de altura y planta rectangular; y el *Kalasasaya* donde se encuentra el Fraile, un monolito de forma antropomorfa, y la famosísima Puerta del Sol, un arco tallado en un bloque de 3 m de alto por 4 de ancho, cuyo dintel muestra al dios solar con un cetro en cada mano flanqueado, a derecha e izquierda, por tres hileras de figuras aladas con cabeza de hombre o cóndor.

A semejanza de Teotihuacán, la gran ciudad mesoamericana, Tiahuanaco comenzó siendo un centro religioso local que al amparo de las peregrinaciones se convirtió en una urbe artesanal especializada en la manufactura del bronce, la talla de turquesas y la producción de *queros,* vasos cerámicos de lujo. Poco a poco, el crecimiento de la población y la imposibilidad de cultivar en la Puna algunos productos agrícolas, como el maíz o el algodón, impulsó a los tiahuanacotas a colonizar territorios situados en otros pisos ecológicos. El declive de Tiahuanaco comenzó al iniciarse la expansión huari en el siglo IX y se prolongó cerca de trescientos años.

3. El Posclásico andino: Huari y Chimor

La influencia ejercida por los colonos tiahuanacotas se manifestó de forma espectacular en el valle serrano de Ayacucho, cuyos habitantes, relacionados comercialmente con los nazcas de la costa, adoptaron con rapidez las ideas religiosas y políticas de la metrópoli andina. A partir del 700 la población se concentró en torno a la ciudad de Huari que creció a un ritmo vertiginoso. La ciudad, de unos 40.000 habitantes, se expandió de forma caótica y desorganizada, lo cual, paradójicamente, denota su indiscutible carácter urbano. No obstante, Huari se dividía en barrios perfectamente delimitados por gruesas murallas. Unos estaban habitados por las familias nobles; otros por los plebeyos, que se hacina-

El llamado "Monolito Ponce" hallado en Tiahuanaco, escultura monumental de casi tres metros de altura

ban en edificios de dos o tres pisos sin ventanas; y unos terceros se dedicaban a las actividades artesanales, administrativas o mercantiles. Una peculiaridad de la ciudad reside en la total ausencia de templos, imágenes sagradas o áreas religiosas.

El incontrolado desarrollo de Huari, convertido en un foco receptor de la emigración campesina, se transformó en un grave problema cuando se despobló el área rural que abastecía de alimentos el núcleo urbano. La única solución posible era la expansión imperialista, y ese camino siguieron los gobernantes de Huari. Entre el 800 y el 1000 de la Era Cristiana, los ejércitos huaris, impulsados por la fuerza que da el fanatismo religioso, crearon un vasto imperio que se extendía de Cajamarca y Lambayeque, en el norte, hasta Sihuas y Sicuani, en el sur. El militarismo huari se manifestó de una forma despótica: todas las culturas locales se extirparon de raíz imponiéndose las costumbres de Huari, y se arrebató a los vencidos los excedentes agrícolas, ganaderos y artesanales que producían. Para ejercer mejor su dominio, los huaris erigieron decenas de ciudades fortificadas en las zonas conquistadas que servían para alojar a las tropas de ocupación y para recoger los tributos impuestos a los pueblos dominados. Ejemplos significativos de este tipo de asentamiento son las ciudades de Cajamarca, Piquillacta y Pachacamac, cerca de Lima.

La caída de Huari a principios del siglo XIII, originada bien por problemas dinásticos, bien por la imposibilidad de mantener la megalópolis, abre un nuevo período histórico que puede calificarse de renacentista. Los señoríos que nacen de la descomposición del imperio huari retoman la tradición cultural local, aunque no logran alcanzar el esplendor de sus mayores. Así surgen los Estados Chimú, Chancay e Ica Chincha en la costa norte, centro y sur respectivamente; y las jefaturas serranas de Huanca, Chanca, Lupaca, Chachapoya, Colla y Cuzco.

Culturalmente hablando, la civilización más destacada fue la chimú (*ca.* 1200-1460). La capital del reino Chimor estaba en Chanchán, una aldea costera cercana a la actual Trujillo, que se convirtió tras el fin de Huari en el corazón de un imperio costeño. La ciudad, planificada de acuerdo con el modelo huari, se extendía por una superficie de 18 kilómetros cuadrados y llegó a albergar una población de 200.000 almas. Posteriormente, los chimúes levantaron ciudades idénticas a Chanchán, pero mucho menores, en los valles vecinos. En el plano político, Chimor reprodujo el despotismo militar-hidráulico de sus antepasados moches; e igual sucedió en el religioso, caracterizado por el retorno al culto a Si (la Luna), deidad patrona de la pesca y la agricultura. También la cerámica escultórica —negra y hecha a molde— retomó los motivos tradicionales del arte moche. Por lo que respecta a la metalurgia, los hábiles fundidores chimús trabajaron el oro, la plata y el bronce.

10. La civilización inca

El señorío de Cuzco, uno de los pequeños Estados nacidos de las ruinas del imperio huari, sería el encargado de restablecer la unidad política, económica y cultural de los Andes centrales. En menos de un siglo, los incas forjaron un enorme imperio de más de 600.000 km² de extensión y 4.000 km de longitud, cuyos límites iban de Pasto, en la frontera colombiano-ecuatoriana, al río Maule, en Chile central; y de la costa pacífica a las selvas amazónicas. Su superficie era aproximadamente seis veces la de Francia y tenía entre 11 y 15 millones de habitantes.

1. Historia

Los orígenes del pueblo inca están envueltos por las brumas de la leyenda. Según cuenta un mito recogido por los cronistas españoles, la ciudad de Cuzco, cuna del imperio, fue fundada por Manco Cápac, un semidiós que recibió el encargo de su padre divino, el Sol, de civilizar a los pueblos salvajes que vivían en el valle de Cuzco; tarea que realizó con la ayuda de su hermana-esposa Mama Ocllo. Otra versión habla de cuatro hermanos, los Ayares, y de sus mujeres, los cuales salieron de la mítica «Casa de las cuatro ventanas» camino del Cuzco. Sólo logró superar el viaje Ayar Manco, quien recibió de los cuzqueños el título de rey.

Después de Manco Cápac, fundador de la dinastía, gobernaron Sinchi Roca, Lloque Yupanqui, Maita Cápac, Cápac Yupanqui, Inca Roca, Yahuar Huácac y Viracocha Inca. La vida de estos monarcas, denominados protohistóricos, está llena de aconteci-

mientos maravillosos que engrandecen la oscura historia de un pequeño señorío enzarzado en guerras continuas con sus vecinos y minado por luchas intestinas que enfrentaban, por un lado, a los distintos candidatos a la *mascapaicha,* la borla que simbolizaba el poder supremo, y, por el otro, a los habitantes de los dos barrios rivales en que se dividía la urbe.

La verdadera historia incaica comenzó con Pachacútec Inca Yupanqui (1438-1471), un emprendedor gobernante que logró derrotar definitivamente a los chancas, los tradicionales enemigos de los cuzqueños, forzándolos a refugiarse en la selva amazónica. Luego, tras una serie de rapidísimas campañas, Pachacútec se apoderó del territorio serrano comprendido entre Cajamarca y el lago Titicaca. Este gran inca fue también un magnífico administrador que sentó las bases de la política imperial cuzqueña. Así, instauró el sistema de *mitimaes* (traslado de pueblos enteros a otras tierras para evitar rebeliones); reconvirtió a los nobles en funcionarios militares, civiles o religiosos; y creó una importante infraestructura viaria que facilitaba la comunicación entre las diferentes zonas del país. El genio organizativo de Pachacútec se manifestó también en el plano urbanístico, pues reorganizó el Cuzco, planificando la trama urbana e impulsando la construcción de edificios monumentales, como el *Coricancha* o Templo del Sol, la fortaleza de Sacsahuamán, o el *Acllahuasi,* el monasterio donde residían las Vírgenes del Sol.

Su sucesor, Túpac Yupanqui (1471-1493), reafirmó el sistema administrativo incaico al organizar una tupida red de re-

Representación de un guerrero y de una mujer noble de la cultura inca, a partir de un dibujo de Huamán Poma de Ayala

2. Organización social

La estructura social del incario se basó en el *ayllu,* una institución serrana preincaica que se modificó para adaptarse a la nueva situación imperial. El *ayllu* era básicamente un grupo de parentesco, un conjunto de familias que descendían del mismo antepasado, real o supuesto; pero también una unidad económica propietaria de ganados y tierras (la *marca*), y una categoría político-administrativa dirigida por el *curaca,* el descendiente directo del fundador del linaje, quien distribuía las parcelas entre las familias del *ayllu,* planificaba las tareas colectivas de sus parientes y ejercía la justicia. En suma, una comunidad agrícola con una fuerte cohesión interna derivada del culto al ancestro divinizado o *huaca.* En el caso de los *ayllus* reales, las *panacas,* compuestos por todos los hijos e hijas del Inca, excepto el sucesor, los ritos giraban en torno a la momia o *mallqui* del fundador.

El hecho de que los *ayllus* fuesen teóricamente endógamos, o sea, que sus miembros tuviesen prohibido contraer matrimonio con personas de otra comunidad, implicaba una partición del grupo en dos mitades: la superior *(Hanan)* y la inferior *(Hurin);* cada segmento se dividía a su vez en dos subgrupos. El sistema, pensado para mantener la endogamia, no impedía las uniones exogámicas por razones políticas o la poliginia. De ahí que los incas clasificasen a la población en tres grandes categorías: *Collana, Cayao y Pallán.* La primera comprendía a los cuzqueños de pura sangre o a los descendientes de la esposa legítima; la segunda incluía a los parientes de la concubina; y la tercera englobaba a los

caudadores de tributos, e instaurar la pena de la servidumbre perpetua para las naciones traidoras o rebeldes. Asimismo, llevó a los ejércitos cuzqueños de victoria en victoria. En el norte conquistó el país de los chachapoyas y los reinos de Chimor y Quito (Ecuador); en el sur ocupó la región boliviana de Charcas, el Tucumán argentino y la mitad norte de Chile.

Huayna Cápac (1493-1525) debió enfrentarse a los graves problemas generados por la desmesurada expansión territorial. Durante su reinado se produjeron numerosas rebeliones en el norte que le forzaron a residir casi de forma permanente en Quito. Este hecho desencadenó las iras de la nobleza cuzqueña, dividida a su vez en dos bandos opuestos. La muerte de Huayna Cápac y del heredero designado provocó una guerra civil que opuso a Huascar, el candidato de la aristocracia del Cuzco, y a Atau Huallpa, favorito de los quiteños. Atau Huallpa contaba con la ayuda de veteranos generales y derrotó fácilmente a los cuzqueños capturando a Huascar. La llegada de los españoles en 1532 puso fin a la guerra civil y a la historia incaica.

linajes surgidos de las relaciones entre hombres *collana* y mujeres *cayao*.

Siguiendo estos principios, la ciudad del Cuzco se dividía en dos mitades y cuatro barrios o cuarteles. Al sector de arriba *(Hanan Cuzco)* correspondían el *Chinchaysuyu* (norte) y el *Antisuyu* (este); a la mitad de abajo *(Hurin Cuzco)*, el *Cuntisuyu* (oeste) y *Collasuyu* (sur). Los barrios se organizaban en tres secciones distintas: *collana, cayao* y *pallán*.

Este complejo sistema de parentesco se aplicó sin apenas modificaciones en los territorios ocupados. Las ciudades y aldeas se separaron en dos zonas: *Hanansaya* y *Hurinsaya;* y sus habitantes se clasificaron en tres capas sociales jerárquicamente desiguales: los funcionarios incas *(collana)*, los jefes locales *(pallán)*, y la masa campesina *(cayao)*.

Sin embargo, la sociedad real era bastante más compleja y menos igualitaria que el modelo diseñado por los gobernantes incas. Se dividía en dos estamentos opuestos: el superior, ordenado en capas jerárquicas, y el inferior. La posición más elevada de la clase alta estaba ocupada por la aristocracia de sangre emparentada con el inca reinante. Los *orejones*, llamados así porque tenían los lóbulos de las orejas dilatados a causa del uso de unos grandes pendientes circulares exclusivos para ellos, desempeñaban los máximos cargos de la administración del Estado. Les seguían en poder y prestigio los restantes descendientes de Manco Cápac, el mítico fundador de la dinastía. Finalmente, el tercer escalón del estrato dominante incluía a la antigua aristocracia de los territorios incorporados al imperio.

Por debajo de ellos se situaban dos grupos privilegiados: *aclla cuna* («mujeres escogidas») y los *mitimaes* militares. Las *aclla cuna*, seleccionadas entre las muchachas plebeyas más hermosas e inteligentes, recibían una esmerada educación, que las capacitaba para desempeñar importantes misiones. Unas, las menos, se sacrificaban a los dioses; otras se convertían en concubinas o esposas de los nobles; y la inmensa mayoría pasaba a los *acllahuasi,* dedicando el resto de su vida al servicio de la deidad solar. Los *mitimaes,* por su parte, jugaban un papel de-

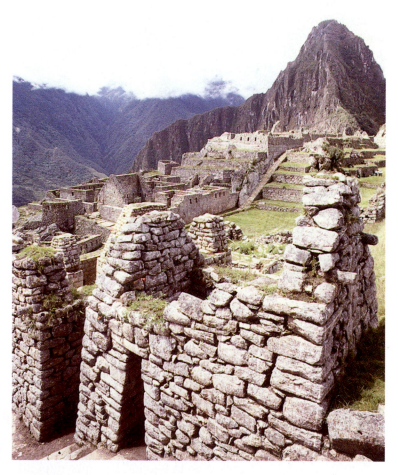

Detalle de unas construcciones incas de la fortaleza de Macchu Picchu, Perú

cisivo en la expansión imperial. Eran *ayllus* plebeyos que se trasladaban a los territorios conquistados para cumplir una doble misión: garantizar la seguridad de la zona y difundir entre los vencidos la cultura incaica.

El mantenimiento del estamento dominante dependía de los *hatun runa* («hombres del pueblo»), la gran masa dominada, compuesta por campesinos organizados en *ayllus*. Los *hatun runa* no recibían ningún tipo de educación, tenían rigurosamente prohibido cambiar de residencia, y debían prestar servicio personal en el ejército y las obras públicas. Un sector especial de grupo popular lo formaban los *yana,* siervos con un *status* semejante al de los *mayeque* aztecas, que estaban al margen del sistema de parentesco típico de los *hatun runa*. Los *yana* debían servir de por vida a un noble determinado, recibiendo a cambio algunos beneficios.

3. Organización político-administrativa

La organización política y económica de los incas no era socialista ni comunista, como se suele decir. Se trataba de un Estado despótico, militarista y teocrático que explotaba económicamente a las comunidades campesinas. Para mantener su tiránico sistema, los cuzqueños no dudaron en utilizar métodos tan violentos como el destierro de los *ayllus* rebeldes a zonas climáticas distintas de la suya, condenándoles así a la muerte, o la extirpación de la lengua, la religión y las costumbres de las naciones vencidas que se sustituían por las incaicas.

La autoridad absoluta del *Sapa Inca,*

Cerámica inca que representa a un hombre llevando un ánfora

emanada de su carácter divino (se le consideraba Hijo del Sol), le convertía prácticamente en el dueño de todas las tierras, rebaños y hombres del imperio. El cargo era hereditario, pero no existía el derecho de primogenitura, lo cual planteaba, como hemos visto, serios problemas sucesorios. Para evitarlos, se instauró la costumbre de compartir las tareas gubernamentales con el sucesor cuando éste tuviese la edad necesaria.

El imperio se estructuró, siguiendo el modelo del Cuzco (residencia del Inca y materialización de la filosofía política quechua) en cuatro regiones o *Suyos,* de ahí el nombre que le dieron los cuzqueños: *Tahuantinsuyo* («los cuatro rumbos»). Cada *suyo* dependía de un gobernador general, pariente cercano del Inca y miembro del Consejo Supremo cuatripartito que asesoraba al máximo gobernante. Los *suyos* se dividían en provincias de 40.000 personas dirigidas en el aspecto político-militar por el *apunchic* y en el económico-jurídico por el *tucui ricoc* («el que todo lo ve»), un supervisor que planificaba la recogida de tributos, el reclutamiento militar y las levas de mano de obra para las construcciones públicas con la ayuda de una masa de funcionarios subalternos. Políticamente, estas zonas administrativas se regían mediante *curacas,* jefes pertenecientes a la aristocracia local que dependían única y exclusivamente del *Sapa Inca*. Una tupida red de agentes secretos y espías fiscalizaba la actuación de los funcionarios y de los *curacas*.

Vista parcial de las ruinas de Macchu Picchu, uno de los centros arqueológicos más impresionantes del mundo

4. Economía

Siguiendo su línea de conducta habitual, los incas no introdujeron reformas en el campo de la Economía; se limitaron a perfeccionar la estructura tradicional existente para adaptarla a las necesidades del aparato burocrático estatal.

La tierra —base de la prosperidad económica del incario y por lo tanto de propiedad estatal— se dividía en tres partes que se destinaban al mantenimiento del Estado, es decir, de los *curacas* y funcionarios territoriales, de la Iglesia («tierras del Sol») y de los *ayllus,* respectivamente. Estas últimas se repartían entre los distintos miembros de la comunidad en función de las necesidades de cada familia, y se cultivaban de forma individual. Los lotes de las viudas, huérfanos y enfermos se trabajaban de forma comunal, lo mismo que las parcelas correspondientes al Inca y al clero. Había, sin embargo, una notable diferencia en este tipo de trabajo comunal, el primero se hacía voluntariamente *(ayna)* y el segundo como tributo *(minka).* Los Incas reinantes poseían tierras patrimoniales de su exclusiva propiedad que heredaba su *panaca* a su muerte junto con los *yanas* que las cultivaban. La explotación de los grandes rebaños de llamas, alpacas y vicuñas se efectuaba mediante un sistema similar.

Los gobernantes cuzqueños nunca impusieron tributos en especie al pueblo, pero en cambio desarrollaron hasta extremos increíbles la *mita* u obligación de trabajar gratuitamente para el Estado. Además de cultivar los terrenos cedidos a sacerdotes y funcionarios, los plebeyos debían servir en el ejército, cuidar las salinas, trabajar en los talleres artesanales del Inca y laborar en las obras públicas.

El peso de la prestación de servicios personales recaía principalmente en los *purej,* varones adultos comprendidos entre los 25 y los 50 años, aunque también las mujeres y los menores de edad debían contribuir al sostenimiento del Estado. La distribución de las tareas se efectuaba tomando como unidad de medida la *pachaca,* un grupo laboral formado por 100 *purej* bajo el mando de un capataz, el *pachaca camayoc.* La *pachaca* se subdividía en pelotones de 50, 10 y 5 hombres. Para trabajos de mayor envergadura, los *purej* formaban unidades superiores de 500, 1.000, 5.000 y 10.000 hombres. Esta última división era supervisada por un ejército de 3.333 funcionarios de diferentes categorías.

Una parte de la producción agrícola y artesanal se guardaba en los almacenes estatales de la localidad, y el resto se enviaba a los locales regionales, que conservaban lo imprescindible para satisfacer las necesidades de la zona, remitiendo el resto a la capital del imperio. Los bienes que llegaban al Cuzco se gastaban mayoritariamente en el mantenimiento del elevado nivel de vida de la aristocracia incaica, y en costosos regalos que se entregaban a los curacas de los pueblos sometidos cuando viajaban anualmente a la capital para informar de su gestión. Los excedentes sobrantes pasaban a los *tambos,* almacenes situados en la red de caminos que servían para abastecer a los ejércitos en marcha.

Este sistema de distribución de bienes hacía prácticamente innecesario el comercio, puesto que el Estado se encargaba de hacer llegar a las comunidades serranas las producciones de la costa y de la selva, y viceversa.

Andenerías (terrazas de cultivo) incaicas en las proximidades de la ciudad de Pisac, Perú

5. Religión

La esencia íntima del imperio cuzqueño —la imposición de una estructura estatal a unas comunidades aldeanas más o menos igualitarias— se manifiesta de manera muy clara en la esfera de lo religioso, donde conviven dos tradiciones opuestas, la popular y la estatal.

La religión oficial incaica era politeísta. En la cúspide del panteón se encontraba *Viracocha* («Espuma de las aguas»), la divinidad surgida del lago Titicaca que creó el mundo y enseñó a los seres humanos, sus criaturas, los rudimentos de la vida civilizada. Después de cumplir su misión, Virachocha se dirigió a la costa del océano Pacífico y allí desapareció, aunque antes prometió a sus fieles seguidores que regresaría algún día.

Esta arcaica deidad, idéntica al *Tloque-nahuaque* azteca, no recibía ningún tipo de adoración porque los incas, al igual que los mexicanos, adoraban a *Inti,* la divinidad solar. El culto al Sol, manifestación religiosa de la organización política imperial, se desarrolló con la expansión militar y se mantuvo en tanto en cuanto los cuzqueños conservaron la hegemonía. Cuando ésta se hundió, la devoción a *Inti* desapareció sin dejar el menor rastro. Lo mismo sucedió con los demás dioses del Estado, entre los que destacaban *Pachamama,* la diosa madre, *Mamacocha,* la deidad marina y *Mamaquilla,* la Luna, esposa hermana del Sol.

Las ceremonias estaban relacionadas con las diferentes fases del ciclo agrícola y se celebraba al menos una cada mes. Los rituales, muy complejos, requerían ricas ofrendas, la muerte de centenares de llamas y a veces el sacrificio de un niño o de una virgen. La conmemoración religiosa más notable era el *Inti Raymi* o gran Pascua del Sol. La confesión de los pecados y la adivinación del futuro también formaban parte del credo oficial. Los rituales de confesión tenían un elevado valor simbólico, ya que el sacerdote, una vez escuchada la confesión, golpeaba ligeramente al pecador con una piedra y luego le hacía escupir en una bolsa que arrojaba a un río cercano. Las prácticas adivinatorias, semejantes a las de otras culturas, consistían bien en el examen de las vísceras de una llama sacrificada, bien en observar las fluctuaciones de las llamas que surgían de dos braseros.

La poderosa e influyente iglesia incaica estaba encabezada por el *Villca Humu* o Pontífice Máximo. El sumo sacerdote, primo o hermano de Inca, gobernaba el aparato eclesiástico con la ayuda de un consejo de diez clérigos de alta categoría, los *Hatun Villca,* quienes supervisaban las tareas de las «Vírgenes del Sol», de los

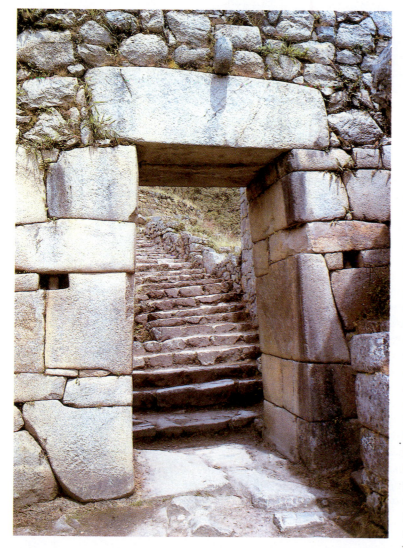

Una de las puertas de acceso a la ciudad de Macchu Picchu, realizada con una gran solidez

El llamado "Trono del Inca", excavado en la roca, que se halla en la fortaleza de Sacsahuamán

los dos grandes rasgos que caracterizaron su cultura: tanto el genio organizador como la dualidad Estado/*ayllu*.

La medicina ofrece un magnífico ejemplo de lo dicho.

Por un lado, las enfermedades seguían atribuyéndose a causas sobrenaturales y tratándose con métodos mágico-religiosos; por el otro, la necesidad de curar las frecuentes heridas de guerra de una manera racional facilitó el desarrollo de una avanzada cirugía que incluía el uso de injertos o el trasplante de huesos.

Otras muestras del realismo incaico se encuentran en el calendario, libre de las abstracciones del mesoamericano, que se dividía en doce *quillas* (meses); o en el sistema de numeración decimal, mu-

huatuc (adivinos-confesores) y los *humu* o curas rurales.

En cambio, la religiosidad popular logró sobrevivir a la conquista española y se mantiene hoy en día con algunas modificaciones entre los campesinos de los Andes. La principal manifestación de las creencias del pueblo bajo era el culto a las *huacas,* término muy general utilizado para designar *cualquier objeto, ser o fenómeno de la naturaleza que ofreciera características consideradas como sobrenaturales por su aspecto inhabitual: una roca o montaña, una piedra de forma extraña, una planta o un ser vivo, animal o humano, que ofreciera alguna anormalidad* (Concepción Bravo, «El mundo de los incas», Historia 16, extra VI, 1978). También se consideraban sagradas y, objeto de veneración las momias o las representaciones escultóricas de los antepasados, y los lugares donde residían las *huacas.*

6. Ciencias y artes

Las actividades intelectuales y artísticas de los incas estuvieron condicionadas por

Detalle de la impresionante fortaleza inca de Sacsahuamán, situada a las afueras de Cuzco

cho más práctico que el vigesimal. Pero fue en el plano estadístico donde la cultura cuzqueña logró su mayor éxito. Aunque los antiguos peruanos desconocían la escritura, idearon un sistema que les permitió llevar una detallada contabilidad de los bienes producidos y distribuidos en el imperio; así como elaborar minuciosos censos demográficos, elementos imprescindibles para una economía tan planificada como la incaica. Este método, de gran sencillez, era el *quipu,* manejado por un experto denominado *quipucamayoc.* Louis Baudin describe el ingenioso aparato de la siguiente manera:

El quipo no es ni un procedimiento de cálculo ni un modo de escritura; es un memento de cifras. Se compone de un cordón grueso, del cual cuelgan hilos que forman una franja; estos hilos son de colores diferentes según la naturaleza del objeto a que se aplican; por ejemplo, amarillos para el oro, rojos para el ejército, blancos para la paz; los colores, en número limitado, tienen un sentido diferente según el sentido general del quipo [...] A menudo los cordelillos mismos llevan otros hilos delgados que representan subdivisiones. Atados a un cordelillo de estadística demográfica, por ejemplo, los hilos anexos se refieren a las viudas y viudos del año.

Los cordelillos llevan nudos que indican unidades, decenas o múltiplos de diez, según el lugar que ocupan. La extremidad inferior del hilo corresponde a la unidad, la extremidad superior a las diez mil unidades (Louis Baudin, *El imperio socialista de los incas,* Lima, 1978).

Kero inca, tallado en madera, decorado con pinturas, Museo de la Universidad de Cuzco

Los datos estadísticos de los *quipus* permitían a los *amautas* («sabios») completar el relato de los acontecimientos históricos transmitidos oralmente de generación a generación. También mediante la memorización se conservaba el saber científico, las composiciones poéticas de tema religioso *(runa kámaj),* amoroso *(arahui)* o elegiaco *(huanca),* y las obras teatrales. Entre estas últimas, que se siguen representando en la actualidad, destacan *Ollantay* y *Ushca Paucar.*

Los incas no destacaron en las Bellas Artes, aunque sus gobernantes aprovecharon la habilidad artística de los señoríos dominados. La arquitectura, el arte que mejor dominaron, sobresale más por su solidez y técnica que por la belleza de las formas. Los edificios del Cuzco, Ollantaytambo, Pisac y Machu Picchu, por citar algunas de las principales ciudades incas, estaban pensados para resistir los terremotos y presentan un estilo sobrio, geométrico, fácilmente reconocible por la casi total ausencia de elementos decorativos.

El mismo sentido práctico, derivado de la rígida planificación económica, se observa en la magnífica red de calzadas y puentes de unos 40.000 km de longitud, que ponía en contacto los lugares más lejanos de los cuatro *suyos.* El cuidado de los caminos dependía de los *ayllus* asentados en los pueblos que atravesaban. En cambio, la conservación de los puentes colgantes, verdaderas obras de ingeniería, quedaba bajo la responsabilidad de funcionarios, que también se encargaban de cobrar peaje a cuantas personas los utilizasen.

Orientación bibliográfica

A.   PREHISTORIA DE AMÉRICA
RIVET, Paul
   1974   *Los orígenes del hombre americano.* México, D.F.: Fondo de Cultura Económica.
B.   CULTURAS MESOAMERICANAS
COE, Michael D.
   1968   *America's First Civilization.* New York: American Heritage Publishing.
SANDERS, William T. y Barbara J. PRICE
   1968   *Mesoamerica. The Evolution of Civilization.* New York: Random House.
C.   CULTURA AZTECA
BERDAN, Francis F.
   1982   *The Aztecs of Central Mexico. An Imperial Society.* New York: Holt, Rinehart and Winston.
CASO, Alfonso
   1953   *El pueblo del Sol.* México, D.F.: Fondo de Cultura Económica.
LEÓN-PORTILLA, Miguel
   1964   *Las literaturas precolombinas de México.* México, D.F.: Pormaca.
SOUSTELLE, Jacques
   1956   *La vida cotidiana de los aztecas en vísperas de la conquista española.* México, D.F.:
Fondo de Cultura Económica.
VAILLANT, George C. y Suzannah B. VAILLANT
   1973   *La civilización azteca.* México, D.F.: Fondo de Cultura Económica.
D.   CULTURA MAYA
COE, Michael D.
   1975   *The Maya.* Harmondsworth, England: Penguin Books.
MORLEY, Silvanus G. y George W. BRAINERD
   1972   *La civilización maya.* México, D.F.: Fondo de Cultura Económica.
THOMPSON, John Eric S.
   1956   *The Rise and Fall of Maya Civilization.* Norman, Oklahoma: University of Oklahoma Press.
E.   CULTURAS PREINCAICAS
HAGEN, Victor W. von
   1976   *Culturas preincaicas.* Madrid: Guadarrama.
LANNING, Edward P.
1967   *Perú Before the Incas.* Englewood Cliffs, New Jersey: Prentice Hall.
MASON, John A.
   1969   *The Ancient Civilizations of Peru.* Harmondsworth, England: Penguin Books.
F.   CULTURA INCA
BAUDIN, Louis
   1972   *El imperio socialista de los Incas.* Madrid: Rodas.
MURRA, John V.
   1975   *Formaciones económicas y políticas del mundo andino.* Lima: Inst. de Estudios Peruanos.
G.   AMÉRICA PREHISPÁNICA EN GENERAL
DISSELHORFF, Hans-Dietrich y Linne SIGVALD
   1961   *The Art of Ancient America.* New York: Crown Publishers.
GUERRA, Francisco
   1971   *The Pre-Columbian Mind.* London: Seminar Press.
KATZ, Friedrich
   1972   *The Ancient American Civilizations.* London: Weidenfeld and Nicolson.

PARTE II
La América española (siglos XVI-XVIII)

1. El Descubrimiento de América (I): Precedentes y entorno histórico

En la madrugada del 12 de octubre de 1492 dos carabelas y una nao españolas llegaron a las costas de Guanahaní, una pequeña isla del mar Caribe. Este acontecimiento, que inició una nueva etapa en la historia de la humanidad, no fue el resultado del azar, sino el punto culminante de la llamada *Era de los grandes descubrimientos geográficos,* nombre que se da a un apasionante y complicado proceso histórico, cuyos orígenes se remontan a la época de la caída del Imperio Romano de Occidente (476 d. C.)

1. La expansión europea del siglo XV. Causas y factores

En efecto, la expansión marítima europea de mediados del siglo XV fue una consecuencia directa de la larga y lenta gestación de la civilización cristiana occidental. De hecho, las navegaciones españolas y portuguesas están tan vinculadas a la historia de la Europa medieval, que no se entienden si se separan de los dos factores que condicionaron las relaciones exteriores de la Cristiandad europea durante siglos. De un lado, el comercio con el África Negra y el Extremo Oriente (China e India); del otro, la lucha económica, militar y sobre todo espiritual que el Cristianismo sostuvo a lo largo de la Edad Media con su gran contrincante religioso, el Islam.

La toma de Constantinopla, la capital del Imperio Romano de Oriente, por los turcos en 1453 rompió el frágil equilibrio creado en la cuenca del mar Mediterráneo tras la primera Cruzada (1088). Los turcos

otomanos se convirtieron así en los únicos intermediarios del tráfico mercantil entre Europa y Asia Oriental, controlado hasta entonces por Constantinopla, y aprovecharon su ventajosa situación para subir los impuestos de los productos chinos e hindúes que pasaban por su territorio camino de Europa. Estas medidas suponían un gravísimo peligro para la economía de los reinos cristianos, pues los occidentales no podían prescindir de las valiosas mercancías del Extremo Oriente, mas tampoco pagar los abusivos precios fijados por los otomanos. Las especias (canela, clavo, nuez moscada, etc.), por ejemplo, subieron un 800 por 100, y sólo por Venecia (Italia) pasaban 2.500 toneladas al año. El problema se complicaba aún más si se tiene en cuenta que en Europa no había minas de metales preciosos. El oro que se entregaba a los turcos venía del África Negra y los cristianos lo adquirían en los mercados musulmanes de Granada (España) y del norte de África a cambio de hierro, armas y tejidos de lana. Lo dramático de la cuestión consistía en que los mahometanos financiaban la invasión de la Península Balcánica y la defensa del reino de Granada, último territorio musulmán de la Península Ibérica, con los beneficios obtenidos de los comerciantes cristianos.

La presión militar y económica musulmana obligó a los europeos a cambiar su política tradicional, centrada en el mar Mediterráneo, por otra orientada hacia el océano Atlántico. La exploración de las costas atlánticas del continente negro pretendía al principio romper el monopolio árabe del oro africano, pero luego, cuando creció el peligro turco, tomó una dimensión mayor. A partir de 1453, los esfuerzos de la Cristiandad se concentraron en la creación de una ruta marítima directa que llevase a sus naves a la India, el país de las especias. Los objetivos que se perseguían eran, en síntesis, los siguientes:

1.º El establecimiento de relaciones comerciales directas con las naciones africanas e hindúes productoras de las materias primas (oro y especias, respectivamente), evitando a los intermediarios turcos.

2.º La apertura de nuevos mercados para las industrias textiles europeas.

3.º La conquista y explotación de territorios desconocidos ricos en metales preciosos, ya que las monarquías autoritarias del Occidente necesitaban grandes reservas de oro y plata para pagar el mantenimiento de sus ejércitos y funcionarios.

4.º La búsqueda de aliados asiáticos y africanos en la guerra contra el Islam.

Con todo, el proyecto nunca se hubiera llevado a cabo sin la revolución científica y el cambio espiritual provocado por el Renacimiento. En primer lugar, los filósofos renacentistas, los humanistas, estimularon psicológicamente la expansión naval al defender una visión del mundo basada en el individuo y sus necesidades (la consecución de la fama y la aventura, el afán de riqueza, el interés por las ciencias y la naturaleza, etc.). En segundo lugar, el Renacimiento la hizo posible en el plano científico y técnico gracias a:

1.º La difusión de las ideas geográficas de la Antigüedad olvidadas durante la Edad Media, como, por ejemplo, el concepto de redondez o esfericidad de la Tierra.

2.º El desarrollo de las técnicas e instrumentos de navegación (brújula, astrolabio, cartas de marear o portulanos, timón, etc.).

3.º La construcción de nuevos tipos de barcos (la *carabela* española y el *varinel* portugués), diseñados para moverse por el océano Atlántico, cuyas condiciones de navegación eran muy distintas a las del mar Mediterráneo.

2. La Península Ibérica durante el siglo XV

El cambio de la política exterior europea afectó de manera muy directa a la Península Ibérica, que pasó de ser un área marginal a convertirse en el centro económico, político y cultural de Europa.

A mediados del siglo XV, la Península estaba dividida en cinco reinos: cuatro cristianos (Castilla, Aragón, Portugal y Navarra) y uno mahometano (Granada).

De ellos, el mayor en extensión territorial y número de habitantes era Castilla, cuya inestabilidad política contrastaba con su vitalidad económica, fomentada en buena parte por las ciudades-estado italianas. Castilla limitaba al oeste con Portugal, un pequeño país que debió lanzarse al mar para resistir la presión de su poderosa vecina; y al este con la Corona de Aragón, una confederación de tres naciones (Aragón, Cataluña y Valencia) que sólo tenían en común el mismo monarca. La Corona de Aragón fue el reino ibérico más perjudicado por la orientación atlántica de la Cristiandad, porque la prosperidad que le proporcionó el control de la mitad occidental del mar Mediterráneo durante los siglos XIII y XIV desapareció al complicarse la situación política de la zona. El reino de Navarra, muy importante en la Alta Edad Media, ocupaba una posición secundaria en esta época. Finalmente, el sultanato moro de Granada, último resto de la invasión musulmana que ocupó casi toda la Península en el siglo VIII, era una diminuta nación situada al sureste de Castilla, muy rica y densamente poblada, que practicaba un activo comercio con el África del norte.

En 1469 Isabel y Fernando, príncipes herederos de Castilla y Aragón respectivamente, contrajeron matrimonio, sentando así las bases para la unión de los dos reinos más fuertes de la Península. La unión, establecida de forma definitiva diez años después, presentaba un carácter confederal. Las dos Coronas, gobernadas por los mismos soberanos, continuaron siendo inde-

Carabelas castellanas de finales del siglo XV, similares a las que utilizó Colón en su viaje descubridor

pendientes, aunque el hecho de estar subordinadas a un monarca común las llevó a actuar de forma conjunta en los asuntos internacionales. De ahí que las palabras «España» y «español» aplicadas a los siglos XV, XVI y XVII sean incorrectas, si bien las utilizaremos en las páginas siguientes para evitar malentendidos.

Paralelamente, Fernando e Isabel iniciaron una serie de grandes reformas económicas, militares, administrativas y judiciales que convirtieron a la Monarquía Hispánica en la nación más poderosa y avanzada de la primera mitad de la Edad Moderna. Los *Reyes Católicos,* título que les concedió el papa Alejandro VI en 1494, también procuraron crear una mentalidad común a todos los súbditos de sus reinos.

Para ello, favorecieron la difusión de la cultura renacentista y, sobre todo, dictaron diversas medidas tendentes a homogeneizar racial y religiosamente a los habitantes de la Península Ibérica. De ahí la reanudación de la Reconquista, como se denominó a la guerra que sostuvieron durante casi 800 años los cristianos y los musulmanes de la Península; la expulsión de la minoría hebrea (1492); y el establecimiento de la Inquisición (1481), un tribunal de carácter religioso que se limitó en los primeros tiempos a actuar contra los judaizantes, hebreos que se habían convertido oficialmente al Cristianismo y adoptado la cultura europea, pero que seguían practicando en secreto las costumbres y creencias religiosas judías.

3. Castilla, Portugal y la expansión atlántica

a. Las navegaciones castellanas del siglo XV

Castilla fue la primera nación ibérica en emprender la exploración del Atlántico. A principios del siglo, en 1404, Jean de Bethencourt y Gadifer de la Salle, dos franceses vasallos del monarca castellano, se apoderaron de cuatro de las siete islas Canarias, un archipiélago cercano a la costa noroccidental de África. Desde allí, los castellanos ocuparon la costa sahariana comprendida entre los cabos Aguer y Bojador, levantando en 1478 un pequeño fuerte que denominaron *Santa Cruz de la mar pequeña.* Cuatro años antes, los marineros de los puertos andaluces, financiados por nobles castellanos y banqueros genoveses asentados en Castilla, realizaron decenas de viajes al golfo de Guinea compitiendo duramente con los portugueses por aquel mercado.

A diferencia de Portugal, la expansión africana de Castilla corrió a cargo de personas particulares y no contó con el apoyo de la monarquía, más preocupada por la situación interna del reino, inmerso en una eterna guerra civil, que por la política exterior. Por eso, cuando finalizó la contienda por el trono castellano que enfrentó a los partidarios de Isabel con los defensores de su sobrina Juana, los lusitanos, que habían apoyado militarmente la candidatura de esta última, lograron anular a sus peligrosos rivales. Una de las cláusulas del Tratado de Alcaçovas-Toledo (1479) concedía a Portugal la soberanía de los archipiélagos de Azores, Madeira y Cabo Verde, así como todas las tierras africanas *que se hallasen y conquistasen de las islas Canarias para abajo contra Guinea.* Castilla sólo conservó el dominio de las Canarias, resistiendo las fuertes presiones de los lusos que deseaban controlar el estratégico archipiélago.

Pero los *Reyes Católicos* no se resignaron a perder la carrera de la India. Apenas finalizó la guerra de sucesión compraron los derechos de posesión del archipiélago y de la costa sahariana situada frente a las islas a sus propietarios, e iniciaron la conquista de los territorios insulares no sometidos. La primera fase de la campaña, que se prolongaría más de una década, finalizó con la ocupación de Gran Canaria en 1484. Después, la guerra contra los moros de Granada absorbió los recursos militares de la Corona y las operaciones se suspendieron de manera indefinida. En 1492, coincidiendo con la caída de Granada y el trascendental viaje de Colón, Alonso Fernández de Lugo conquistó la Palma y dos años después Tenerife.

b. Las navegaciones portuguesas del siglo XV

La expansión portuguesa en África, iniciada con la conquista de la ciudad marroquí de Ceuta en 1415, está indisolublemente ligada al príncipe Enrique, apodado *el Navegante,* quien dedicó su vida y su fortuna a las expediciones navales. Don Enrique, militarista, mercader y sabio, creó un importantísimo centro de estudios náuticos en Sagres, junto al cabo San Vicente, y lanzó al Atlántico flota tras flota a partir de 1419. Cuando murió, en 1460, los portugueses habían colonizado los archipiélagos de Azores, Madeira y Cabo Verde, y recorrido el litoral africano hasta la actual Liberia.

Los reyes lusitanos, entusiasmados por los beneficios económicos que proporcionaban las factorías fundadas en la costa africana, hicieron suya la empresa de don Enrique y la favorecieron cuanto pudieron. Gracias a ellos, Diego Cao llegó a la desembocadura del río Congo en 1482 y Bartolomé Dias dobló el cabo de Buena Esperanza, punto de encuentro de los océanos Atlántico e Índico, en 1487. Mientras tanto, Pedro de Covilham exploraba a pie la costa oriental de África y Alfonso de Paiva recorría la vía terrestre que unía Egipto y la India.

Los datos proporcionados por estos audaces exploradores confirmaron que la ruta seguida por los lusitanos era correcta: se podía alcanzar el país de las especias costeando el continente africano y la Península Arábiga. No obstante, los portugueses actuaron de forma prudente y sondearon un trayecto alternativo, pues, según sus geógrafos, se podía llegar a la India bordeando las costas septentrionales de Europa y Asia. Martín Lopes, encargado del proyecto, navegó hasta Nueva Zembla y regresó convencido de la imposibilidad de llegar al Indostán por aquel camino. Quedaba una tercera posibilidad, la del oeste a través del océano Atlántico, pero por este itinerario se les anticiparon los castellanos en 1492.

El éxito de las naves capitaneadas por Cristóbal Colón preocupó al monarca lusitano, que aceleró sus planes para asegurarse el control del subcontinente indio. En 1498 una gran flota portuguesa a las órdenes de Vasco de Gama anclaba frente a Calicut (India), e iniciaba la construcción de uno de los mayores imperios coloniales del mundo. Portugal, la pequeña nación de la Europa atlántica, había logrado su objetivo.

Colón es bendecido por un monje de La Rábida antes de iniciar su viaje en agosto de 1492

4. Precedentes del viaje colombino

La posible llegada de los europeos a América antes de 1492 es un factor que conviene tener muy en cuenta a la hora de estudiar los planes de Cristóbal Colón, porque, sin duda, estos viajes influyeron directa o indirectamente en su gestación. En principio, parece casi seguro que los navegantes europeos alcanzaron el Nuevo Mundo al menos en tres ocasiones.

a. Los vikingos

Los primeros europeos que desembarcaron en América fueron los vikingos o normandos de la Península Escandinava, un pueblo de marinos acostumbrado a recorrer las costas de la Europa atlántica e incluso de la mediterránea, practicando indistintamente la piratería y el comercio. En sus navegaciones, efectuadas a bordo de una embarcación de remo y vela denominada *knörr* o *hafskip,* alcanzaron las costas de Islandia hacia el 860 y luego, ciento veintidós años después, las de Groenlandia, cuyo nombre («Tierra verde») indica que el territorio tenía en el siglo X un clima mucho más benigno que el de hoy en día.

Coincidiendo con el inicio de la primera expedición a Groenlandia (verano de 986), Bjarni Herjolfsson, un joven islandés que había partido en pos de la flota colonizadora, se extravió y divisó un misterioso país *cubierto de bosques, con bajas colinas.* La noticia entusiasmó a Erik *el Rojo,* descubridor de Groenlandia, quien envió tres expediciones de reconocimiento mandadas por sus hijos Leif, Thorvald, que murió a manos de los indios, y Thorstein. A comienzos del siglo XI, Thorfinn Karlsefni al frente de unos sesenta hombres y cinco mujeres se asentó en América, pero la conducta hostil de los *skroelings* (nombre dado a amerindios y esquimales) les obligó a abandonar la empresa. Posiblemente los nórdicos lograron al fin fundar una colonia en el Nuevo Mundo, pues en 1121 el obispo de Groenlandia Erik Gnupson realizó un viaje a Vinlandia en lo que parece ser una visita pastoral a la zona más alejada de su diócesis. Sea como fuere, el progresivo enfriamiento del clima terrestre a partir del año 1200, que culminó hacia 1430 en *la Pequeña Edad Glacial,* no sólo puso fin a estos hipotéticos asentamientos, sino también a los de Groenlandia, que se extinguieron en las postrimerías del siglo XIV.

La localización de las tierras exploradas, que recibieron los nombres de Hellulandia («Tierra de rocas»), Marklandia («Tierra de bosques») y Vinlandia («Tierra de viñas»), ha sido muy discutida, aunque la mayor parte de los investigadores sitúan Vinlandia, el país más meridional, bien en Terranova, bien en la bahía de Chesapeake, entre Boston y Nueva York.

b. Los vascos

No menos probable parece la llegada de los vascos a América. La ocupación principal de los pescadores vascos de la costa del golfo de Vizcaya fue durante siglos la caza de las ballenas, animales muy apreciados por los cocineros medievales. Persiguiendo a estos grandes cetáceos, que se alejaron de las aguas europeas poco a poco, un marino vasco llamado Matías de Echeveste desembarcó a fines del siglo XIV en Terranova, isla que aparece en todos los mapas de la siguiente centuria con el nombre de *Isla de los bacalaos.*

c. El Piloto Anónimo

Aunque no está demostrado documentalmente, no puede ignorarse la lógica posibilidad de que algún navío castellano o portugués en ruta hacia la costa del golfo de Guinea fuese arrastrado por los vientos alisios hasta América y lograse regresar a Europa. Según esta tesis, defendida por muchos cronistas españoles del siglo XVI, Cristóbal Colón habría rescatado al piloto de la nave, único superviviente del viaje de vuelta, quien le proporcionaría datos concretos sobre las Antillas y el itinerario a seguir antes de fallecer.

2. El Descubrimiento de América (II): Cristóbal Colón y su obra

El tratado de Alcaçovas-Toledo sólo dejaba a Castilla una vía libre para llegar a las codiciadas Indias, la del oeste. Por lo tanto, fue la lógica política la única causa que explica el trascendental viaje de Cristóbal Colón, un oscuro marino genovés que se convirtió en el protagonista principal e involuntario de un acontecimiento que, al decir del humanista español Francisco López de Gómara, supuso *la mayor cosa* en la historia de la humanidad, *después de la creación del mundo y la encarnación y muerte del que lo crió.*

1. El misterioso Cristóbal Colón

Sobre el descubridor de América se ha dicho y escrito mucho; sin embargo, su vida y su personalidad siguen siendo un misterio para el hombre actual. De hecho, por no saber, desconocemos hasta su apariencia física, ya que ninguno de los retratos que se conservan de él es auténtico. Hernando Colón, hijo del Almirante, le describe con estas palabras:

Fue el Almirante hombre de bien formada y más que mediana estatura; la cara larga, las mejillas poco altas; sin declinar a gordo o macilento; la nariz aguileña; los ojos garzos (azules); la color (de la piel) blanca, de rojo encendido; en su mocedad tuvo el cabello rubio, pero de treinta años ya le tenía blanco.

En el comer y beber y en el adorno de su persona era muy modesto y continente; afable en la conversación con los extraños, y con los de su casa muy agradable, con modesta y suave gravedad (Hernando Colón, *Historia del Almirante,* 1537-1539).

Su complicada psicología también se nos escapa. Algunos investigadores ven en Colón a un místico, un soñador que se creía el elegido de Dios para liberar Jerusalem de los turcos; otros, en cambio, le consideran un simple marino orgulloso, inculto y mentiroso, en suma, un «embaucador» que se las ingenió para engañar a Isabel de Castilla con bonitas palabras. Sea como fuere, lo único cierto del asunto parece ser que nos encontramos ante un hombre de carácter fuerte, tenaz, astuto y autodidacta, pues todos los contemporáneos están de acuerdo en señalar que don Cristóbal tenía una gran inteligencia natural, pero pocos estudios.

2. Los primeros años

Este misterioso personaje nació, según él mismo señaló, en Génova, probablemente en 1451. Fue el tercero de los cinco hijos del matrimonio formado por Domenico Colombo, un humilde tejedor, y Susanna Fontanarossa. Tras asistir a la escuela primaria, donde adquirió la hermosa letra que tanto admiró el padre Las Casas, el joven Colón comenzó a navegar a los quince años y luego, un lustro después, sirvió como corsario en la armada de Renato de Anjou, rey de Provenza (Francia), durante la guerra que enfrentó a provenzales y aragoneses por la posesión del reino de Nápoles (Italia).

En 1476 tuvo lugar un acontecimiento decisivo que marcaría el futuro del marino genovés. Una flota compuesta por cuatro naves genovesas y una flamenca tropezó a la altura del cabo de San Vicente con bar-

Los Reyes Católicos, Fernando de Aragón e Isabel de Castilla, con su hija Juana (miniatura de un Libro de Oraciones de la época)

ta, acompañada por un mapa, que el famoso geógrafo florentino Paolo dal Pozzo Toscanelli envió al monarca lusitano por intermedio de su amigo Fernando Martins, pariente de la familia Moñiz.

3. El «gran proyecto»: al Este por el Oeste

Toscanelli afirmaba en el documento que era posible llegar a las Indias cruzando el océano Atlántico. Los técnicos portugueses estudiaron el informe y lo descartaron, porque el intelectual florentino afirmaba que se debía navegar unos 10.000 km antes de alcanzar el archipiélago japonés, y este trayecto era imposible de salvar con los medios náuticos de la época. Colón, sin embargo, hizo suyo el proyecto. Se puso en contacto con Toscanelli y comenzó a trabajar en la idea. Apoyándose en libros que hoy calificaríamos de divulgativos, corrigió los cálculos del florentino reduciendo a la mitad la distancia entre las islas Canarias y el Japón.

En 1484 presentó su estudio, lleno de fallos y errores de bulto, a los científicos lusitanos, quienes lógicamente lo rechazaron, igual que harían, años más tarde, sus colegas castellanos e ingleses. Desde luego, la razón estaba de parte de los estudiosos, porque si el genovés no hubiese topado con América, habría fallecido en las frías aguas del Atlántico. Cualquier geógrafo mediocre del Renacimiento, además de no ignorar que la Tierra era redonda (conocimiento que muchas personas atribuyen exclusiva-

cos corsarios franceses. El combate resultó desastroso para ambas partes. Algunas naves se incendiaron y murieron decenas de marineros. Colón, que posiblemente peleó a favor de la flotilla corsaria, cayó al agua y logró alcanzar la costa a nado con la ayuda de un remo. Una vez en Portugal, se dedicó al comercio marítimo y durante nueve años viajó varias veces a Islandia y Guinea. En 1478 ó 1480 el futuro descubridor de América se casó con Felipa Moñiz de Perestrello, hija del Gobernador de una isla del archipiélago de Madeira y muy bien relacionada con los círculos cortesanos y científicos de Portugal. Gracias a Felipa, Colón descubrió la existencia de una carta secre-

mente a Colón), sabía con precisión casi absoluta la distancia del meridiano terrestre, dato que desconocía el genovés. El mismo Colón reconoció de forma indirecta su mala información al escribir después de 1492 que las ciencias *no me aprovecharon ni las autoridades de ellas.*

Lo expuesto obliga a plantear una interesante pregunta. Si no fue el saber lo que impulsó al futuro Almirante a defender desesperadamente su absurdo proyecto, ¿qué oculta razón tuvo para sostener una idea tan fantástica e irracional? Sólo existen dos respuestas lógicas: o bien el genovés, hombre inculto pero inteligente, relacionó la carta de Toscanelli con las habladurías que escuchó en los puertos islandeses sobre Vinlandia; o bien alguien le comunicó con todo detalle la ruta a seguir para alcanzar las Antillas (véase el tema 3 de la segunda parte). Al respecto sólo hay un hecho cierto y revelador: una vez que Colón se puso en camino mostró un conocimiento tan increíble de los vientos y corrientes del Atlántico y de la geografía de las Antillas que el historiador tiende a pensar lo mismo que escribieron los *Reyes Católicos* al marino genovés: *todo lo que al principio nos dijisteis que se podía alcanzar, por la mayor parte todo ha salido cierto, como si hubierais visto antes lo que nos dijisteis.*

COLOMBVS LYGVR NOVI ORBIS REPTOR

Posible retrato de Colón en una pintura anónima, Museo de América, Madrid

4. Colón en Castilla

Colón, desilusionado por la negativa portuguesa y entristecido por la muerte de su esposa, decidió cruzar la frontera y ofrecer el plan a Fernando e Isabel, monarcas de Castilla. En 1485 se presentó con su hijo Diego en el convento franciscano de La Rábida (Huelva, España), y logró atraer con su elocuencia el interés de dos influyentes frailes, fray Antonio de Marchena, un experto astrónomo, y fray Juan Pérez, prior del convento y antiguo confesor de la reina Isabel. Pérez y Marchena, entusiasmados con el «gran proyecto», proporcionaron al genovés sendas cartas de recomendación para los duques de Medinaceli y Medinasidonia, dos grandes señores feudales muy interesados en el comercio marítimo africano. El primero acogió con interés el proyecto colombino y se comprometió a financiarlo si la reina Isabel le daba permiso para ello. Pero como ésta se negó en redondo a admitir la propuesta del noble, afirmando que descubrir y poblar mundos no era tarea propia de duques sino de reyes, el magnate se vio obligado a enviar a Colón a la Corte.

Los monarcas recibieron el 20 de enero de 1486 al marino genovés en Alcalá de Henares e hicieron lo que se esperaba: crear una comisión de expertos para analizar el proyecto. La junta se reunió en Salamanca, la ciudad donde estaba la universidad más prestigiosa de Castilla, y dictó un veredicto negativo. En buena lógica, Isabel y Fernando deberían haber despedido a Colón, pero a diferencia del rey portugués no podían prescindir de él, porque el marino les ofrecía poner en práctica la única salida que el tratado de Alcaçovas-Toledo dejaba a Castilla. Sin embargo, tampoco tenían la suficiente libertad para interesarse en el proyecto de inmediato, pues la guerra de Granada concentraba todos los esfuerzos financieros y políticos del reino. Los reyes, dando una nueva prueba de su capacidad política, tomaron la decisión más lógica: contrataron a Colón y le prometieron que estudiarían el asunto cuando finalizase la guerra contra los moros.

Desgraciadamente la guerra se prolongaba más de lo previsto y Colón, que recibía un pequeño sueldo, debió dedicarse a la venta de libros impresos para vivir. De aquella época datan sus relaciones con Beatriz Enríquez de Arana, una joven plebeya, de quien tuvo un hijo natural. A finales de 1491, considerándose fracasado, decidió presentar el proyecto al rey de Francia, mientras su hermano Bartolomé viajaba a Inglaterra con el mismo propósito. Antes de abandonar España visitó el convento de La Rábida para despedirse de fray Juan Pérez. El fraile le pidió que esperase un poco más y escribió a doña Isabel rogándola que reconsiderase el asunto de Colón, pues la rendición de Granada se esperaba de un momento a otro. La reina escuchó el prudente consejo de su antiguo confesor y ordenó al genovés que se presentara lo antes posible en el campamento de Santa Fe, situado frente a Granada, la capital del sultanato.

5. Las Capitulaciones de Santa Fe

El 2 de enero de 1492 capituló la ciudad, e inmediatamente se nombró una comisión para estudiar los gastos del viaje y las peticiones de Colón. Éstas eran de tal importancia que don Fernando se negó a aceptarlas. Colón se marchó de nuevo, pero cuando estaba a dos leguas de Granada un mensajero real le invitó a regresar. Fray Juan Pérez y Juan de Coloma, Secretario Real de Aragón, habían logrado convencer al rey para que diera a Colón el título de Almirante, y Luis de Santángel, un adinerado amigo del genovés, se ofreció a prestar a la Corona, falta de fondos, la cantidad necesaria para preparar la armada.

El contrato (las *Capitulaciones*) entre Colón y los *Reyes Católicos* se firmó el 17 de abril de 1492 en el real de Santa Fe. Sus condiciones no podían ser más beneficiosas para el genovés. Isabel y Fernando le concedían:

1.º   Los títulos de Almirante de la Mar Océana, Virrey y Gobernador de cuantas tierras descubriera; oficios que pasarían tras la muerte de Colón a sus herederos legítimos.

2.º   La décima parte de las riquezas proporcionadas por las Indias.

3.º   El derecho de contribuir con la octava parte a los gastos de las futuras flotas y obtener, por lo tanto, la octava parte de los beneficios.

Los preparativos del viaje se realizaron con gran rapidez. El coste de la expedición ascendió a unos dos millones de maravedíes (alrededor de $ 34.000). La Corona aportó 1.140.000 y Colón 400.000 maravedíes que le prestó un banquero florentino residente en Sevilla. La cantidad restante corrió a expensas de la villa de Palos, con-

Cristóbal Colón, de rodillas ante la Virgen. Al fondo puede verse la catedral de Santo Domingo, la primera que se edificó en el Nuevo Mundo

denada tiempo atrás por un delito de rebeldía a fletar y mantener un par de naves durante dos meses. Estos barcos fueron las carabelas *Pinta,* propiedad de Martín Alonso Pinzón, y *Niña,* perteneciente a la familia Niño. Además se contrató un tercer navío, la nao *Santa María* de Juan de la Cosa.

El alistamiento de las tripulaciones presentó mayores dificultades, ya que los marinos de Palos desconfiaban del genovés.

Afortunadamente Martín Alonso Pinzón, el influyente armador paleño, se entusiasmó con la empresa colombina y logró embarcar en la aventura a los mejores marineros de la zona.

6. El gran viaje

El 3 de agosto de 1492 las naves salieron del puerto de Palos y, tras una corta estancia en las islas Canarias, tomaron los vientos alisios adentrándose en el Atlántico. Desde el primer momento, el Almirante llevó una doble cuenta de las millas recorridas: la pública, que se leía cada día, y la secreta, donde anotaba la cifra real, muy superior a la apuntada en las notas oficiales. A principios de octubre, los marineros comenzaron a sentirse inquietos y Martín Alonso Pinzón debió emplear toda su influencia para impedir que se amotinaran.

Por fin, en la madrugada del 12 de octubre, la *Pinta* avistó una de las islas Bahamas o Lucayas, tal vez la actual Watling. Los indígenas la llamaban Guanahaní y los españoles la bautizaron con el nombre de San Salvador. La flotilla recorrió durante tres meses el mar de las Antillas, visitando, entre otras, la isla de Cuba. Pasaron luego a Haití, denominada La Española, donde naufragó la *Santa María.* Con sus restos se construyó un fuerte, la *Navidad,* que serviría de residencia a una pequeña guarnición mandada por Diego de Arana.

El viaje de vuelta, iniciado el 16 de enero de 1493, fue muy accidentado. Las dos naves sufrieron fuertes tempestades y se separaron. Afortunadamente ambas lograron alcanzar por separado el puerto de Palos. Por una casualidad histórica lo hicieron el mismo día, el 15 de marzo de 1493.

7. España y Portugal se reparten el mundo

Siguiendo las normas de la política de la época, que atribuían a los Pontífices el de-recho a conceder la soberanía de las tierras habitadas por paganos a cualquier príncipe cristiano, los *Reyes Católicos* se apresuraron a solicitar del Papa la posesión de los territorios descubiertos.

Alejandro VI accedió a la petición de Fernando e Isabel en las famosas bulas *Inter Caetera,* de 3 y 4 de mayo de 1493. En ellas se reconocía la soberanía de los reyes de Castilla, pero para evitar conflictos con Portugal se fijaba una línea de demarcación norte-sur que separaba las zonas de dominio de ambas Coronas. Los países situados al oeste serían para Castilla, los del este para Portugal.

La imprecisión de la raya, colocada por el Pontífice a 100 leguas al oeste de las Azores o de Cabo Verde, archipiélagos situados en meridianos distintos, obligó a establecer negociaciones directas entre los dos reinos. La comisión de límites se reunió en Tordesillas y acordó en 1494 fijar la línea a 370 leguas al occidente de Cabo Verde.

8. El segundo viaje de Colón

Mientras tanto, Colón había emprendido su segundo viaje al Nuevo Mundo (26 de septiembre de 1493).

Esta vez mandaba una verdadera expedición colonizadora, pues los 17 navíos de la flota transportaban 1.500 hombres, decenas de cabezas de ganado mayor y menor, semillas y todo cuanto se necesitaba para establecer una factoría comercial en Haití.

Por desgracia, los resultados no fueron los previstos. El clima, las enfermedades desconocidas, la falta de metales preciosos, la actitud hostil de los indígenas, descontentos con el trato inhumano que les daba el Almirante, y la poca capacidad de los hermanos Colón para gobernar, convirtieron la experiencia en un fracaso. Isabela, la primera ciudad europea en el Nuevo Mundo, no se diferenciaba en nada de los poblados indios, y sus habitantes vivían de los alimentos que de cuando en cuando les en-

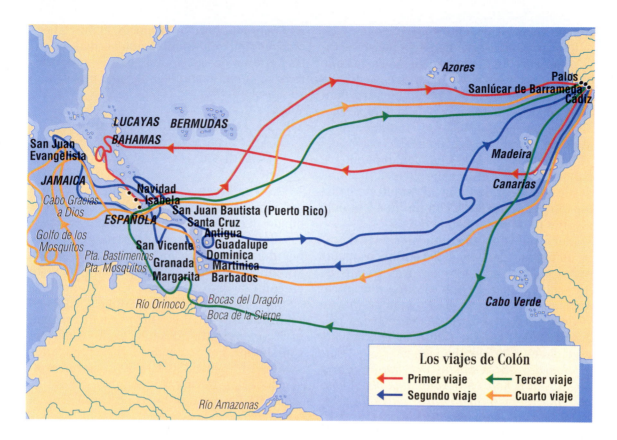

Los viajes de Colón

→ Primer viaje → Tercer viaje
→ Segundo viaje → Cuarto viaje

*Mapa esquemático que representa
los cuatro viajes que realizó Cristóbal Colón al
Nuevo Mundo*

viaba la metrópoli. Tampoco había oro o especias. La única riqueza de la colonia eran los esclavos que el genovés, recordando sus tiempos de negrero en Guinea, envió masivamente a Castilla, ganándose con ello las iras de la reina. La búsqueda del riquísimo reino de China también dio resultados negativos, aunque el Almirante hizo jurar a sus marinos que Cuba —una de las muchas islas exploradas durante aquel período— formaba parte de China.

9. ¿América o Colombia?

Así las cosas, no resulta extraño que Isabel y Fernando decidieran sustituir a Colón por Pedro de Aguado, un gobernador más eficiente y digno de confianza. El geno-

vés, preocupado por el curso de los acontecimientos, regresó a España para defender su conducta ante los reyes. Don Cristóbal logró su objetivo en parte, porque los monarcas le declararon inocente de los delitos que se le imputaban y le autorizaron a efectuar un tercer viaje (1498). Sin embargo, el genovés no pudo impedir que se rompiera su monopolio. Poco después de su partida, Alonso de Ojeda, un valiente soldado que formó parte del segundo viaje colombino, obtuvo permiso para explorar por su cuenta las Indias. Partió en mayo de 1499 y costeó parte del continente americano.

Uno de los hombres de Ojeda, un italiano llamado Américo Vespucio, se haría mundialmente famoso al dar su nombre al nuevo continente. Vespucio —un pícaro redomado que podía dar lecciones al Buscón o al Lazarillo de Tormes, los inmortales personajes de la literatura picaresca del Siglo de Oro— tuvo el descaro de atribuirse en las cartas que escribió a Lorenzo *El Magnífico,* Señor de Florencia, dos méritos que no le correspondían. De un lado, el mando de la flota de Ojeda, la primera que llegó al continente después de la tercera expedición de Colón; del otro, la paternidad de una idea que todo español medianamente culto conocía o intuía desde 1493. A saber, que el Almirante había topado por casualidad con un nuevo mundo distinto de África, Europa o Asia.

Por ironías del destino, las cartas de este empleado de banco florentino transformado en navegante cayeron en manos de un «sabio» alemán que escribía una introducción a la obra de Ptolomeo. Martin Waldseemüller se entusiasmó con las plagiarias ideas de Américo e inocentemente escribió en 1507 lo que sigue:

Hoy día, estas partes del mundo (Europa, África y Asia) han sido más cabalmente exploradas, y otra cuarta parte ha venido a ser descubierta [...] por Américo Vespucio; por lo cual no veo qué justa razón impide que se llame América, de su descubridor Américo, hombre de sagaz ingenio, bien así como Europa y Asia han tomado de mujeres sus nombres.

Lo curioso del asunto consiste en que Cristóbal Colón, el auténtico descubridor de América, murió creyendo que había llegado al Indostán. Y así, por ironías de la Historia, se atribuye a un oscuro contable un mérito que en justicia corresponde a una decena larga de intelectuales, cartógrafos y marinos españoles. Dejando a un lado los aspectos éticos de la cuestión, parece justo que el Nuevo Mundo se llame América y no Colombia, porque Vespucio, al fin y al cabo, contribuyó a difundir una verdad, mientras que Colón, acaso más pícaro que Américo, se empeñó en defender una mentira.

10. El «descubrimiento» de América y la historia universal

En cualquier caso, estamos ante una anécdota histórica sin importancia. E igual puede decirse de los desesperados esfuerzos de muchos historiadores anglosajones por demostrar que los vikingos fueron los auténticos descubridores de América. Este empeño originó una larga y estéril polémica que se apoya sobre dos supuestos falsos. En primer lugar, ni la Europa mediterránea ni la anglosajona «descubrieron» América; este honor corresponde a los emigrantes asiáticos que en el 50-40.000 a. C. cruzaron el puente de Bering. En segundo lugar, los viajes de los escandinavos no cambiaron el

Las carabelas utilizadas por Cristóbal Colón en sus viajes atlánticos demostraron ser unas magníficas embarcaciones

*Llegada de Cristóbal Colón al
Nuevo Mundo según una pintura de
Dióscoro de la Puebla*

curso de la historia y el de Colón, sí. Reconocer que los vikingos llegaron a América a principios del siglo XI no tiene por qué indignar a los españoles ni mucho menos enorgullecer a los estadounidenses de origen británico o escandinavo, dado que, como escribió hace muchos años el gran explorador y estudioso norteamericano Charles F. Lummis, *los piratas escandinavos* [...] *nada hicieron para merecer el título de exploradores. El honor de dar América al mundo pertenece a España* (Charles F. Lummis, *Los exploradores españoles del siglo XVI,* Madrid, 1968*).*

Parafraseando a Gabriel García Márquez, el genial novelista hispanoamericano, puede afirmarse que nos encontramos ante la crónica de un descubrimiento anunciado. Más tarde o más temprano, pero no mucho después de 1492, una nave procedente de la Peninsula Ibérica hubiera anclado frente a la costa americana, y se habría cumplido lo que las circunstancias históricas reclamaban: el nacimiento de una humanidad totalmente distinta de la anterior.

El «encuentro» de Europa y América originó un rapidísimo proceso de intercambio cultural que transformó la vida humana por completo. La alimentación sufrió un cambio revolucionario gracias al consumo de productos agrícolas originarios de cualquier zona del planeta. Asimismo, las ciencias experimentaron un notable auge, surgiendo nuevas disciplinas como el Derecho Internacional o la Antropología. Igual sucedió en el plano económico, pues el oro americano permitió la acumulación de capital que precedió a la Revolución Industrial. También la mentalidad del ser humano se modificó ante la nueva situación, ya que el contacto entre los distintos grupos raciales, aunque fuera violento en un principio, se tradujo en un fuerte mestizaje biológico y cultural. Incluso los aspectos más negativos del proceso contribuyeron decisivamente a esta universalización de la historia. Las enfermedades, por ejemplo, pasaron las fronteras continentales y se difundieron por todo el mundo. En resumen, los diferentes caminos de cada continente se unieron en una sola vía común después del 12 de octubre de 1492, y el mundo se hizo mestizo en el sentido íntimo de la palabra. Esta fue la consecuencia del Descubrimiento de América por Europa, y el mérito, desde luego, corresponde a España.

Americanismos de la lengua española

La aportación de las culturas prehispánicas a la civilización europea se refleja perfectamente en el idioma castellano, cuyo léxico recogió centenares de americanismos, *es decir, voces de origen indígena relativas a conceptos u objetos originarios de América. A continuación se recogen los* indigenismos *más conocidos en España, muchos de los cuales pasaron sin apenas modificaciones a las restantes lenguas del Viejo Mundo.*

Voces arahuacas: Batata, bohío, caimán, caníbal, canoa, carey, hamaca, huracán, iguana, macana, maguey, maíz, maní, nahuas, sábana, tabaco, tiburón y yuca.

Voces araucanas: Guanajo y guayaba.

Voces aztecas o mexicanas: Aguacate, cacahuete, coco, coyote, chacal, chicle, chocolate, guajolote, hule, jacal, jícara, nana, nene, ocelote, petaca, tamal, tiza, tomate y zacatal.

Voces caribes: Barbacoa, banana, boniato, bejuco, butaca, cacique, colibrí, guateque, manatí y piragua.

Voces quechuas o peruanas: Alpaca, cancha, cóndor, chacra, guanaco, guano, llama, mate, pampa, papa, puma y vicuña.

Voces tupi-guaraní: Gaucho, ipecacuana, jaguar, mandioca, maraca, ñandú, petunia, tapioca y tapir.

A ellas habría que añadir muchas otras que se utilizan únicamente en algunas regiones de América. Así, por ejemplo, los antillanismos ají *(pimiento) o* cayo *(islote arenoso del mar Caribe); los aztequismos* mitotear *(armar escándalo),* malinchista *(traidor) y* cacles *(sandalias); los términos quechuas* choclo *(maíz tierno) o* china *(mujer india); la voz guaraní* bagual *(potro salvaje); el araucanismo* malón *(ataque por sorpresa), etc.*

3. Exploración y Conquista de Hispanoamérica

La exploración y Conquista de Hispanoamérica por los españoles es una de las mayores proezas que el hombre ha llevado a cabo durante su prolongada historia. En el corto período de tiempo que va de 1492 a 1567, fecha de la fundación de Caracas (Venezuela), los castellanos, organizados en pequeños ejércitos llamados *huestes,* recorrieron América del Sur, Centroamérica y parte de Norteamérica, dominando enormes territorios habitados por millones de personas.

Este rapidísimo proceso se efectuó en dos fases. La primera, que se extiende hasta 1519, tuvo un carácter esencialmente marítimo, pues los españoles se limitaron a explorar las costas del continente al tiempo que se asentaban en las islas del mar Caribe. La segunda, en cambio, se centró en la conquista del interior y alcanzó su mayor intensidad entre 1519 y 1535, años que corresponden a la ocupación de los dos grandes imperios de la América indígena.

1. El Caribe y la Tierra Firme (1498-1519)

a. *Viajes de Colón*

En 1498 Cristóbal Colón inició el tercero de los cuatro viajes que hizo a América. En esta ocasión descubrió la desembocadura del río Orinoco, identificado por el Almirante como uno de los cuatro ríos que salían del Paraíso Terrenal, y la península de Para (Venezuela), donde desembarcó sin sospechar que había alcanzado Tierra Firme.

Cuatro años después, Colón volvió a tocar el continente a la altura de la actual Honduras, cuya costa recorrió hasta Panamá buscando las islas de la Especiería. En junio de 1503 naufragó frente a la isla de Jamaica. Permaneció allí hasta que recibió socorros de la Española y pudo regresar a Europa (1504).

b. *Los «Viajes Menores» (1499-1510)*

Los reyes rompieron el monopolio colombino en 1498 y permitieron a cualquiera de sus súbditos explorar las nuevas tierras. Alonso de Ojeda fue el primero en aprovechar el permiso real (1499). Le siguieron otros marinos que en su gran mayoría participaron en las expediciones colombinas, tales como Pero Alonso Niño, los hermanos Guerra, Juan de la Cosa o Vicente Yáñez Pinzón. También capitularon con la Corona Diego de Lepe, el ya citado Américo Vespucio y Rodrigo de Bastidas, un notario que cambió las actividades jurídicas por el mar.

El resultado de estas navegaciones fue doble. Por un lado, la exploración del litoral americano desde el Brasil a Panamá; por el otro, la demostración práctica de que América era un continente nuevo, desconocido hasta entonces, que se interponía entre Europa y Asia.

c. *Expediciones portuguesas e inglesas*

La búsqueda de un paso que permitiese salvar el obstáculo del Nuevo Mundo y llegar a la India por la ruta del oeste impulsó a los reyes de Inglaterra y Portugal a organizar varios viajes a América. Así, el lusitano Cabral llegó al Brasil en 1500 y los hermanos Costa Real a Terranova y Labrador en cuatro ocasiones (1499-1500). Por su parte, Juan y Sebastián Cabotto, famosos marinos al servicio de Enrique VIII de Inglaterra, tocaron la Península del Labrador y Nueva Escocia en 1497 y 1498. Todos ellos fracasaron.

d. Las primeras colonizaciones

En 1500 los reyes, preocupados por la caótica situación de la Española, destituyeron a Colón sustituyéndole por Nicolás de Ovando, quien cambió el sistema de factoría por el de colonización. El nuevo método, que daba libertad a los colonos para trabajar por su cuenta a cambio de un impuesto, dio resultados. El oro, desconocido hasta entonces, afluyó en grandes cantidades (tres millones de ducados en 1503-1515), y se empezó la explotación de la caña de azúcar. Paralelamente, Juan Ponce de León inicia la colonización de Puerto Rico (1508) y Diego Velázquez la de Cuba (1511-1514).

e. Núñez de Balboa y el descubrimiento del océano Pacífico

Por lo que respecta a Tierra Firme, el territorio se dividió en dos gobernaciones: Nueva Andalucía (costa atlántica de Colombia) y Castilla del Oro (Panamá), encomendadas a Alonso de Ojeda y Diego de Nicuesa respectivamente.

La colonización de una y otra Gobernación fracasó y los supervivientes se refugiaron en el golfo del Darién. Fundaron Santa María la Antigua del Darién (1510), primer asentamiento europeo del continente, nombraron alcalde a Vasco Núñez de Balboa y expulsaron a Nicuesa y a Enciso, lugarteniente de Ojeda. La Corona no aceptó la rebelión y envió una expedición de castigo al mando de Pedrarias Dávila. Mientras tanto, Núñez de Balboa hizo su sensacional descubrimiento: cruzó a pie el istmo de Panamá y llegó a las costas del océano Pacífico, que él bautizó con el nombre de Mar del Sur (27 de septiembre de 1513). La tesis de Colón perdió de manera definitiva el poco crédito que aún conservaba.

f. La primera vuelta al mundo

La noticia del magnífico hallazgo de Balboa se tradujo en una nueva expedición marítima, la de Juan Díaz de Solis, encargada de costear el continente hasta alcanzar el punto de unión entre ambos océanos. Solís exploró minuciosamente el litoral brasileño y el río de la Plata, donde murió a manos de los indios guaraníes (1515).

El fracaso de Díaz de Solís no desanimó a los funcionarios españoles. Cuatro años después Fernando de Magallanes, un portugués al servicio de Castilla, volvió a intentar el proyecto. Esta vez el éxito acompañó a la flotilla. En octubre de 1520 Magallanes encontró el anhelado estrecho, que hoy día lleva su nombre, lo cruzó y atravesó el océano Pacífico alcanzando la isla de Cebú (Filipinas). Aquí murió Magallanes y muchos marinos en un enfrentamiento con los indígenas (1521). Los pocos que se salvaron, capitaneados por Juan Sebastián Elcano, lograron regresar a Europa tras escapar a la persecución de los portugueses (septiembre de 1522). La primera vuelta al mundo duró tres años y tuvo un elevado costo: cuatro de las cinco naves se perdieron y sólo sobrevivieron 18 de los 237 hombres.

2. La conquista del continente (1519-1567)

La incorporación del Nuevo Mundo a la civilización occidental fue un proceso doloroso y sangriento, aunque tremendamente rápido. En 1517, año de la entronización de Carlos I de España y V de Alemania, las posesiones castellanas en el Nuevo Mundo se limitaban a las principales islas del mar Caribe (Haití, Puerto Rico, Jamaica y Cuba) y a los pequeños enclaves continentales del Darién y Panamá. Cuando el emperador abdicó en 1555, o sea, treinta y ocho años después, los españoles controlaban México

Diego Velázquez, gobernador de Cuba, a solicitar la conquista de aquellas ricas tierras. Mientras esperaba la respuesta, organizó una gran expedición de reconocimiento que puso bajo el mando de Hernán Cortés, un valeroso hidalgo de Medellín (Extremadura, España) inteligente y muy dotado para la política. Cortés siguió la ruta trazada por las flotas anteriores y desembarcó el 22 de abril de 1519 en Chalchiuhuecan, un lugar cercano a la actual Veracruz. Los habitantes de la zona, sometidos a los aztecas de Tenochtitlán, le proporcionaron tanta información sobre los problemas políticos y la riqueza de los *culuas,* como llamaban a los mexicanos, que el capitán español decidió desobedecer las órdenes de Velázquez e intentar la conquista por su cuenta.

Cortés empleó el mismo sistema que Vasco Núñez de Balboa para justificar su actitud rebelde. Incitó a los soldados a fundar una ciudad (la Villa Rica de la Veracruz) y luego cedió sus poderes al Ayuntamiento de la nueva población, cuya autoridad soberana sólo era inferior a la del rey. Luego los gobernantes del municipio, elegidos democráticamente por la hueste, nombraron a Cortés capitán General y Justicia Mayor de la colonia. Una vez legitimada la empresa conquistadora, el extremeño marchó hacia Tenochtitlán.

Tras aliarse con los tlaxcaltecas, los enemigos mortales de los aztecas, y superar la trampa que Moctezuma le tendió en Cholula, una gran metrópoli sometida al imperio,

y Centroamérica totalmente, la mayor parte de Suramérica e iniciaban la penetración en el subcontinente norte, que les llevaría, un par de siglos más tarde, a dominar todo el sur de los actuales Estados Unidos, desde Florida a California.

a. Hernán Cortés y la conquista de México

Las noticias proporcionadas por las armadas que recorrieron las costas del golfo de México en 1517 y 1518 impulsaron a

Lucha entre aztecas y españoles a las puertas de la ciudad de Tenochtitlán, Museo de América, Madrid

del extremeño casi sin pelear. Mientras tanto, los aztecas se rebelaron y cercaron el cuartel de los españoles. Cortés no tuvo ningún problema para reunirse con los sitiados, pero tampoco pudo salir porque los indios no le dejaron. Desesperado, pidió al *tlatoani* que calmara los irritados ánimos de sus súbditos; sin embargo, éstos habían elegido otro jefe y mataron a Moctezuma a pedradas cuando apareció en la azotea del edificio.

La situación era tan difícil que el capitán español decidió abandonar la ciudad en la noche del 29 al 30 de junio de 1520. La retirada fue un auténtico desastre: los españoles perdieron la mitad de sus efectivos y varios miles de aliados tlaxcaltecas en una de las calzadas que unían Tenochtitlán con la orilla del lago. A pesar de ello, los aztecas no lograron la victoria definitiva, pues los castellanos, desmoralizados y agotados, destrozaron pocos días después a un ejército azteca infinitamente superior. Una vez en Tlaxcala, Cortés emprendió la reconquista de México, que capituló el 13 de agosto de 1521, después de aguantar heroicamente un largo y prolongado sitio.

Cortés entró en la capital mexicana el 9 de noviembre de 1519, y tomó con rehén al emperador, obligándole a declararse vallaso del rey de Castilla. Moctezuma fingió aceptar la soberanía española, esperando la ocasión propicia para acabar con los invasores. Ésta se presentó antes de lo previsto. Velázquez, indignado por la traición de Hernán Cortés, envió un ejército de 1.500 hombres al frente de Pánfilo de Narváez para castigar al rebelde. Dejando una pequeña guarnición en Tenochtitlán al mando de Pedro de Alvarado, Cortés regresó a Veracruz para combatir a Narváez, cuyos hombres se pasaron en masa a las filas

b. Conquista de América Central

El control de la América Central, territorio donde se esperaba encontrar el estrecho que comunicara los océanos Atlántico y Pacífico, originó un fortísimo conflicto entre los castellanos, pues en ella participaron huestes procedentes de Europa, México y Panamá. El primero en penetrar en la actual Nicaragua fue Gil González Dávila (1522), quien obtuvo la sumisión del poderoso cacique del lugar. Las penalidades obligaron a Gil González a retirarse a Santo Domingo para obtener alimentos y soldados. Cuando regresó un año después encontró en el territorio a Francisco Hernández de Córdoba, lugarteniente de Pedrarias Dávila, el cruel gobernador de Castilla del Oro, y se vio forzado a retroceder hasta Honduras. Francisco Hernández cometió el error de independizarse de Pedrarias; error que le sería fatal, pues el sanguinario viejo, que no titubeó en decapitar a su yerno Vasco Núñez de Balboa, se presentó en Nicaragua, venció al rebelde y lo ejecutó.

Las dificultades de Gil González no finalizaron al desembarcar en Honduras. Cristóbal de Olid, uno de los capitanes más valerosos de Cortés, se había hecho cargo de la zona (1523) y tuvo que pactar con él. Olid, siguiendo la línea de actuación común a casi todos los conquistadores, rechazó la autoridad de su superior, hizo prisionero a Francisco de las Casas, enviado para castigarle, y a continuación capturó a Gil González. Al enterarse del fracaso de De las Casas, Hernán Cortés reaccionó igual que el anciano Pedrarias y acudió en persona para dominar la rebelión (1524-1525). La expedición no sirvió para nada. Cuando el extremeño llegó al campamento de Olid, después de una espantosa marcha a través del bosque tropical, descubrió que De las Casas y González habían ejecutado a Olid y conquistado Honduras.

El control del área maya presentó mayores dificultades. Pedro de Alvarado, mano derecha de Cortés, dominó fácilmente los reinos quiché y cakchiquel de Guatemala (1524-1530). En cambio, Francisco de Montejo tuvo más problemas para controlar las pequeñas ciudades-estado del Yucatán. Montejo y su hijo, apodado *el Mozo*, tardaron diecinueve años, de 1527 a 1546 en conquistar las tierras bajas mayas, cuya parte central, el lago Petén-Itzá, no capitularía hasta 1697.

c. Exploración de América del Norte

Partiendo de las Antillas, los españoles bordearon la costa oriental de los actuales Estados Unidos de Norteamérica apenas se asentaron en la zona. Así, Ponce de León descubrió la península de Florida en 1513 y Esteban Gómez, uno de los marinos de Elcano, exploró el litoral norteamericano desde el Labrador hasta el cabo Cod, penetrando en la bahía de Hudson veinte años antes que el navegante inglés del mismo

Hernán Cortés entra victorioso en Tenochtitlán, agosto de 1521 (cuadro de Miguel y Juan González, Museo de América, Madrid)

nombre. Por lo que respecta a la costa pacífica, los españoles, obsesionados por la búsqueda de un estrecho intermarítimo, organizaron varias armadas a lo largo de los siglos XVI, XVII y XVIII.

La colonización del área no resultó fácil. Ponce de León fracasó en la Florida (1521), e igual le sucedió a Pánfilo de Narváez, el rival de Cortés, que pereció en el intento con casi todos sus soldados. Sólo se salvaron cuatro hombres —Alvar Núñez Cabeza de Vaca, Andrés Dorantes, Alonso del Castillo y el esclavo moro Estebanico—, quienes durante ocho años (1528-1536) cruzaron a pie y desarmados el continente. Los relatos de Alvar Núñez sobre las fabulosas

riquezas del país impulsaron a Hernando de Soto, uno de los héroes de la conquista del Perú, a solicitar autorización para dominar la Florida (1537). Hostigado por los indios, De Soto recorrió Georgia, Tennessee y Alabama, atravesó el río Mississippi el 8 de mayo de 1541, y murió en Arkansas un año después. Sus hombres le sepultaron en las aguas de la poderosa corriente y regresaron a México. Tampoco tuvo suerte Francisco Vázquez de Coronado (1540) en la conquista de Cibola, una mítica ciudad de Kansas, si bien la expedición descubrió una de las grandes maravillas de la naturaleza: el Cañón del Colorado. Finalmente, a mediados del siglo XVII, los españoles logra-

Los soldados de Francisco Pizarro ejecutan al inca Atau Huallpa, dibujo coloreado de Huamán Poma de Ayala

ron colonizar la Florida, Nuevo México, Texas, Arizona, Colorado y California.

d. Francisco Pizarro y el Perú

En 1522 Pascual de Andagoya exploró el Chocó colombiano y regresó a Panamá con una noticia sensacional: los rumores sobre el rico imperio de Perú eran ciertos. El asunto interesó a Francisco Pizarro, un maduro veterano de 50 años que sirvió con Ojeda y Balboa, que obtuvo permiso de Pedrarias para conquistar el Perú. Se asoció con Diego de Almagro, un viejo y bravo amigo, y emprendió la acción. Las primeras tentativas, realizadas en 1524 y 1526, fracasaron; la tercera, en cambio fue un sonoro triunfo.

La empresa, comenzada con sólo 180 soldados, habría terminado mal si no hubiera coincidido con la guerra civil que enfrentaba a Huascar y Atahualpa, dos de los hijos de Huayna Capac. En 1531, fecha del desembarco de Pizarro en Tumbez, Atau Huallpa había derrotado y hecho prisionero a su rival. Al igual que hiciera Moctezuma, el Inca dejó que los españoles entraran en Cajamarca, esperando el momento oportuno para acabar con ellos. Sin embargo, Pizarro, siguiendo la táctica de Cortés, se adelantó y capturó a Atau Huallpa con un audaz golpe de mano (16 de noviembre de 1532). Temiendo que los extranjeros nombrasen Inca a su hermanastro, Atau Huallpa le mandó asesinar. Esta decisión sería su perdición, porque los

Retrato anónimo de Francisco Pizarro, el conquistador de Perú, Museo de América, Madrid

españoles aprovecharon el suceso para juzgarle por fratricidio y condenarle a muerte. Una vez ejecutado Atau Huallpa, Pizarro reconoció como Inca a un tercer hermano, Manco, y entró triunfante en el Cuzco, la capital del imperio (1533).

Tres años después, Manco huyó del Cuzco, levantó un enorme ejército y atacó a los españoles de Cuzco. Afortunadamente el oportuno regreso de Almagro de una expedición a Chile obligó a los incas a levantar el sitio. El fracaso de la revuelta india no puso fin al estado de guerra permanente que vivía el Perú. Almagro y Pizarro discutieron por la posesión del Cuzco, situado en la frontera de sus gobernaciones, y la disputa degeneró en un nuevo conflicto. En el transcurso de la guerra, que duró once años (1536-1547), murieron Almagro, su hijo Diego y los tres hermanos Pizarro: Francisco, Hernando y Gonzalo.

e. Conquista de Ecuador, Colombia y Venezuela

La expansión hispánica en el norte de Suramérica se efectuó a partir de tres focos: a) la costa venezolana, cedida por Carlos V a los Welser, una familia alemana dueña de un importante banco; b) la colonia de Santa Marta, donde se fundó Cartagena de Indias (1533); y c) el Perú. En 1538 Nicolás Federmann, un alemán al servicio de la banca Welser, penetró en la meseta de Bogotá buscando Eldorado, el país del oro. Coincidió con otras dos expediciones que perseguían el mismo objetivo: la de Sebastián de Benalcázar, conquistador del Ecuador (1536), y la de Gonzalo Jiménez de Quesada, un pintoresco personaje subordinado al gobernador de Santa Marta que había vencido a los caudillos chibchas y fundado Santa Fe de Bogotá (6 de agosto de 1538). Afortunadamente no se repitieron los sangrientos enfrentamientos de Centroamérica. Los tres capitanes aceptaron que el Consejo de Indias resolviese el pleito, y éste acordó la fundación de una nueva Audiencia, la de Santa Fe de Bogotá (1546), con jurisdicción sobre las zonas de procedencia de Federmann, Benalcázar y Jiménez.

La búsqueda de Eldorado originó una de las mayores hazañas de la Conquista: la exploración del Amazonas. En 1539 Gonzalo Pizarro, tras cruzar la cordillera andina, llegó a las orillas del río Coca, construyó un bergantín y ordenó a Francisco de Orellana que navegase aguas abajo. Orellana descendió por el Coca, pasó al Napo y luego recorrió el Amazonas hasta su desembocadura en el océano Atlántico (1541).

f. Conquista de Chile y Bolivia

La Conquista de Chile se inició en 1535, pero la rebelión de Manco Inca y la guerra entre almagristas y pizarristas retrasó la empresa un lustro. Finalmente, en 1540, Pizarro encomendó la ocupación del territorio a su paisano Pedro de Valdivia, quien no tuvo problemas para controlar la zona dominada anteriormente por los incas (1540-1542). Sin embargo, las dificultades aumentaron a medida que se adentraba en el territorio de los belicosos mapuches o araucanos, si bien García Hurtado de Mendoza, sucesor de Valdivia, logró someterlos al tiempo que extendía las fronteras hispanas a la Pampa argentina.

Paralelamente, otros lugartenientes de Pizarro conquistaron Bolivia y el norte de Argentina.

g. Conquista del Río de la Plata

En 1536 Pedro de Mendoza, Adelantado del Río de la Plata, fundó Santa María del Buen Aire, comenzando así la colonización de la zona. Mientras Mendoza exploraba las riberas del Paraná, los feroces querandíes asaltaron Buenos Aires y la destruyeron. El Adelantado no se desanimó y trasladó la ciudad a otra parte, mientras sus lugartenientes exploraban el Paraguay tratando de establecer contacto con Bolivia. Un año después, Mendoza, cansado y enfermo, delegó su autoridad en Martínez de Irala y regresó a Europa.

3. La personalidad del conquistador español

Los conquistadores españoles no fueron diablos asesinos sedientos de sangre y oro, como afirman los partidarios de la Leyenda Negra, ni los caballerosos cruzados de la Leyenda Blanca. Simplemente, fueron hombres de su tiempo y actuaron siguiendo las normas de la época. Por eso, su conducta no debe juzgarse con los valores morales del siglo XX.

El oro, qué duda cabe, constituyó el principal aliciente para estos hombres, en su mayor parte jóvenes salidos de las capas más bajas de la sociedad. Sin embargo, el deseo de ascender en la escala social no fue la única razón que les impulsó a realizar sus asombrosas hazañas. Cuando triunfaban y obtenían lo que deseaban —riquezas, tierras e incluso títulos de nobleza—, no se retiraban a España. Se quedaban en América para emprender nuevas empresas que en algunos casos les conducían a la muerte, como sucedió a Pedro de Alvarado o a Hernando de Soto.

Además del oro, lo que movía a los conquistadores era un doble objetivo psicológico. En primer lugar, la búsqueda de la fama terrena e inmortal, el principal anhelo de cualquier europeo del Renacimiento. Y en segundo lugar, la mentalidad guerrera y expansionista de los castellanos, forjada a lo largo de 800 años de combate diario con los invasores musulmanes. Por esta razón, los españoles, a diferencia de los ingleses, no crearon sociedades anónimas para explotar los recursos naturales de América, sino que fundaron ciudades idénticas a las de Castilla.

Respecto a la cuestión religiosa, puede decirse que los conquistadores españoles no superaron en fanatismo a sus contemporáneos europeos. Creyeron sinceramente que sus acciones guerreras contribuían a extender el Cristianismo, y esta idea se impuso más de una vez a la prudencia o a la avaricia.

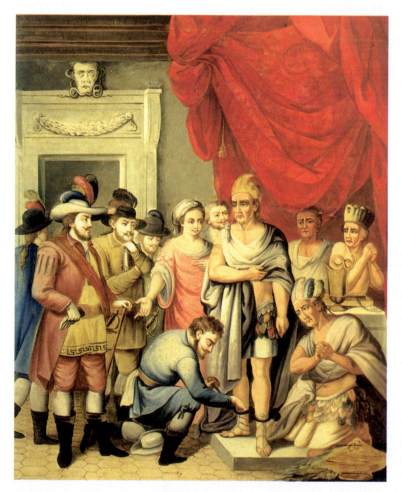

Los soldados de Hernán Cortes hacen prisionero a Moctezuma (pintura anónima del siglo XVIII, Museo de América, Madrid)

4. La actitud de los juristas españoles ante la Conquista

La Conquista de América no sólo levantó críticas fuera de la Península Ibérica; también en España se alzaron voces contra las guerras de Indias, calificadas de injustas. La disputa tomó pronto un carácter jurídico, pues lo que se pretendía era establecer las leyes que rigieran la actuación de los españoles en América. Juan Ginés de Sepúlveda y fray Bartolomé de las Casas son los mejores representantes de las dos posiciones.

El primero, apoyándose en Aristóteles, partió del supuesto de la inferioridad biológica y cultural de los indios, la cual les condenaba a ser dominados por un pueblo más culto. España debía cumplir su papel civilizador y para ello podía recurrir a las armas si los indios, que por su condición natural debían estar sometidos a otros, se resistían.

Frente al moderno razonamiento de Sepúlveda —punto de partida de la ideología colonial de las naciones europeas de los siglos XVIII y XIX—, Bartolomé de las Casas sostuvo una tesis de tipo medieval, según la cual la implantación del Cristianismo, una religión basada en la caridad y el amor, no justificaba de ninguna manera la guerra contra los indios. Los cristianos sólo tenían derecho a combatir a los paganos cuando éstos les atacaban antes, ocupaban territorios que pertenecieron a los cristianos, o perseguían e impedían la difusión de la fe cristiana. Dicho con otras palabras, sólo la guerra defensiva era justa.

La Corona, basándose en ambos razonamientos, elaboró un documento jurídico denominado *Requerimiento* (1514) que legitimaba la Conquista. Este escrito debía leerse obligatoriamente a los indios antes de emprender las hostilidades y en él se exigía a los indios que aceptasen la fe cristiana y la soberanía del rey de Castilla, advirtiéndoseles al mismo tiempo que se les daría guerra si se negaban a ello.

4. La América de los Austrias

1. La España de los Austrias

Carlos de Austria (1517-1555), nieto de los *Reyes Católicos* y del emperador de Austria, fue el primer soberano español de la Casa de Habsburgo, y rigió un gran imperio, pues heredó Castilla y sus posesiones americanas, la Corona de Aragón, incluyendo Nápoles, Sicilia y Cerdeña, Flandes (Bélgica, Holanda y Luxemburgo), y las actuales regiones francesas de Borgoña y el Franco Condado. Esta cuádruple herencia, unida a su nombramiento como emperador de Alemania (1519), le convirtió en el soberano más poderoso de Europa, pero también le obligó a batallar continuamente con Francia, enemiga tradicional de sus Estados, y a sostener largas guerras con los turcos y los protestantes europeos, los adversarios del Papado, principal apoyo ideológico del imperio.

La hegemonía de España en el mundo llegó a su cima con Felipe II (1555-1598), el hijo del emperador, sobre todo tras la unión de Portugal a la Monarquía Hispánica (1581). Sin embargo, Felipe II no pudo solucionar de manera favorable la larga rebelión de los Países Bajos, que se había convertido ya en un problema religioso, ni la guerra con Inglaterra.

Sus sucesores —Felipe III (1598-1621), Felipe IV (1621-1665) y Carlos II (1665-1700)— vieron el progresivo desmoronamiento del imperio español en todos los aspectos. En el plano político, los Austrias Menores dejaron el gobierno en manos de *validos* o favoritos que utilizaron el poder para fines personales; en el exterior, los famosos tercios españoles dejaron poco a poco de ser temidos por los demás ejércitos europeos; y en el interior, las reformas absolutistas provocaron la sublevación de Aragón y Portugal (1640). Este retroceso coincidió con una gravísima crisis económica (inflación, aumento de los impuestos, caída demográfica, acusado descenso de la producción, etc.) y un incremento de la conflictividad social. Paradójicamente, la crisis del siglo XVII no influyó en el campo cultural, que experimentó un espectacular florecimiento, sobre todo en la literatura (Quevedo, Lope de Vega, Góngora...) y la pintura (Velázquez, Murillo, Zurbarán...).

2. Instituciones de gobierno

La palabra «colonia» no puede aplicarse a la América de los Habsburgo, porque el estatuto jurídico de los «Reinos de Indias», como se denominaba oficialmente al Nuevo Mundo, era idéntico al de los demás Estados de la Monarquía Hispánica.

En los primeros tiempos, la Corona delegó muchas de sus atribuciones en personas particulares al no poder hacerse cargo directamente de la empresa americana. El rey, dueño nominal del Nuevo Mundo, cedía sus derechos de conquista sobre un territorio determinado a un particular a cambio de un porcentaje sobre los beneficios que se obtuvieran (el famoso *quinto real*). El contratante, por su parte, se comprometía a correr con todos los gastos de la Conquista, exigiendo como compensación amplios poderes militares, civiles y criminales que conservaría mientras viviese. No obstante, una vez consumada la Conquista, el rey recuperó rápidamente los poderes cedidos.

El gobierno de las Indias se ejercía mediante dos tipos de instituciones: las generales, comunes para toda América, y las locales. Las primeras estaban en la Península Ibérica y las segundas se repartían a lo largo y ancho del continente.

a. Órganos de gobierno metropolitanos: la Casa de Contratación y el Consejo de Indias

1. La *Casa de Contratación*. Este organismo, instalado en Sevilla, tenia un carácter económico. Creado el 20 de enero de 1503, sus objetivos principales eran tres: 1.º organizar y controlar el tráfico marítimo; 2.º recaudar los impuestos de la Corona sobre el transporte de mercancías y viajeros; y 3.º juzgar los delitos civiles y criminales cometidos durante los trayectos trasatlánticos o en contra de las leyes que regulaban la navegación en Indias. En 1686 el número de funcionarios y empleados ascendía a 110, siendo los cargos más importantes los de *Factor* (administrador), *Tesorero, Contador* (contable), *Piloto Mayor,* encargado de examinar los conocimientos de los aspirantes a piloto (capitán de barco), *Cosmógrafo, Promotor Fiscal* y *Oidor* (juez).

2. El *Consejo de Indias*. Los orígenes de esta institución, máximo órgano del gobierno de Indias, se remontan a 1517, fecha en la que los responsables de la política americana se independizaron del Consejo de Castilla, del cual dependían, si bien el *Consejo Real y Supremo de las Indias* no adquirió su forma definitiva hasta el reinado de Felipe II.

El Consejo, que se regía por un reglamento interno redactado en 1542 y corregido en varias ocasiones, estaba formado por un Presidente, de siete a nueve consejeros, un receptor, dos secretarios, dos alguaciles, un cronista mayor, un cosmógrafo, un capellán, tres porteros, varios escribientes y un cronista mayor de Indias. Su funcionamiento era muy simple: los consejeros se reunían en sesión plenaria todos los días, estudiaban durante cinco horas las distintas *consultas* (informes), y luego decidían por mayoría simple. La propuesta se pasaba al rey, quien la hacía ejecutiva por medio de una Real Orden.

Las competencias del Consejo abarcaban todas las facetas del gobierno de América, salvo la militar y la económica, encomendadas a la *Junta de Hacienda de Indias* y a la *Junta de Guerra de Indias,* comisiones mixtas integradas por dos representantes del Consejo de Indias, y, según el caso, dos miembros de Consejo de Hacienda o del de Guerra.

El Consejo de Indias realizó una extraordinaria tarea legislativa, pues debió adaptar las leyes castellanas a las necesidades del Nuevo Mundo o, si se daba el caso, elaborar otras nuevas. Estas leyes, llamadas *Real Provisión,* se aplicaban a través de *Cédulas Reales* y abundaron tanto que se hizo necesario efectuar una recopilación de las mismas. En 1596, un funcionario del Consejo, Diego de Encinas, compiló 3.500 leyes, que clasificó en 129 temas. Casi un siglo después, en 1681, se finalizó el primer código de Derecho de Indias, la *Recopilación de Leyes de los reinos de Indias,* una monumental obra dividida en cuatro gruesos tomos.

Al respecto, conviene anotar que una parte considerable de la legislación de Indias tenía como objeto la protección de la población indígena. Así, por ejemplo, se promulgaron las *Leyes de Burgos* (1515), las *Ordenanzas sobre el buen tratamiento a los indios* (1526), o las famosas *Leyes Nuevas* (1542). Para hacer cumplir estas y otras disposiciones, se creó la figura del *Protector de indios,* cargo que recayó en Bartolomé de las Casas.

b. Instituciones americanas: gobernadores, audiencias y virreyes

1. La *Gobernación*. La gobernación fue sobre todo un instrumento de control de la Corona. Por lo general, el primer gobernador de una provincia era el conquistador que la había sometido, pues el cargo se in-

cluía en las *capitulaciones.* Pero luego, cuando
fallecía, el rey recobraba
el cargo y nombraba un
funcionario para ejercer la
gobernación por un perío-
do de tiempo comprendido
entre tres u ocho años. El
gobernador, máxima auto-
ridad administrativa y judicial de una región, contaba con la ayuda de un
lugarteniente, denomina-
do *Teniente de Gobernador*
y el consejo de un asesor
jurídico *(Teniente Letra-
do).* La gobernación in-
cluía también el control
militar de la provincia,
aunque a veces esta fun-
ción correspondía al *Capitán general.*

En las gobernaciones
situadas en las fronteras
del imperio, muy impor-
tantes desde el punto de
vista estratégico, el cargo
recayó una y otra vez en
militares profesionales; razón por la cual se llamaron
Capitanías Generales.

2. La *Audiencia.* Teó-
ricamente, las Goberna-
ciones poseían una gran
independencia, pero en la
práctica dependían de la
Audiencia más cercana, una institución formada por cuatro oidores o jueces y un *procurador* o fiscal que se turnaban en el ejercicio de la presidencia. A diferencia de las
peninsulares, las competencias de las audiencias americanas no se limitaban a impartir justicia, sino que se extendían también a los campos administrativo y político.
Así, los oidores podían inspeccionar las ciudades, revisar los presupuestos, investigar
cualquier asunto que estimasen pertinente,
y supervisar la actuación de los funcionarios. En el aspecto político, la Audiencia de-

América en tiempos
de Carlos V

- Dominios de Carlos V
- Posesiones de Portugal
- Universidades
- 1527 Audiencias
- 1535 Virreinato

bía proteger a los indígenas, impidiendo
que se infringiesen las leyes que les protegían; y hacerse cargo interinamente del gobierno de una región en caso de ausencia o
muerte del virrey o del gobernador.

Para asegurar la incorruptibilidad de los
magistrados, piedra angular de la administración americana, la Corona les prohibió
cualquier actividad relacionada con la audiencia donde prestaban servicio. De manera que los oidores no podían contraer matrimonio con una mujer nacida en su jurisdicción, aceptar regalos, poseer tierras o

Retrato de Antonio de Mendoza, el primer virrey de Nueva España (pintura anónima, Museo de América, Madrid)

comprar una casa. Sin embargo, la realidad fue muy distinta, pues la monarquía, acuciada por problemas financieros, se vio obligada a subastar los cargos, vendiéndolos a quien pagase más. Desaparecieron así los mecanismos que impedían la corrupción del sistema y la administración indiana sufrió una gran pérdida de prestigio.

3. El *Virrey* desempeñaba en ultramar las funciones del soberano, a quien representaba. Por eso, sus poderes eran tan amplios como variados; sin embargo, tenía prohibido rigurosamente impartir la justicia y dirigir la administración de las provincias, tareas encomendadas a oidores, gobernadores y capitanes generales. Los virreyes, delegados personales de la Corona, pertenecían a las familias de la más alta nobleza y poseían pequeñas cortes que reproducían la del rey. A pesar de ello, estaban sometidos a las mismas limitaciones y controles que cualquier funcionario de rango inferior.

Durante los siglos XVI y XVII sólo existieron dos virreinatos: Nueva España y Perú. El primero se creó en 1535 e incluía toda la América Central hasta Panamá; el segundo, fundado ocho años después, comprendía el resto del continente, excepto la costa venezolana. Esta provincia y las Antillas dependían de la Audiencia de Santo Domingo.

c. El gobierno municipal

La ciudad, célula básica de la organización política de Castilla durante la Edad Media, fue asimismo el núcleo central de los reinos de Indias. El máximo órgano del gobierno municipal era el *cabildo,* una institución con poderes administrativos y judiciales compuesta por *alcaldes* (jueces) y *regidores* o concejales, elegidos democráticamente por todos los vecinos. La Corona estaba representada por el *corregidor,* un funcionario designado por el monarca que supervisaba la actuación del *cabildo.* Los municipios americanos no tuvieron derecho a voto en las *Cortes* o parlamento de Castilla, si bien poseían una figura jurídica similar, la del *procurador general,* encargado de defender los derechos de la ciudad ante el monarca, el Consejo de Indias y las Audiencias.

d. Mecanismos de control

El Consejo de Indias estableció dos mecanismos para evitar la arbitrariedad de los funcionarios en América: la *visita* y la *residencia.* La primera se efectuaba por sorpresa y estaba a cargo de un juez que disponía de plenos poderes para investigar minuciosamente el funcionamiento de una audiencia o de una gobernación. La segunda se llevaba a cabo cuando cesaba el mandato de cualquier cargo público. El encargado de hacer la residencia, tras examinar los documentos y estudiar las quejas presentadas contra el residenciado, daba su veredicto e imponía eventualmente una sanción.

3. Encomiendas, mitas y reducciones

a. La encomienda

Salvo raras excepciones, los conquistadores obtuvieron poco oro. Por eso, la Corona se vio forzada a recurrir a la *encomienda* para recompensar sus servicios. En síntesis, la encomienda era una forma de pago indirecto: el encomendero percibía el impuesto en dinero, especie o trabajo personal que el indio libre debía a la Corona; a cambio de ello debía proteger a los indígenas encomendados e instruirlos en la fe cristiana. La implantación del sistema en la Española provocó un enorme genocidio que horrorizó a muchos españoles. Uno de ellos, fray Bartolomé de las Casas, un encomendero arrepentido que dedicó el resto de su existencia a luchar por los derechos de los indios, viajó a la Península y logró que el regente de Castilla, el cardenal Cisneros, restringiera la cruel institución.

La cuestión volvió a plantearse tras la Conquista de México, zanjándose a favor de los hombres de Cortés, que obtuvieron encomiendas por dos vidas (después de dos generaciones debían volver a la Corona). Pero la combativa actitud del padre las Casas, infatigable denunciante de las crueldades de los encomenderos, unida a los problemas económicos del emperador Carlos, impulsaron al monarca a publicar las *Leyes Nuevas* (1542) declarando las encomiendas a extinguir tras la muerte del beneficiario. La medida fue tan mal acogida en América —en Perú la población llegó a la rebelión armada— que el emperador no sólo debió revocar la disposición (1546), sino aumentar la duración del be-neficio a cuatro vidas, aunque impuso la obligación a los encomenderos de pagar jornales a los indios. Esta medida resolvió el problema: cinco lustros después, en 1570, sólo quedaban unas 4.000 y su explotación resultaba tan ruinosa que desaparecieron al comenzar el siglo XVII.

b. La mita

En cambio, la *mita* y el *cuatequil,* nombre que recibía esta forma de tributo en México, pervivieron hasta el siglo XIX. Se trataba de un sistema de trabajo comunal inspirado en la legislación tributaria inca y azteca, según la cual todos los súbditos varones mayores de edad debían trabajar obligatoria y gratuitamente en las obras públicas del Estado. Los españoles continuaron el sistema, aunque redujeron la duración de la prestación laboral y la remuneración. No obstante, los abusos de los caciques indios encargados de efectuar la recluta, las durísimas condiciones de trabajo existentes en las minas de plata de Potosí (Perú) y México, principales focos de recep-

Cortejo de la llegada del virrey Morcillo a Potosí en una obra de Melchor Pérez Holguín, 1716, Museo de América, Madrid

ción del trabajo mitayo, y lo bajo de los salarios convirtieron la institución en una verdadera pesadilla.

c. *Corregidores y reducciones*

Una parte considerable de las tierras cultivadas de las Indias pasó a la Corona, sucesora de los emperadores y caciques indígenas, quienes, como se ha visto en la parte I, poseían la propiedad de las mismas. El Consejo de Indias, a instancia de los religiosos, respetó los derechos de las comunidades al suelo, pero las reformó en el plano administrativo, organizándolas de

tes por su extensión, organización y autonomía fueron las *reducciones jesuíticas del Paraguay*, creadas a fines del siglo XVI, si bien también merecen citarse las *misiones* de California y Nuevo México, origen de muchas ciudades de los actuales Estados Unidos.

4. La esclavitud: los negros en América

Las disposiciones legales impedían la esclavitud de los indios. Sólo se permitía en los varones adultos acusados de antropofa-

Los *"mulatos de Esmeraldas" (pintura realizada en Quito por Adrián Sánchez de Galque, 1529, Museo de América, Madrid)*

acuerdo con el modelo municipal castellano, aunque añadió la figura del *gobernador*, cargo que recayó sobre el cacique local.

La *reducción* se regía por los mismos principios que el *corregimiento*; pero tenía un carácter más evangelizador, ya que por lo general se situaba en áreas no controladas por España y estaba dirigida por los misioneros. Las reducciones más importan-

gia o rebelión armada, o sea, por motivos delictivos. Sin embargo, la esclavitud alcanzó un altísimo grado de desarrollo en las Indias, pues la ausencia de mano de obra en las Antillas y otros territorios continentales, motivada por la escasez de blancos y la incapacidad del indio para el trabajo metódico, obligó a importar centenares de miles de esclavos africanos.

La demanda era tan grande que el emperador Carlos, acuciado siempre por falta de dinero, declaró la *trata* de negros monopolio real, arrendando el lucrativo negocio a negreros flamencos, alemanes, holandeses y portugueses, que los compraban a los reyezuelos de la costa occidental africana.

Las principales áreas esclavistas fueron las Antillas y Nueva Granada (Colombia), zonas que reunían los tres requisitos imprescindibles para rentabilizar el elevado coste de los negros: un clima cálido similar al de Guinea, unos cultivos que exigían una mano de obra numerosa (algodón y caña de azúcar), y una población indígena inexistente o poco trabajadora. En cambio, la esclavitud prosperó poco en México y Perú, y apenas se dio en las tierras templadas del Cono Sur.

En relación con la esclavitud negra en la América española conviene subrayar que los esclavistas hispánicos trataban bastante mejor a sus esclavos que los anglosajones a los suyos, porque, entre otras muchas razones, los primeros creían en la humanidad del esclavo, mientras que los segundos le veían como un simple objeto, una cosa que, según un escritor holandés del siglo XVIII, *solamente poseía naturaleza animal.* La existencia del *Código negro carolino,* una recopilación de leyes que regulaba los derechos y deberes de los esclavos, demuestra que lo arriba dicho no era pura teoría, sino un hecho real.

La Virgen de Guadalupe en una pintura mexicana de Miguel Cabrera, Museo de América, Madrid

5. La Evangelización

La Evangelización de las Indias presenta un fuerte contraste. Por un lado, la palabra se relaciona con la violencia, el fanatismo y la intransigencia religiosa. Lo cual, ciertamente, no puede negarse, porque la actuación de algunos conquistadores se guió por el mismo principio que impulsó un siglo después al famoso Cotton Mather a pronunciar la siguiente frase: *el Demonio habrá de extirpar esa mesnada de salvajes para que el Evangelio de Nuestro Señor Jesucristo no sea vilipendiado por ellos.* Por el otro, evangelización equivale a integración cultural, libertad y justicia. Y es en este segundo punto donde radica la diferencia básica que engrandece la colonización hispana frente a la anglosajona.

El Nuevo Mundo ofreció a los frailes castellanos la mayor oportunidad de la historia del Cristianismo para llevar a la práctica los principios evangélicos. De ahí el tremendo esfuerzó realizado por las órdenes misioneras (franciscanos, dominicos, agustinos y jesuitas) en todos los campos de la actividad humana; esfuerzo que les llevó en más de una ocasión a enfrentarse con los colonos, la Corona, e incluso las autoridades religiosas seculares. Además de fray Bartolomé de las Casas, cuya actitud indigenista le valió el calificativo de *Apóstol de las Indias,* otros muchos religiosos se destacaron en la defensa de la dignidad del

de Mestiza ² y Español Castizo.

| Pintura anónima referida
al mestizaje americano, Museo de
América, Madrid

segmentos de la población, incluido el indígena, convirtieron el Catolicismo en una parte funcional de sus vidas; por el otro, la defensa de los derechos humanos se desplazó hacia los negros, mucho más desfavorecidos que los indios. Así, si el siglo XVI estuvo dominado por la absorbente personalidad del padre De las Casas, la siguiente centuria vio el nacimiento del *Apóstol de los negros,* San Pedro Claver, un personaje bastante menos combativo que el dominico, que desarrolló una intensa actividad misional entre los africanos de Cartagena de Indias.

indio americano: Bernardino de Sahagún, estudioso de la cultura azteca, Vasco de Quiroga, promotor de bellos proyectos inspirados en las *utopías* renacentistas, Juan de Zumárraga, etc.

La cristianización sin la hispanización, es decir, la introducción de la cultura europea respetando la libertad y la independencia política de los indios fue el objetivo perseguido por las órdenes religiosas durante el siglo XVI. Sin embargo, las nuevas orientaciones del Concilio de Trento (1563), base de la contrarreforma católica, y los intereses del rey —responsable máximo de la Iglesia americana— determinaron un cambio de actitud en la Iglesia indiana. Siguiendo las consignas de Trento, los sacerdotes abandonaron la postura indigenista, que podía considerarse herética, y se centraron en lo que recomendaba la ortodoxia: la enseñanza del dogma católico a las distintas razas del Nuevo Mundo, y en las obras de caridad.

El resultado de este cambio de actitud, desarrollado intensamente entre 1580 y 1630, fue doble. Por un lado, los diversos

6. La sociedad en la América de los Austrias

La sociedad americana se formó a partir de tres elementos cultural y étnicamente diferentes: el blanco, el negro y el indio. La fusión de estos tres elementos originó una sociedad mestiza, madre de la Hispanoamérica actual, que guarda poca o ninguna relación con las tres fuentes originales.

a. La caída demográfica indígena

La implantación de la forma de vida europea en América desencadenó la mayor caída demográfica de la historia humana. La desaparición de la subraza amerindia se inició con la llegada de Cristóbal Colón, pero por desgracia aún no ha finalizado, pues hoy en día algunas culturas indígenas que se habían mantenido hasta el momento libres de la influencia occidental atraviesan el mismo proceso de destrucción que sufrieron los pueblos indios de la América Septentrional, Central y Meridional.

Las razones que explican el rápido descenso demográfico del indio hispanoamericano son dos. De un lado, la sustitución de la cultura tradicional por la castellana, lo cual condujo a una inestabilidad psíquica conocida como *desgana vital,* que se manifestó de varias maneras: suicidio, alcoholismo, toxicomanía, esterilidad e impotencia, etc. Del otro, la falta de defensas frente a las enfermedades traídas por los europeos (sarampión, viruela, tisis, etc.).

De lo expuesto se deduce que la tremenda crisis demográfica que asoló América en la primera mitad del siglo XVI respondió a factores del todo involuntarios, y no a un genocidio frío y calculado, como sostienen los partidarios de la *Leyenda Negra.* Si los castellanos hubieran deseado realmente la extinción de la raza aborigen, los misioneros no se habrían preocupado de enseñar a los indios la cultura de los conquistadores, ni los conquistadores relacionado con las indias, las cuales, dicho sea de paso, recuperaban la fertilidad cuando establecían relaciones sexuales con un blanco o un mestizo.

b. El mestizaje

La otra característica diferenciadora del sistema colonial español reside en el mestizaje, la fusión con una persona de otra raza.

El mestizaje, que afectó en el siglo XVI a unos 150.000 castellanos y a cerca de tres millones de amerindios, respondió básicamente a tres razones: 1.ª, la juventud de los conquistadores; 2.ª, las creencias religiosas de los españoles, que sostenían la igualdad de todos los seres humanos; y 3.ª, el hecho de que los mismos castellanos fueran el producto de la mezcla de tres pueblos: judíos, moros y cristianos.

La llegada de los negros motivó un nuevo mestizaje entre blancos y negros (mulatos), e indios y negros (zambos), que a su vez generó una variadísima gama de mezclas (*pardos, amarillitos, coyotes,* etc.).

c. Las clases sociales

La sociedad de la América española se estructuró de manera definitiva a principios del siglo XVII, y su articulación se hizo sobre dos sistemas de clasificación social: la casta, basada en criterios raciales, y el estamento, inspirado en criterios jurídicos y económicos. En teoría, se trataba de dos formas de organización distinta, pero en la práctica coincidían, ya que los miembros de una casta pertenecían a un estamento concreto.

1. *Las castas.* Las *castas* se organizaban en superiores e inferiores según el color de la piel. Naturalmente, los blancos ocupaban la cúspide de la pirámide social, si bien, según la tendencia a la subdivisión del sistema de castas, se dividían en dos

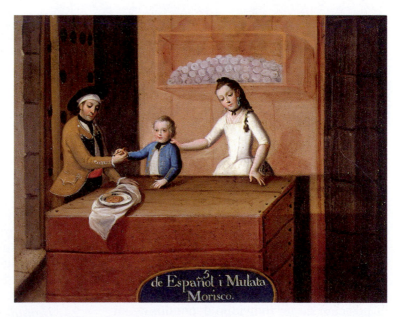

Otro cuadro existente en el Museo de América de Madrid, alusivo al mestizaje americano

segmentos: los *criollos* o americanos y los *chapetones* o *gachupines*, blancos nacidos en la metrópoli. El segundo lugar lo ocupaban los *mestizos*, seguidos por los *mulatos* y *zambos*. El último escalón estaba compuesto por los *esclavos negros*. Los indios, protegidos por la Corona y las órdenes religiosas, se encontraban al margen del sistema. Entre una y otra casta había decenas de subdivisiones intermedias. Por ejemplo, los *cuarterones* o *castizos,* hijos de padre blanco y madre mestiza, gozaban de mayo-

sempeñaba el papel rector. Sus beneficios procedían bien de las *estancias,* bien de las *haciendas,* fincas dedicadas a la ganadería o a la agricultura respectivamente. Seguían en categoría los *vecinos* (emigrantes europeos llegados tras la fundación de la gobernación) y los *moradores* (últimos en emigrar), que constituían una pequeña burguesía dedicada al comercio y la artesanía. El estamento popular, verdadero proletariado urbano, estaba compuesto por las castas inferiores, la india incluida.

Biombo del siglo XVII conocido como el "Palacio de los virreyes de México", anónimo, Museo de América, Madrid

res privilegios que los mestizos, aunque eran inferiores a los blancos. Por supuesto, las castas eran abiertas, de manera que los hijos podían ascender o descender según la casta de los padres. Por ejemplo, el hijo de cuarterón/a y blanca/o se consideraba blanco de pleno derecho, mientras que el descendiente de un cuarterón/a y un mestizo/a pasaba a la casta mestiza.

2. *Estamentos.* De hecho y de derecho, la posición de un individuo dependía de su estamento, o sea, de la riqueza. Lógicamente la aristocracia descendiente de los conquistadores y primeros pobladores de-

7. Economía

1. *Agricultura.* Los productos agrícolas del Nuevo Mundo (patata, maíz, frijol, pimiento, guayaba, quina, etc.) se difundieron con gran rapidez en el Viejo Mundo; en cambio, las especies europeas no prosperaron hasta el siglo XVII, cuando existía ya un gran número de agricultores blancos, mestizos o negros.

2. *Ganadería.* La ganadería, prácticamente desconocida durante la época precolombina, se convirtió en una de las dos fuentes de riqueza de la América hispánica.

Los inmensos pastos naturales del Nuevo Mundo favorecieron hasta tal punto la expansión de las especies europeas (ganado vacuno, caballar y ovino, principalmente) que cuatro décadas después de la Conquista las manadas y yeguadas *cimarronas* (salvajes), nacidas de unas pocas cabezas perdidas, se convirtieron en un grave peligro para la agricultura.

3. *Industria y minería.* La industria se desarrolló poco, excepto algunas fábricas especiales, como los *trapiches* o *ingenios* azucareros, las chocolaterías o los *obrajes* (talleres textiles de tradición indígena). La causa de esta falta de actividad residía en una sencilla razón: las Indias eran el mercado natural de las manufacturas castellanas y aragonesas.

En cambio, la minería, sobre todo la argentífera, fue la piedra angular de la economía del Nuevo Mundo. La exportación a la Península Ibérica de la plata indiana provocó una auténtica revolución económica en la Europa de la época, pues proporcionó el capital necesario para el desarrollo del capitalismo.

4. *El comercio.* Teóricamente cualquier súbdito de la Corona de Castilla podía comerciar con las Indias; pero en la realidad esta actividad sólo era ejercida por los mercaderes residentes en Sevilla, pues la Corona, guiada por razones financieras, concentró en esta ciudad andaluza el tráfico indiano. Por las mismas razones (obtener los mayores beneficios con el menor gasto), el rey se reservó el monopolio de los productos más solicitados: la *trata* de negros, el azogue, imprescindible para las minas de plata, la sal, la pimienta, la pólvora y más tarde el tabaco.

El sistema de puertos exclusivos (Sevilla en España y Veracruz, Portobelo y Cartagena de Indias en América), la forma de transporte marítimo mediante una costosísima flota anual financiada por los comerciantes, y la distribución de las mercancías por toda América, encareció de manera considerable los productos, que costaban diez o doce veces más que en Castilla, motivando la aparición de los dos principales problemas de la Hacienda indiana: el contrabando y la piratería.

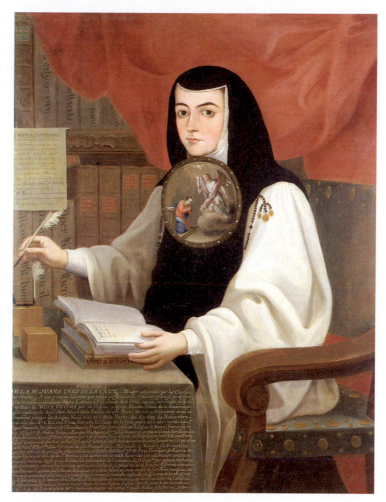

Retrato de Sor Juana Inés de la Cruz, por Andrés de Islas, Museo de América, Madrid

8. Cultura

Los españoles llevaron a América su lengua y su cultura. Esta última adquirió en el siglo XVII rasgos diferenciados que permiten hablar de una cultura *criolla,* tanto en el campo de las letras (Juan Ruiz de Alarcón, sor Juana Inés de la Cruz, Inca Garcilaso de la Vega), como en el de las artes (Gregorio Vázquez de Arce, Miguel de Santiago, etc.). En arquitectura, la principal de las artes americanas, el Barroco europeo, influido por los estilos precolombinos y la variada vegetación, dio origen a una variante mucho más rica, chillona y frondosa: el Barroco Americano o Ultrabarroco.

Las ciencias alcanzaron un alto grado de desarrollo en América. Entre otros, merecen citarse aquí los nombres de fray Bernardino de Sahagún, creador del método antropológico; José de Acosta, López de Velasco o Francisco Hernández, primer estudioso de la flora y fauna indianas.

Pero, sin duda, el aspecto más notable de la cultura de Indias fue el esfuerzo realizado en el campo de la educación. Las órdenes religiosas y las autoridades políticas (gobernadores y virreyes) fomentaron y patrocinaron colegios para blancos e indios, como por ejemplo, el famosísimo Colegio para indios nobles de Santa Cruz Tlatelolco (México), germen de futuras universidades. Éstas no tardaron en aparecer y se difundieron por toda América en poco tiempo: México (1553), San Marcos de Lima (1555), Cuzco (1598), Buenos Aires (1622), Bogotá (1629), etc.

5. La América borbónica (siglos XVIII-XIX)

Por Manuel Nogueira Bermejillo

1. La España de los Borbones

Tras la muerte de Carlos II, último monarca de la Casa de Austria (1700), el duque de Anjou, nieto del rey Luis XIV de Francia, se convirtió en el primer soberano de la dinastía borbónica de España, reinando con el nombre de Felipe V.

Su entronización no resultó fácil. Se produjo después de alcanzar el triunfo sobre el pretendiente de la Casa de Austria, el archiduque Carlos, en la Guerra de Sucesión, la primera guerra europea de la Edad Moderna, que enfrentó a casi todas las naciones de la Europa de la época. Las causas del conflicto se deben al hecho de morir sin descendencia el rey Carlos II, quien sería el último gobernante de la rama española de la Casa de Austria o de Habsburgo. Cuando falleció, todas las miradas en Europa se dirigieron hacia el vacío trono del imperio más extenso del mundo y la guerra se prolongó por espacio de trece años, decantándose, tras el Tratado de Utrech, a favor de Felipe de Borbón. El archiduque Carlos, que había sido nombrado emperador de Austria por fallecimiento de su hermano José I, aceptó un año después el resultado de la contienda (Paz de Ratstatt).

La llegada de la dinastía borbónica significó una ruptura con la tradición anterior de la Monarquía Hispánica. Felipe V inició un período de reformas, continuado por sus sucesores, que tomó como modelo el centralismo político y administrativo del absolutismo monárquico implantado en Francia. Así, la confederación aragonesa (Cataluña, Aragón y Valencia) perdió sus antiguos privilegios y se suprimieron sus fueros particulares; el sistema ministerial borbónico se sobrepuso al Consejo de Castilla; se racionalizó la política económica según las tesis mercantilistas que Colbert había puesto en práctica en Francia; y se fomentó la instrucción pública, sobre todo la orientación científica, y las comunicaciones terrestres y marítimas. Hubo, asimismo, reformas en la política agraria e industrial, aunque el proteccionismo estatal frenó el nacimiento de una burguesía fuerte y emprendedora.

En cuanto a la política exterior, la asunción progresiva de la libertad de comercio causó una profunda e importante transformación, ya que se produjo un gran auge del comercio ultramarino con las colonias hispanoamericanas. De la misma manera, el origen francés de los reyes puso fin a la hostilidad antifrancesa característica de la Monarquía Hispánica.

En resumen, la sociedad española se modernizó en todos los aspectos, ya que los Borbones favorecieron la introducción de las ideas que imperaban en la Europa del siglo XVIII, conocidas bajo el nombre genérico de *Ilustración*.

2. La exploración científica de América

El tiempo de las grandes conquistas en tierras americanas había finalizado cuando Felipe V llegó al trono español. Esto no significa, sin embargo, que no continuaran llevándose a cabo nuevas expediciones inspiradas por motivos religiosos, científicos o simplemente políticos.

Retrato de Pedro Ponce, obispo de Quito, por Francisco Albán, siglo XVIII, Museo de América, Madrid

El mejor ejemplo de ello lo encontramos en la labor realizada por fray Junípero Serra en las inhóspitas tierras californianas, un franciscano que dedicó su vida a la evangelización de los indios norteamericanos, fundando varias misiones que, siglos después, darían origen a grandes ciudades: San Diego, fundada en 1769; San Antonio, en 1771; y San Luis, en 1772. Cuatro años después, en 1776, coincidiendo con la fundación de San Francisco, Serra reconstruyó la misión de San Diego, destruida por indios rebeldes. Murió en Monterrey, en 1784, tras consagrar su vida a la colonización de la Alta California.

La preocupación de los Borbones por impedir la expansión de los zares rusos se materializó en varias expediciones que llegaron hasta Alaska, dominada por el zar de todas las Rusias en el siglo XVIII. Entre ellas merecen citarse la de Juan Pérez y, sobre todo, la de Alejandro Malaespina.

La expedición de Malaespina puede encuadrarse en la tradición de expediciones científicas que se efectuaron bajo la administración de los Borbones, pues estos cultos monarcas financiaron varias misiones científicas de gran importancia. Por ejemplo, la que organizaron conjuntamente con Francia con el fin de medir el meridiano terrestre. La dirigía La Condamine y en ella figuraban varios sabios franceses y españoles, así como los marinos hispanos Ulloa y Jorge Juan, quienes no se limitaron a realizar observaciones astronómicas, sino que dejaron un amplio catálogo de costumbres de los naturales, del gobierno, de la botánica y zoología americanas, etc. Otra expedición científica notable fue la dirigida por Iturriaga y Solano en 1756 que, además de fijar las fronteras coloniales entre España y Portugal, descubrió la comunicación fluvial entre el río Orinoco y el Amazonas.

No menos valiosos fueron los trabajos del botánico Celestino Mutis, discípulo de Linneo y autor de un riguroso catálogo de la flora del reino de Nueva Granada (Colombia). La transcendencia de su obra hizo que el barón Alejandro von Humboldt, en su periplo americano, realizase un fatigoso viaje hasta la ciudad de Santa Fe de Bogotá con el exclusivo propósito de conocer y hablar con el famoso botánico.

3. Instituciones y Administración: las Intendencias

El Consejo de Indias, que era, como se ha visto, el máximo órgano de gobierno de las posesiones españolas en América, perdió sus competencias políticas, que absorbió el rey en 1717. A lo largo del siglo se convirtió en el Ministerio de Indias.

Entre las principales reformas administrativas efectuadas por la dinastía borbónica en el Nuevo Mundo, que constituyen el precedente de las naciones que surgirían después de los procesos independentistas, está la creación de las *Intendencias,* de las que se hicieron cuarenta y cuatro en Ultramar, que sustituyeron a las antiguas Gobernaciones, Corregimientos y Alcaldías Mayores. El propósito de las Intendencias era acabar con la corrupción de los funcionarios coloniales.

El cargo de *Virrey* se mantuvo, pero sus atributos se redujeron casi a un mero papel representativo. Además, se crearon dos nuevos virreinatos: el Virreinato de Nueva Granada, con capital en Santa Fe de Bogotá y el Virreinato del Río de la Plata; también se creó la Capitanía General de Chile.

Otros funcionarios que la Administración borbónica mandó a América, junto a los *intendentes,* fueron los *Contadores* y *Pagadores.* Las funciones del intendente consistían en administrar justicia y tener a su cargo la Hacienda pública, la guerra y el orden público. Por tanto, las autoridades locales, pilar fundamental del gobierno de las Indias, quedaron desprovistas de tales poderes, lo que supuso una oposición, más o menos abierta, que impidió que funcionara con la eficacia prevista. La Corona, precisamente, había querido evitar de este modo los hábitos corruptos de los antiguos funcionarios, que en vez de ser profesionales compraban sus cargos. Pretendía sinceramente que se cumpliese la ley de hecho, pero no lo logró.

En resumidas cuentas, el reformismo borbónico quiso convertir las regiones americanas en verdaderas colonias dependientes de una metrópoli, estructurándolas como provincias y velando por el monopolio real.

4. La economía

Al ser uno de los postulados esenciales de la teoría mercantilista el que afirmaba que la acumulación de metales preciosos servía para crear riqueza y progreso, entendemos el interés prestado por el nuevo Estado borbónico a la administración de las colonias ultramarinas americanas.

Desde los primeros tiempos del reinado de Felipe V comenzaron a dictarse medidas dirigidas a la desaparición del obsoleto sistema de monopolio comercial vigente bajo la dinastía de los Habsburgo, cuyo fracaso había quedado demostrado por la indigente situación en que se hallaba la Hacienda pública; además de no tener en cuenta que, según testimonios fidedignos de la época, más del 50 por 100 del producto del comercio con las colonias no era contabilizado al ser fruto del contrabando.

La evolución de tal política económica finalizaría con la adopción del libre comercio en el último tercio del siglo XVIII, en el reinado de Carlos III. Sin embargo, no debemos confundir el término de *libre comercio* con el concepto actual. Las restricciones que protegían los beneficios de la Corona y las limitaciones existentes a ambos lados del Atlántico para ejercer el tráfico comercial sin trabas nos muestran más claramente la defensa de un monopolio real, sistema que regía las relaciones metrópoli-colonias, entre las demás naciones que poseían colonias.

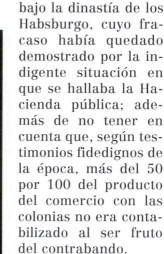

Broche del siglo XVIII, representativo del arte suntuario realizado en la América colonial, Museo de América, Madrid

Los resultados de tal política económica fueron positivos, en primer lugar, para las colonias, las cuales advirtieron el carácter artificial de su dependencia con la metrópoli, que confirmó su incapacidad para un desarrollo industrial, a pesar del afán reformista de los gobiernos ilustrados, que pudiera competir en sus precios con los productos elaborados por la industria extranjera.

La evolución del comercio fue paulatina. Como primera medida se amplió el monopolio a una decena de puertos en la Península, junto a las condiciones de favor de las islas. En el continente americano este derecho se extendió a veinticuatro puertos. Fue suprimida la Casa de Contratación dependiente del Consejo de Indias. Los aranceles aduaneros marcaron un proteccionismo estatal que no cubrió las expectativas puestas en él.

Por otro lado, intentó fomentar el movimiento de una burguesía con iniciativas propias, creando compañías privilegiadas, las cuales obtenían sensibles ventajas en el comercio ultramarino. Pongamos como ejemplo la Real Compañía Guipuzcoana de Caracas, fundada en el año 1728, que obtuvo el monopolio del comercio con Venezuela, a cambio de luchar con el comercio ilícito. Consiguió que aumentara la producción local del cacao, el tabaco, el algodón, etc.; pero, al contrario de lo esperado, despertó recelos y envidias de los funcionarios enviados por la Corona, quienes veían mermados sus beneficios, y de la élite criolla por la misma razón y por considerar a los vascongados unos advenedizos que hasta hacía poco tiempo no tenían derechos de acceso al comercio colonial por la exclusividad del monopolio castellano. La oposición de las clases altas a las actividades de las compañías, tanto en Venezuela como en otros lugares de América, produjo levantamientos que sembrarían el germen de los futuros movimientos independentistas.

Un verdadero cambio en el tráfico comercial con las colonias fue la autorización que obtuvieron los armadores para navegar bajo el sistema de *registros sueltos,* es decir, la posibilidad que tenían los navíos de

Familia de la alta sociedad de la América colonial del siglo XVIII, Museo de América, Madrid

zarpar sin necesidad de someterse a la navegación en los convoyes periódicos del antiguo sistema de flotas y galeones, proporcionando un mayor dinamismo en las relaciones comerciales.

De cualquier modo, la pieza clave en el proceso de cambio de las relaciones comerciales introducidas por los Borbones en América, una vez admitido el libre comercio entre las colonias y la metrópoli por el reglamento emitido en 1778, la encontramos en la solución adoptada para no detener el comercio en tiempo de guerra, es decir, lo que llamaron *comercio de neutrales,* por el que las colonias podían, en tiempos de guerra declarada, efectuar transacciones comerciales entre ellas y con naciones que estuvieran excluidas de la contienda. Cuando esta previsión tuvo lugar, se puso de manifiesto el simple carácter comisionista de la metrópoli; además de haberles abierto las puertas de nuevas redes comerciales.

Reflejo del crecimiento económico que se produjo en las colonias americanas de España es el incremento poblacional en la demografía de los núcleos urbanos durante este siglo.

5. La sociedad

La sociedad en la América Hispánica estaba estructurada en un sistema casi cerrado de castas que dependía en primer lugar del origen de sus miembros y, después, del color de la piel.

En el punto más alto de la escala se hallaba la minoría blanca, pero ésta a su vez dividida entre la estirpe de funcionarios procedentes de la Península, así como de los comerciantes ricos y la élite criolla, es decir, los blancos nacidos en el continente americano. Las disensiones entre ambos grupos están reflejadas en innumerables testimonios y documentos; sin embargo, las dos clases sociales de blancos participaban del espíritu ocioso y el desprecio por los trabajos manuales; tenían afición al fasto y aprovechaban cualquier ocasión para realizar muestras de ostentación.

Los mestizos y mulatos eran la población que se podía considerar como la siguiente en la escala social de la sociedad americana. Contando con menores privilegios que la élite blanca, tenían como objetivo medrar para alcanzar el *status* de blancos. Para conseguirlo el medio más frecuente consistía en el desembolso de dinero; de este modo podrían incluirse entre los criollos, ya que las diferencias sociales, excluyendo a los españoles europeos, era más de índole económica que racial.

Por último, hallamos en el punto inferior de la escala a negros e indios. Entre ellos existían diferencias notables, tanto en cuanto al carácter y medios de vida, como en lo que respecta a expectativas de mejora social.

Los indios estaban protegidos por las leyes emanadas de la metrópoli, aunque en la práctica vivieran una existencia miserable; los viajeros del siglo XVIII nos hablan de su poca voluntad para el trabajo y de su escasa ambición. Las órdenes religiosas tomaron a su cargo la educación de las sociedades indígenas, introduciendo las técnicas de cultivos de productos procedentes de Europa y la roturación de nuevas tierras para la labor agrícola. Mención aparte merecen las reducciones jesuíticas en Paraguay, en el área fronteriza con el territorio brasileño. Las reducciones se iniciaron por un privilegio obtenido por la orden de San Ignacio de la Corona española el año 1609; consistían en concentraciones indígenas para la explotación comunitaria. En el siglo XVIII existían al menos sesenta pueblos, con una población superior a los 200.000 habitantes. Tras la expulsión de los jesuitas fueron dirigidas por franciscanos.

Por último, el grupo formado por los negros libres estaba dedicado a trabajos en las minas, en explotaciones de algodón y azúcar y, un gran número de ellos, realizaba labores de trabajo doméstico en las ciudades.

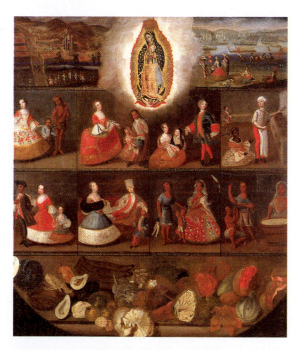

Pintura anónima de escuela mexicana sobre las diferentes clases de mestizaje, Museo de América, Madrid

6. La cultura: la Ilustración

Las ideas más avanzadas penetraban en tierras americanas con mayor facilidad que en el propio continente europeo. La monumental obra que publicó Humboldt, con sus magníficas dotes de observador objetivo, nos descubre las facilidades para encontrar cualquier libro publicado en el continente europeo. Él se asombra al principio, más tarde sus reflexiones nos alumbran sobre el sistema de comunicaciones, tanto marítimas como terrestres, entre España y las colonias americanas, así como entre las propias colonias entre sí. Con su reconocido espíritu crítico nos informa textualmente: ... *en aquella época partían de La Coruña y no de Cádiz los correos marítimos mensuales para La Habana y los bimestrales para Buenos Aires o el estuario del Río de la Plata [...] Me complazco en mencionar estas instituciones que pueden considerarse como una de las obras más importantes de la civilización moderna [...]. Se ha acelerado la circulación de las ideas...* (A. Von Humboldt, *Voyage aux régions,* lib. 1). Esta cita nos muestra el nivel educativo de una parte de la sociedad colonial americana durante el reinado de los Borbones en España.

La proyección en las colonias americanas de la instrucción pública que el reformismo borbónico implantó en la península, acentuando las dis-

Escultura religiosa de escuela quiteña del siglo XVIII, Museo de América, Madrid

ciplinas experimentales, caló en lo más profundo de un sector de la sociedad colonial americana, produciendo personalidades de la talla de Pedro Francisco Dávila, natural de Guayaquil, quien fundó en el año 1776 el Museo de Historia Natural de Madrid, por poner un solo ejemplo. Las universidades, abiertas a todos, florecían por todos los rincones del continente: la Universidad de Quito doctoraba en Leyes, Filosofía y Teología, procediendo sus estudiantes de cualquier punto de la Audiencia. La cátedra de matemáticas que fundó el virrey Amat en la Universidad de San Marcos, en Lima, no tuvo al principio ningún alumno, por lo cual expidió un decreto el año 1776 por el que obligaba a los cadetes a asistir, generando con ello un cuerpo de ingenieros cuyas construcciones fueron motivo de admiración por expertos de todo el mundo.

En cuanto a la prensa escrita, y gracias a las excelentes comunicaciones, se recibían publicaciones periódicas con toda regularidad. También en el propio continente americano nacieron multitud de periódicos en el sentido estricto de la palabra desde 1722.

Las obras de los enciclopedistas y de los filósofos de la Ilustración que abogan por las libertades y la independencia circularon, más o menos, libremente y sus principios forjan un sedimento que cristalizará en los inquietos espíritus de unos hombres que, asumiendo su condición, se llamarán por primera vez americanos.

Orientación bibliográfica

A. HISTORIA DE ESPAÑA (SIGLOS XV-XVIII)
ANES, Gonzalo
   1978   *El Antiguo Régimen. Los Borbones.* Madrid: Alianza Editorial.
DOMÍNGUEZ ORTIZ, Antonio
   1974   *El Antiguo Régimen. Los Reyes Católicos y los Austrias.* Madrid: Alianza Editorial.
B. HISTORIA DE AMÉRICA (SIGLOS XVI-XVIII)
BENEYTO PEREZ, José
   1958   *Historia de la Administración española e hispanoamericana.* Madrid: Aguilar.
BENNASSAR, Bartolomé
   1975   *La América española y la América portuguesa (siglos XVI-XVIII).* Madrid: Akal.
CÉSPEDES DEL CASTILLO, Guillermo
   1983   *América hispánica (1492-1898).* Barcelona: Labor.
HERNÁNDEZ SÁNCHEZ-BARBA, Mario
   1978   *Historia y literatura en Hispanoamérica (Versión intelectual de una experiencia), 1492-1820.* Madrid: Castalia.
GIL MUNILLA, Octavio
   1963   *Participación de España en la génesis histórica de los Estados Unidos.* Madrid: Publicaciones Españolas.
LYNCH, John
   1962   *Administración colonial española.* Buenos Aires: Editorial Universitaria.
MADARIAGA, Salvador de
   1962   *Auge y ocaso del Imperio español en América.* Madrid: Espasa Calpe.
MORALES PADRÓN, Francisco
   1962   *Historia general de América.* Madrid: Espasa Calpe.
PEREYRA, Carlos
   1958   *Breve historia de América.* Madrid: Cultura Hispánica.
SACO, José A.
   1965   *Historia de la esclavitud.* Santiago de Chile: Orbe.
ZAVALA, Silvio
   1961   *Programa de Historia de América en la época colonial.* México, D.F.: Fondo de Cultura Económica.
C. DESCUBRIMIENTO Y CONQUISTA
LEÓN-PORTILLA, Miguel
   1964   *El reverso de la Conquista. Relaciones aztecas, mayas e incas.* México D. F.: Joaquín Mortiz.
LUMMIS Charles F.
   1958   *Los conquistadores españoles del siglo XVI.* Madrid: Espasa Calpe.
MANZANO, Juan
   1976   *Colón y su secreto.* Madrid: Cultura Hispánica.
PÉREZ EMBID, Florentino
   1953   *Los descubrimientos en el Atlántico y la rivalidad castellano-portuguesa hasta el Tratado de Tordesillas.* Sevilla: Universidad de Sevilla.
TAVIANI, P. E.
   1977   *Cristóbal Colón. Génesis del gran descubrimiento.* Barcelona: Novara.
D. LA AMÉRICA DE LOS AUSTRIAS
BATAILLÓN, Marcel y André SAINT-LU
   1976   *El padre Las Casas y la defensa de los indios.* Barcelona: Ariel.

CÉSPEDES, Guillermo

   1976   *América Latina colonial hasta 1660.* México, D. F.: Fondo de Cultura Económica.

ELLIOT, John H.

   1965   *La España imperial.* Barcelona: Vicens Vives.

HANKE, Lewis

   1959   *La lucha por la justicia en la conquista de América.* Madrid: Espasa Calpe.

REGLA, J.

   1979   *Los Austrias. El imperio español en América.* Barcelona: Vicens Vives.

E.   LA AMÉRICA BORBÓNICA

HERNÁNDEZ SÁNCHEZ-BARBA, Mario

   1977   *Las Indias en el siglo XVIII.* Barcelona: Vicens Vives.

NAVARRO GARCÍA, Luis

   1975   *Hispanoamerica en el siglo XVIII.* Sevilla: Universidad de Sevilla.

VV.AA.

   1983   *América en el siglo XVIII.*
Los primeros Borbones. Madrid: Rialp.

F.   BIOGRAFÍAS

BUSTO, J. A. del

   1965   *Francisco Pizarro. El Marqués Gobernador.* Madrid: Rialp.

HANKE, Lewis

   1968   *Bartolomé de Las Casas.* Buenos Aires: Eudeba.

MADARIAGA, Salvador de

   1975   *Vida del Muy Magnífico Señor Don Cristóbal Colón.* Madrid: Espasa Calpe.

MADARIAGA, Salvador de

   1984   *Hernán Cortés.* Madrid: Espasa Calpe.

MENÉNDEZ PIDAL, Ramón

   1963   *El padre Las Casas. Su doble personalidad.* Madrid: Espasa Calpe.

PARTE III
La América contemporánea

1. La independencia y sus problemas

1. La crisis de un mundo colonial

Desde 1780, el territorio americano, que durante tres siglos había sido regido por la Corona española, muestra signos inequívocos de inestabilidad. Estas manifestaciones serán aceleradas, al comenzar el siglo XIX, por la crisis que conmueve los cimientos de la monarquía en España en 1808, hasta culminar en una abierta lucha por la independencia de la metrópoli. Esta guerra por la emancipación hispanoamericana será prolongada, y se inscribe en un lento proceso de separación entre España y sus colonias americanas que se extiende desde 1808 hasta 1824, cuando el último foco importante conservado por los realistas cae derrotado, por las tropas del general Antonio José Sucre, en la batalla de Ayacucho. La etapa histórica abierta con el movimiento emancipador tiene, en consecuencia, diversas fases, y experimenta avances y retrocesos a lo largo de esos dieciséis años. Pueden señalarse tres períodos, cuyos acontecimientos no sólo se encadenan, sino que demuestran una aceleración del proceso de la independencia en los países de América Latina.

El primero de estos períodos puede inscribirse entre 1780, cuando tiene lugar el levantamiento de Tupac Amaru, y 1808, año de la convocatoria de las primeras Juntas en América, respuesta a la invasión de España por las tropas napoleónicas.

El segundo comienza en 1808, con las primeras Juntas, que proclaman su adhesión al depuesto rey Fernando VII, continúa con las Juntas decididamente autonómicas de 1810, y se extiende hasta 1817, momento en que la revolución hispanoamericana parece detenida como consecuencia de las derrotas ante las tropas realistas.

El período final se inicia en 1817, y poco a poco los criollos desalojan a las tropas españolas. Tienen lugar, en esta fase, las grandes campañas continentales conducidas por José de San Martín desde el sur, y Simón Bolívar desde el norte, que convergen hacia el Perú, y liberan a su paso el territorio americano que aún permanecía en poder de las fuerzas realistas.

2. Las últimas revueltas

La América española

Los conflictos que marcan el camino hacia el colapso del imperio español en América pueden dividirse en tres grupos, según sus características. Algunas de ellas son de tipo social, como las encabezadas por Tupac Amaru, Tupac Katari, y la serie de revueltas indígenas denominadas «tupamaras», que sacuden la cordillera andina pasando por Perú, Alto Perú y el norte argentino. Sin duda la más famosa de ellas ha sido la de Tupac Amaru, no sólo porque marca un índice de la explosividad latente en el mundo indígena sometido a los españoles, sino porque su resonancia llega a producir inquietud en la sociedad de Nueva Granada y Venezuela. Un análisis de la insurrección de Tupac Amaru demuestra que no se trata de una simple revuelta espontánea. Agotadas las vías jurídicas ante las autoridades virreinales, se preparó un levantamiento armado en el que colaboraron algunos criollos. Su carácter de ejemplificadora: ajusticiar al corregidor Arriaga era un acto de advertencia a quienes practicaban una despiadada explotación del indio; y la capacidad para movilizar amplias masas en el ámbito del antiguo incario, así como la toma de varias poblaciones, la ciudad de Oruro y el sitio a La Paz, constituyen una serie de indicadores sobre la vulnerabilidad de las fuerzas coloniales. Pero la rebelión encabezada por Tupac Amaru no sólo amenazaba la dominación española; también estaba animada de una peligrosidad social inquietante para los criollos que explotaban la mano de obra indígena. Por consiguiente, el movimiento dirigido por Tupac Amaru fue derrotado como consecuencia de una alianza entre peninsulares y criollos. Condenado a muerte, Tupac Amaru fue ejecutado y descuartizado en la ciudad de Cuzco, por orden del virrey Toledo, el mes de mayo de 1781.

Las protestas antifiscales tuvieron como escenario a Cuzco, con la denominada *Conjuración de los Plateros;* Arequipa, La Paz y Cochabamba, donde estallan motines contra las nuevas medidas impositivas; en Nueva Granada, donde la rebelión de los *Comuneros del Socorro* se extiende a los pueblos vecinos. La administración se ve forzada por los comuneros a capitular y aceptar las reformas propuestas por los rebeldes, y para derrotar a los insurrectos será necesario acudir a refuerzos militares procedentes de Cartagena de Indias. También Venezuela tuvo un movimiento comunero que, desde Maracaibo, se extiende a otras provincias en rechazo de los impuestos fijados por la real Hacienda. Tropas del ejército, enviadas desde Caracas, sofocaron este levantamiento en octubre de 1781.

Por último, las rebeliones de tipo político surgieron sobre todo en la década final del siglo XVIII. En 1791 la rebelión de los esclavos negros en Haití, con destrucción de plantaciones y matanza de los plantadores estuvo impulsada, en parte, por la explotación despiadada a que estuvieron sometidos por los colonos, y también porque las ideas revolucionarias habían penetrado en las Antillas francesas. La decisión de decretar abolida la esclavitud, tomada por la Convención en Francia, el año 1794, si bien precipitó una reacción contraria por parte de los colonos, salvó la parte francesa de la invasión anglo-española. Toussaint-Louverture se convirtió en jefe de los combatientes negros que se incorporaron a la lucha contra los invasores, y una vez lograda la victoria dedicó sus esfuerzos a reorganizar la sociedad de una isla que comenzaba a vislumbrar su independencia. Pero el territorio fue nuevamente invadido, esta vez por el general Leclerc, enviado en 1802 por Napoleón para recuperar el dominio sobre la isla, y Toussaint-Louverture cayó derrotado y fue recluido en una prisión francesa. La resistencia fue encauzada, pese a todo, por Jean Dessalines, uno de los generales del jefe revolucionario, y el mes de enero de 1804, expulsados los franceses, Haití se convierte en la primera república independiente de América Latina.

La influencia, no sólo de los acontecimientos en el Caribe, sino también de las *leyes francesas,* como afirmaban los conjurados, produjo un levantamiento de esclavos negros de las serranías de Coro, en Venezuela; sin embargo, este movimiento no tuvo el ímpetu demostrado por los jacobinos negros de la parte francesa de Santo Domingo. Cierto es que arrastró grupos que no eran tan sólo esclavos, pues al movimiento se incorporaron negros libres, indios y mulatos, pero la autoridad colonial logró aplastar la insurrección con rapidez.

También en Venezuela surgió una nueva rebelión, esta vez en la ciudad de Caracas. En verdad, la semilla de la conspiración llegó desde España, a través de la persona de Juan Bautista Picornell, deportado por las autoridades peninsulares, y encarcelado en la fortaleza de La Guaira, junto a otros rebeldes, por su intervención en una tentati-

Retrato de Simón Bolívar, el "Libertador de América", por José Gil de Castro

va de implantar la forma de gobierno republicana. Picornell pronto logró evadirse de la prisión y fugarse a Jamaica. Sus ideas captaron el entusiasmo de muchos criollos, entre ellos Manuel Gual y José María España. Si bien el grupo rebelde fue descubierto y desbaratado en 1797, los documentos que redactaron, y los nombres de sus integrantes, demuestran que la influencia de la Revolucion Francesa había penetrado en los sectores cultos de la sociedad criolla.

Nueva Granada fue escenario, a su vez, de una conspiración política que seguía las ideas de la Francia revolucionaria. En 1793, Antonio Nariño y un grupo intelec-

Simón Bolívar entrega la bandera de la liberación tras su victoria en la batalla de Carabobo, junio de 1821

tual que reúne a Camilo Torres, Francisco Antonio Zea y José Caicedo, entre otros, es descubierto por las autoridades coloniales. Con todo, Antonio Nariño había difundido ya una edición de la *Declaración de los derechos del Hombre y del Ciudadano.*

La América portuguesa

El inmenso territorio de Brasil, donde ejercía su dominio colonial la Corona por-

tuguesa, no fue ajeno a los conflictos y revueltas del siglo XVIII. En la región de San Pablo, los empresarios que se dedicaban a la extracción del oro se opusieron a las autoridades metropolitanas, que decidieron controlar la explotación de los yacimientos, y en la región de Ouro Preto, otro levantamiento se opuso al control de la producción del oro por la Casa de la Fundición. Mineros en San Pablo y Minas Gerais, plantadores de azúcar en Recife, y algunos comerciantes; hicieron oír sus voces de protesta, al igual que en la América española, cuando la monarquía portuguesa intentó imponer normas de control de acuerdo con sus ideas de modernización del Estado. Todas estas revueltas fueron finalmente sofocadas por los gobernadores locales, algunas de ellas de manera sangrienta.

Y sería en Minas Gerais, donde tendría lugar uno de los movimientos más importantes por su componente ideológico, puesto que aspiraba a instalar una forma de gobierno republicana. El líder de esta conspiración era un alférez criollo, puesto que había nacido en Brasil, Joaquín José da Silva Xavier, cuyo oficio de sacamuelas hacía que se le conociera por el sobrenombre de *Tiradentes.* El grupo revolucionario estaba integrado por miembros de las clases altas, como algunos profesionales y clérigos; militares, entre ellos el mismo *Tiradentes,* e intelectuales, como los poetas Manuel Da Costa y Alvarenga Peixoto. La llamada *Conjuración Mineira* tuvo lugar en 1789, y por sus características fue el antecedente más próximo a la etapa independentista de 1822. Pero, al igual que en otras partes de América, existían aspectos que impedían la unidad entre sus miembros. Uno de ellos era la propuesta de abolir la esclavitud, difícil de aceptar por algunos de los rebeldes, que eran a su vez propietarios de minas o plantaciones. Finalmente, la infidencia de uno de los conjurados precipitó el fracaso de la rebelión; el grupo dirigente fue enviado a prisión, y *Tiradentes* condenado a muerte.

3. Los precursores

Sin duda las nuevas ideas cobraban fuerza en el mundo americano. Sus ecos son perceptibles en los escritos de algunos personajes de la época, y también irradian en las aulas universitarias, en las Sociedades Económicas y las Sociedades Patrióticas. Su difusión se debe, asimismo, a los intelectuales más radicalizados del período. Así, el bogotano Antonio Nariño tradujo y editó, en 1793, *Los Derechos del Hombre y del Ciudadano,* promulgados por la Revolución Francesa; el jesuita peruano Viscardo y Guzmán fue autor de una *Carta a los españoles americanos,* en 1797; el ecuatoriano Eugenio de Santa Cruz y Espejo, publica en el mismo año su *Nuevo Luciano o Despertador de Ingenios,* donde no escatima críticas a la anémica cultura local. En la primera década del siglo XIX otros intelectuales revolucionarios, como el chileno fray Camilo Henríquez, y también en Chile el autor anónimo de un *Catecismo político-cristiano,* que reclamaba en 1809 la autonomía de gobierno para las colonias españolas; el bogotano Camilo Torres, que da a conocer el mismo año su *Memorial de agravios* contra la dominación española; en México fray Servando Teresa de Mier alienta desde sus ensayos la idea de independencia, y el escritor José Fernández Lizardi lanza fuertes ataques contra la administración colonial desde su periódico *El pensador mexicano,* y publica una obra muy vinculada a la literatura picaresca: *El periquillo sarniento,* severa crítica a la sociedad de su tiempo. A estos nombres, apuntados a modo de ejemplo, debe sumarse el venezolano Francisco de Miranda, cuya lucha incansable por la

Monumento erigido en Quito en memoria de Antonio José de Sucre, el libertador de Ecuador

difusión del pensamiento revolucionario y la independencia americana lo convierte en la figura consular entre los precursores.

Radicado en Londres, Miranda estuvo en contacto con muchos independentistas hispanoamericanos, sobre los que ejerció influencia. El venezolano poseía una amplia cultura, y sobre esta base elaboró proyectos para impulsar la independencia de Venezuela y estimular las ideas revolucionarias en el resto de la América española. Tuvo actuación en la guerra de independencia norteamericana; en 1790 se dirige a Inglaterra, intentando inclinar a William Pitt por la independencia de la América española; en 1792 viajó a la Francia revolucionaria, donde estuvo vinculado al sector político de los girondinos, pero encarcelado en 1793, es liberado por la Convención a comienzos de 1795. En 1798 se encuentra nuevamente en Londres. En 1806, el infatigable revolucionano prepara un intento de liberación de Venezuela, mediante un desembarco en las costas del Caribe; pero al no encontrar el apoyo de las poblaciones locales, la expedición encabezada por Miranda fue fácilmente derrotada por las fuerzas españolas.

4. De las juntas locales a la revolución

En la América española se estaban produciendo, desde la época de Carlos III y sus reformas modernizadoras, rápidas transformaciones económicas y sociales. Las primeras se debían al impulso recibido en las economías regionales por el *Reglamento de Comercio libre entre España y las Indias,* que impulsó un mayor intercambio comercial y estimuló las producciones exportables. El *Reglamento* no significó la desaparición del monopolio español sobre el comercio con las Indias occidentales, pero permitió la intervención de un gran número de puertos peninsulares, y abrió posibilidades a numerosas ciudades portuarias en la América española. Además, el bloqueo marítimo impuesto por Gran Bretaña desde 1797, como consecuencia de la alianza que España mantenía con la Francia revolucionaria, obligó a conceder a las colonias el permiso de comerciar con naciones neutrales. Si bien el monopolio continuó en manos de los representantes peninsulares, en Hispanoamérica los comerciantes criollos conquistaron un nuevo es-

Alegoría de la independencia de México, iniciada por el cura Miguel Hidalgo y su célebre "grito de Dolores" (mural mexicano)

pacio económico con las nacientes oportunidades. Así, lograron hacer viajes con navíos propios, intervenir en el tráfico negrero, y controlar parte de la actividad exportadora, hasta entonces reservada para los comerciantes de Cádiz.

Cierto es que los sectores más poderosos de la sociedad colonial eran los terratenientes y los mineros —la exportación de plata desde México y desde Perú, fue de gran importancia hasta el fin de la época colonial—; pero las posibilidades abiertas por una economía en crecimiento crearon nuevos empresarios y, también, inclinaron a muchos de ellos a entrelazar sus negocios. Surgió así, el terrateniente que invertía en la minería o el comercio. Son ejemplos que pueden encontrarse en el virreinato de Nueva España, el del Perú, o del Río de la Plata, al finalizar el siglo XVIII. Los

Retrato de José de San Martín, un general criollo formado militarmente en España

cambios en la sociedad americana se aceleran a su vez. Muchos recién llegados desde España se casan con ricas criollas y se convierten rápidamente en acaudalados comerciantes; los mestizos luchan por hacerse un lugar en un ámbito donde el color de la piel impide el ascenso social. Existen gremios que excluyen a los integrantes de las llamadas *castas* —mestizos, negros, indios, etc.—, pero éstos a su vez obtienen el derecho de crear gremios de oficios que les están reservados. En verdad, se trata de oficios desdeñados por los grupos superiores que se reservan la platería y las artes suntuarias, y dejan en manos de los estratos inferiores la cantería, las tallas, los tejidos, etc. Pero esta situación otorga un espacio reservado a las clases inferiores en el momento que la demanda urbana crece debido a la prosperidad de los nuevos tiempos.

En este marco social, los criollos, los españoles nacidos en América, se sienten relegados por la presencia cada vez más frecuente de autoridades metropolitanas en las altas jerarquías coloniales. Desde los siglos XVI y XVII ha surgido, con lentitud, una conciencia americana que los diferencia de la burocracia peninsular de funcionarios y comerciantes que llega desde España. El deseo de ejercer un papel dirigente en los asuntos locales, para los que se consideran mejor capacitados, los enfrenta con los recién llegados. Este hecho, combinado con otros factores, como la resistencia al pago de unos impuestos que no se revertían en mejoras de su región, la influencia de ideas revolucionarias, procedentes de Francia y la América del Norte, y el vacío de poder que se produce en la Península durante la invasión de las tropas napoleónicas, terminará por llevarlos finalmente a la revolución.

Pese a todo, la primera reacción de los territorios americanos ante la invasión de España por las tropas francesas fue seguir el ejemplo metropolitano y convocar Juntas de gobierno para proclamar la fidelidad a Fernando VII, el rey depuesto. Así, en 1808, las Juntas convocadas en la América Española se revelan antifrancesas y fernandistas, rechazando las propuestas de los delegados enviados por José Bonaparte. Con todo, en esta etapa existieron fricciones, porque los criollos de Quito intentaron consolidar, en 1809, una Junta con mayoría local; en el río de la Plata Javier de Elío, gobernador de Montevideo, convocó otra en antagonismo con el virrey Liniers. Son algunos ejemplos. La verdad es que los criollos oscilaron entre continuar aceptando la hegemonía peninsular o crear instituciones que depositaran el gobierno en los nacidos en América.

Este fue un dilema que se resolvió en 1810, cuando los franceses invadieron la región de Andalucía. La sustitución de la Junta de Sevilla por la Regencia, si bien para los españoles era natural, para los criollos creaba una situación nueva. Los problemas surgidos en 1808 y 1809 reaparecieron entonces con más fuerza. El debate asumió tres direcciones distintas: a) permanecer fieles a Fernando VII; b) asumir la autonomía, estableciendo una auto-

Retrato de Bernardo de O'Higgins, libertador de Chile

ridad independiente de la Regencia, demostrada la debilidad de ésta para ejercer un gobierno tan amplio en España e Indias; c) la independencia, expulsando a los españoles peninsulares del poder en América, y declarar emancipada a la América hispana. El movimiento juntista tuvo lugar en las ciudades, y en 1810 fue controlado por las burguesías criollas; tan sólo el temor de que una revolución desencadenara una reacción de las masas de indígenas de negros, hasta entonces sometidos y explotados por plantadores y mineros, mantuvo durante cierto tiempo la fidelidad a las autoridades coloniales. Las decisiones fueron distintas según cada región, y la fuerza militar favorable a la metrópoli existente en ella. Mientras en el Río de la Plata los criollos se apoderaron con rapidez del gobierno, en Chile y en Venezuela combatieron largo tiempo para obtener la independencia: en Nueva España estalló una revolución popular que movilizó masas indígenas, aunque finalmente fue aplastada, y Perú se mantuvo hasta el último momento como reducto españolista.

Sin embargo, entre 1810 y 1814 el movimiento emancipador se ha extendido, con mayor o menor fuerza por toda la América española.

5. La América revolucionaria

Nueva España

El 16 de septiembre de 1810, el cura de Dolores, Miguel Hidalgo, llamó a la insurrección contra los españoles, dando curso a un levantamiento popular integrado mayoritariamente por los indios que combatieron bajo el estandarte de la Virgen de Guadalupe. De formación liberal, Hidalgo formaba parte de un núcleo de criollos ilustrados instalados en Querétaro, región minera del noroeste de México. Su ejército, reducido al comienzo, creció con la incorporación de indios que trabajaban en las minas. Este hecho dio a su movimiento un carácter inesperadamente violento, ya que los indios destruyeron a su paso haciendas e instalaciones mineras, en revancha por la explotación sufrida durante tres siglos. Atemorizados por el rumbo de los acontecimientos, los criollos se unieron a los peninsulares para hacer frente al cura revolucionario. En enero de 1811, Hidalgo caía

El general San Martín proclama la independencia de Perú en el año 1821

derrotado y poco más tarde era ejecutado.

Pero no quedó por ello paralizado el movimiento insurreccional. José María Morelos, un cura que había combatido con Hidalgo, más cercano que éste a las masas, elaboró un programa de gobierno. Cuidó de anunciar que buscaba la igualdad social y racial, y no atacaba la religión católica. Pudo así instalar un Congreso en Apatzingán, donde dio a conocer una constitución redactada por el sector intelectual criollo que lo acompañó en la lucha por la independencia. Pero en 1815 fue capturado y fusilado por las fuerzas realistas. México entró entonces en un período de aparente calma.

Venezuela y Nueva Granada

El Cabildo de Caracas convocó en 1810 una Junta de gobierno que en breve plazo debió enfrentar las tropas españolas situadas en el territorio venezolano, y también los refuerzos enviados desde Cuba. El 5 de julio de 1811, el Congreso convocado para formar gobierno se convirtió en el primero en proclamar la independencia en el ámbito de América española. Los patriotas de Venezuela debieron entonces comenzar una lucha por la emancipación, no sólo contra los españoles existentes en la región, sino también contra refuerzos enviados desde Cuba. Francisco de Miranda, que había regresado desde Londres, Simón Bolívar y otros revolucionarios, cayeron vencidos ante el general español Monteverde, aliado con los *llaneros* conducidos por José Tomás Boves. La primera república de Venezuela fracasó en 1813, y un año más tarde Fernando VII recobraba el trono de España y restauraba el absolutismo.

Simón Bolívar, que se había incorporado a la lucha en Nueva Granada, combatió durante la presidencia de Camilo Torres, pero con éxitos escasos y finalmente se exilió en Jamaica. Entretanto, el general Pablo Morillo era enviado desde España con un poderoso ejército, y en 1816 tanto Venezuela como Nueva Granada caían nuevamente en poder español.

Chile

Después de una sorda pugna contra el gobernador García Carrasco, los criollos instalaron una Junta de gobierno en julio de 1810. Sus primeros pasos fueron, al igual que en Venezuela, decretar la libertad de comercio, organizar milicias para la defensa de la región, dadas las posibilidades de un intento de reconquista español, y convocar un Congreso Constituyente. El sector más radical de los revolucionarios se hizo con el poder encabezado por los jefes militares José Miguel Carrera y sus hermanos, quienes propusieron reformas como la supresión del tráfico de esclavos, el acceso de las capas populares a la educación, y la libertad de prensa. Creó una nueva provincia, Coquimbo, e intentó limitar la influencia de la Iglesia.

No obstante, pronto este proceso comenzó a debilitarse. Desde el Perú, los españoles enviaron tropas que invadieron Chile. José Miguel Carrera fue derrotado, pero Bernardo O'Higgins, otro patriota criollo, logró detenerlos en el río Maule. Se firmó una tregua no respetada por los españoles realistas, y finalmente O'Higgins y sus tropas cayeron vencidos en Cancha Rayada el año 1814. Finalizaba la primera etapa de la revolución chilena y los españoles entraban en Santiago.

El Río de la Plata

En los hechos, la Junta de Buenos Aires, instalada en mayo de 1810, fue la segunda en orden cronológico en Hispanoamérica. Los criollos de Buenos Aires y Montevideo, ciudades que desarrollaban una fuerte actividad comercial, reclamaban la libertad de intercambio con naciones extranjeras. Pese a todo, el antagonismo regional entre ambos puertos hizo que la ciudad de Montevideo no se aliara con los patriotas de la otra orilla del Plata, aunque los habitantes del interior de la Banda Oriental (hoy República Oriental del Uruguay), sí se incorporaron a la revolución. La resistencia opuesta por

Simón Bolívar, rodeado de sus generales, es aclamado por las calles de Bogotá, tras su victoria sobre las tropas españolas

los españoles de la capital del virreinato fue superada por los insurrectos, a cuyo frente se encontraban Mariano Moreno, uno de sus ideólogos, Manuel Belgrano, jefe de las milicias criollas, Cornelio Saavedra y Juan A. Paso. Constituida el 25 de mayo de 1810, la Junta, si bien no proclamó de inmediato la independencia, se convirtió en el gobierno regional y exigió de las regiones que de ella dependían (Alto Perú, la Banda Oriental y Paraguay), que acataran su autoridad.

Pero tan sólo una parte del territorio aceptó el gobierno de la Junta de Mayo.

Montevideo se convirtió en el foco españolista de la región y mantuvo el dominio de la flota, ya que en la ciudad estaba situado el Apostadero Naval de los españoles en el Atlántico Sur. Paraguay no reconoció a las autoridades de Buenos Aires; pero a su vez en 1813 destituyeron a las autoridades españolas, convocaron un Congreso, y proclamaron la independencia. La Banda Oriental, con la excepción de la ciudad de Montevideo, se unió a la revolución rioplatense. En 1811, los hombres del territorio se agrupan bajo la conducción de caudillos locales y reconocen como general en jefe a José Gervasio Artigas. Pero mientras que en casi toda la América Española, con la excepción de México en 1810, las fuerzas revolucionarias estuvieron integradas por milicias urbanas, en la Banda Oriental el ejército patriota se formó con mayoría de pequeños hacendados, *gauchos,* peones rurales e indios, que seguían a Artigas. No obstante, mientras que en Argentina la revolución se consolidaba, pese a las derrotas sufridas por los criollos en el Alto Perú, en la Banda Oriental los hechos fueron distintos. En primer lugar, porque el gobierno de Buenos Aires concertó un armisticio con los realistas para evitar su avance, y esto obligó a las fuerzas de Artigas a retirarse en lo que se llamó el *éxodo* del pueblo oriental. En segundo lugar, porque en 1816 las tropas portuguesas invadieron la Banda Oriental desde Brasil, y comenzó una etapa negativa para la emancipación perseguida por las tropas artiguistas, ya que el Directorio, recién constituido en Buenos Aires, enfrentado a sus propios problemas, no se comprometió en la defensa de sus aliados de la otra orilla del Río de la Plata.

6. La independencia

Si entre 1816 y 1817 el impulso revolucionario parecía detenido, ya que los realistas controlaban toda la América española, con excepción de Buenos Aires, en realidad comenzaba entonces el período decisivo para alcanzar la independencia. En parte debido a la reacción de los patriotas criollos, que consiguen recuperar posiciones, y también porque se preparaban dos grandes campañas continentales que, finalmente, habrían de confluir sobre el principal enclave españolista en América del Sur: el territorio del Perú. Desde el norte, las tropas conducidas por Simón Bolívar, y desde el sur las comandadas por José de San Martín, abrirán las grandes vías del continente a los ejércitos patriotas y se concentrarán sobre Lima y otros baluartes españolistas, hasta lograr la total emancipación política americana.

Indepencia de México y América Central

La derrota de Hidalgo primero y Morelos más tarde puso fin a los grandes movimientos de masas indígenas, pero no eliminó los grupos guerrilleros, que continuaron la resistencia en algunas zonas aisladas. El movimiento revolucionario pasó, a partir de entonces, a otras manos, y uno de los militares criollos que había contribuido al aplastamiento de la insurrección de Morelos se convirtió en el nuevo jefe. Este personaje fue Agustín de Iturbide, quien unió sus fuerzas a las de Vicente Guerrero, uno de los guerrilleros todavía imbatido, y proclamó el llamado *Plan de Iguala.* Se trataba de un planteamiento conciliador, que bajo las denominadas *Tres Garantías:* religion, independencia y unión, intentaba reunir la religión católica, los distintos estratos sociales, incluidos los europeos, y proclamar la emancipación. El efecto fue inmediato, en un momento en que los liberales habían tomado el poder en España, y muchos núcleos sociales en México rechazaban someterse al nuevo gobierno

Derrotadas las fuerzas españolas, se firmó el Tratado de Córdoba e Iturbide proclamó la independencia. Sin embargo, Iturbide no vaciló en proclamarse emperador como Agustín I, y pronto movió los hilos de su política para incluir en ese imperio a la antigua Capitanía General de Guatemala, es decir, las provincias de la América Central. Pero la estabilidad de su gobierno fue puesta al descubierto por la resistencia de algunas provincias, que aspiraban a la instauración de la república en México. Una rebelión conducida por Antonio López de Santa Anna y Guadalupe Victoria, dos antiguos revolucionarios, que en 1823 derrocaron a Iturbide y éste abandonó el país.

La caída del imperio en México facilitó la definitiva independencia de América Central. Hombres como el capitán general Gabino Gainza, quien instaló una junta bajo la

Monumento a Bolívar y San Martín erigido en la ciudad ecuatoriana de Guayaquil

presión de los criollos, Vicente Fisola, que decidió convocar un congreso, o líderes doctrinarios como el hondureño Cecilio del Valle, precipitaron la emancipación. La forma de gobierno decidida por los cinco países surgidos con la independencia: Guatemala, El Salvador, Nicaragua, Honduras y Costa Rica, fue la confederación, denominada Provincias Unidas de América Central.

La Gran Colombia

El regreso a la lucha del revolucionario Simón Bolívar tuvo lugar en enero de 1816, gracias al apoyo prestado por el presidente de la república de Haití, Alejandro Petion. Su primera incursión resultó un fracaso, pero el gobierno haitiano le prestó nuevo apoyo para una segunda expedición. Decretó la libertad de los esclavos, y aprovechó los errores del capitán español Morillos, que se había desprendido de las hordas de llaneros luego de la muerte de Boves. Bolívar, con el auxilio de un caudillo de los Llanos, José Antonio Páez, incorporó los temibles jinetes de los Llanos a la revolución. Con ellos se apoderó de los accesos al Orinoco, y tomó Angostura, donde estableció la capital revolucionaria. Desde allí, en 1819, emitió el discurso donde trababa los planes para crear la Gran Colombia por la reunión de Venezuela y Nueva Granada.

Al igual que San Martín en 1817, Bolívar cruzó con sus tropas las heladas cumbres de la cordillera de los Andes, tras lo cual derrotó a los españoles en sucesivos encuentros y entró triunfante en Bogotá. De regreso a Angostura, constituyó la república de Colombia y lanzó su ofensiva contra las regiones venezolanas todavía en poder de los realistas. Venció en la batalla de Carabobo y entró en Caracas, donde fue proclamado *Li-*

La independencia poco significó para la población más desheredada como esta campesina peruana

bertador. Poco después, el territorio de la actual Panamá se liberó de los españoles y se incorporó a la Gran Colombia. Más tarde, Antonio José de Sucre, uno de los generales de Bolívar, destruía las posiciones realistas en Pichincha y liberaba la región de Quito y su puerto de Guayaquil.

Emancipación de Chile

Sería José de San Martín, un general criollo formado militarmente en España, quien planifica la campaña continental desde el sur, destinada a liberar definitivamente Chile y expulsar a los realistas de la ciudad de Lima. En 1817, luego de una cuidadosa preparación, realiza el cruce de los Andes con su ejército, para derrotar a los peninsulares en Chacabuco. Pero hasta la decisiva batalla de Maipú, los patriotas no lograron hacerse dueños del territorió chileno. Para continuar su proyecto, San Martín dejó al chileno Bernardo O'Higgins en el cargo de director supremo y preparó la expedición libertadora de Perú. Para dirigir la acción naval contó con un inglés, Thomas Cochrane, que se demostró eficaz en combatir a los navíos españoles en la costa del Pacífico y bloquear el puerto de El Callao. Con su ejército incrementado por los patriotas chilenos, San Martín hizo retroceder al ejército de José de la Serna, y en julio de 1821 se apoderaba de la ciudad de Lima. Luego de proclamar la independencia del Perú, todavía parcialmente controlado por el ejército español, fue investido por los limeños con el título de *Protector.*

Las últimas campañas

En Guayaquil tendría lugar, en 1822, la entrevista entre Simón Bolívar y San Martín, luego de la cual el general rioplatense dejaría en manos del venezolano la culminación de la campaña para liberar totalmente el Perú y el Alto Perú. Las tropas de Sucre ingresaron en Lima sin grandes dificultades, pero la independencia del resto del altiplano encontró mayores dificultades; en parte por lo numeroso del ejército español acantonado en la región, y además porque éstos controlaban las posiciones más estratégicas en la sierra. La llegada de Bolívar puso fin al caos existente en Lima, organizó la administración y decidió hacer frente a los realistas. Luego de la batalla de Junín, desastrosa para el ejército español, en diciembre de 1824 Sucre lograba en Ayacucho la victoria final para la independencia hispanoamericana. En 1825, el Alto Perú proclamaba también su independencia y juraba la Constitución que daba nacimiento a la república de Bolivia.

Descolonización de Brasil

El traslado de la corte portuguesa al territorio brasileño, en su huida de la invasión napoleónica, había producido cambios políticos y culturales en la región, y también desarrollado el interés por extender su dominio al antiguo virreinato del Río de la Plata. Estas pretensiones, alentadas por la princesa Carlota Joaquina, familiar del depuesto rey de España, Fernando VII, no pudieron concretarse por la oposición de los patriotas, pero provocó la invasión portuguesa de la Banda Oriental en 1816, y el control de la ciudad portuaria de Montevideo. Pero en la Penín-

sula surgieron cambios imprevistos. Luego de la derrota de Napoleón, el regreso de Fernando VII y la instalación de una monarquía constitucional en España como consecuencia de la revolución de Riego en 1820, tuvo lugar un movimiento similar en Portugal y Juan VI fue llamado a regir los destinos de su país en el nuevo clima liberal. La corriente liberal existente en Brasil, que ya había dado lugar a manifestaciones independentistas, recuperó vigor y propuso la separación de la metrópoli. El príncipe don Pedro era el candidato para encabezar este movimiento, y en 1822, en el llamado *Grito de Ipiranga*, se llamó a la independencia de Brasil. Luego de sucesivos fracasos de las tropas lusitanas, en 1825 Portugal accedió a reconocer la independencia.

A partir de entonces, la transición brasileña fue conducida por uno de los miembros de la Casa de Bragança: el emperador Pedro I.

La independencia de Uruguay

Con los triunfos de San Martín en el Alto Perú, el gobierno de Buenos Aires pudo dedicarse a consolidar la revolución. Durante la etapa conocida por el Directorio se convocó un Congreso que en 1819 terminó de redactar la Constitución para dar forma jurídica al nuevo Estado. Pero las restantes provincias argentinas no aceptaron la forma centralizada de gobierno que ésta imponía, y comenzó una etapa de enfrentamientos entre los

Monumento a Simón Bolívar, muy frecuente en numerosas ciudades de América Latina

partidarios del sistema federal y los llamados unitarios, que aspiraban a la centralización del poder. Esta última corriente contó entre sus filas con Bernardino Rivadavia, cuya política hizo prosperar el puerto de Buenos Aires, amplió el territorio ganadero y creó una institución financiera, pero en pocos años había fracasado ante la resistencia que opusieron a su gobierno los caudillos de las provincias del interior del país. En 1828 Argentina entraba en una etapa de vacío de poder y un hacendado de Buenos Aires, Juan Manuel de Rosas, se apoderó del gobierno bajo el lema del federalismo.

En la otra orilla del Río de la Plata, los habitantes de la Banda Oriental, luego de la derrota de Artigas, sufrieron la dominación lusobrasileña desde 1820 hasta 1825. Ya en 1822 el cabildo de Montevideo había iniciado la resistencia contra los invasores, pero será en 1825 cuando un grupo integrado por 33 criollos nacidos en la Banda Oriental cruzan el río Uruguay para iniciar la segunda etapa de la revolución independentista, esta vez contra las fuerzas brasileñas. El rápido apoyo de la masa rural les permitió cosechar victorias y extender su control sobre casi todo el territorio, con excepción de la amurallada ciudad de Montevideo. El conflicto se prolongó desde 1825 a 1827, y no sólo involucró a orientales y brasileños; también Argentina participó en apoyo de los revolucionarios. Las potencias europeas, que aspiraban a comerciar con la región, sobre todo Inglaterra, vieron con preocupación un conflicto tan prolongado y se llegó a una mediación. En 1828 se firmó una Convención Preliminar de Paz, que sellaba la independencia de la Banda Oriental, una solución apoyada tanto por Gran Bretaña como por los dos países limítrofes, Brasil y Argentina. Con la Constitución de 1830, cobraba forma un nuevo Estado: la República Oriental del Uruguay.

Bibliografía

CÉSPEDES DEL CASTILLO, Guillermo
    1988   *La independencia hispanoamericana*. Madrid: Anaya.
DOMÍNGUEZ, Jorge II
    1980   *Insurrección o lealtad. La desintegración del imperio español en América*. México: Fondo de Cultura Económica.
HALPERIN DULES, Julio
    1985   *Reforma y disolución de los imperios ibéricos, 1750-1780*. Madrid: Alianza Editorial.
LYNCH, John.
    1976   *Las revoluciones hispanoamericanas, 1808-1826*. Barcelona: Ariel.
LYNCH, John; MARTÍNEZ DÍAZ, Nelson; BRIAN R. Hamnett y otros (Coord. Manuel LUCENA SALMORAL)
    1988   *Historia de Iberoamérica*, t. III. *Historia contemporánea*. Madrid: Cátedra.
MARTÍNEZ DÍAZ, Nelson
    1989   *La independencia hispanoamericana*. Madrid: Historia 16.

2. 1825-1900: Del caudillismo a la modernización

1. Las economías exportadoras

Para las élites de la post-independencia la tarea urgente era normalizar la vida política y, al mismo tiempo, restaurar una estructura productiva de cuya normalización dependía el desarrollo económico. Pero las esperadas transformaciones enfrentarían numerosos problemas. En parte, si la guerra de independencia produjo destrucciones, las bases materiales que sustentaban la economía no habían sido modificadas. Ganadería, plantaciones, minería, sobrevivían a la revolución sin demasiados cambios) y mantuvieron los rasgos de la mono-producción.

Economías que muchas veces competían entre sí, hacían difícil, entre otros problemas, la unidad continental reclamada por Simón Bolívar en el Congreso de Panamá convocado en 1826. Era el caso de los productores azucareros de Brasil, la costa peruana, que tenían a la vez como rival a Cuba, todavía en poder de España; los plantadores de cacao de Venezuela y Guayaquil; los ganaderos del norte de México, Río Grande do Sul en Brasil, Argentina y Uruguay. Poco más tarde la exportación de café opondrá países como Salvador y Guatemala en Centroamérica, Colombia y Brasil. Todos harían esfuerzos para lograr un sitial de privilegio en el mercado mundial. Y estos antagonismos se reproducían con frecuencia en el interior de las repúblicas lati-

Plaza Mayor de Bogotá un día de mercado a comienzos del siglo XIX, por J. Santos Figueroa

El transporte de mercancías en el siglo XIX se hacía siempre en condiciones precarias como muestra este grabado de la época

noamericanas. Allí estaban, por ejemplo, los intereses de las burguesías portuarias, vinculadas al comercio internacional y partidarias del libre cambio, enfrentadas a unos sectores artesanales de las provincias interiores, productores para el mercado regional, que defendían su espacio comercial ante la invasión de artículos extranjeros. Incluso algunos países, durante este período de transición, dividen sus zonas interiores en comerciales y productoras, con el propósito de responder con rapidez a las demandas del mercado internacional.

En la segunda mitad del siglo XIX, el ingreso en el mercado mundial produjo la especialización de grandes áreas latinoamericanas, que pueden distribuirse así:

a) *Economías ganaderas y de agricultura.* Tienen sus representantes más claros en países como Argentina y Uruguay, así como los valles centrales de Chile, la provincia de Río Grande do Sul en Brasil y el norte ganadero de México. En los países del Cono Sur creó, en el siglo XIX, una sociedad dependiente de las exportaciones de carne, lana o cereales. La salida del producto por las grandes ciudades portuarias alentó el crecimiento de capas medias por el desarrollo del sector servicios y el comercio, y también surgió una industria, limitada a la demanda local, que dio nacimiento a una todavía reducida clase obrera.

b) *Economías de plantación.* Se divide en dos tipos: 1) aquéllas que, como en Brasil y Colombia, cultivan el café, o la costa peruana y Cuba, que producen azúcar y están controladas, en su mayor parte, por empresarios locales; 2) las que se desarrollan bajo la hegemonía de firmas extranjeras, como parte de la costa colombiana y los países de Centroamérica donde la *United Fruit Company* ejerce su monopolio sobre la producción del banano. Se trata de economías que utilizan mano de obra rural.

c) *Economías de enclave minero.* Originada por la extracción de productos del subsuelo, por lo general concentrada en reducidos espacios de territorio. En Chile, la minería del cobre comenzó a desarrollarse en el norte a cargo de empresarios nacionales, e impulsó el desarrollo urbano de ciudades como Santiago. También la explotación del salitre pasó, al fin, a manos británicas y luego la del cobre a empresas norteamericanas. En Bolivia la extracción del estaño ha estado a cargo de empresarios nacionales, pero que derivan su producto al exterior. La aparición de yacimientos petrolíferos en México y Venezuela, al filo del siglo actual, atrajo primero a las empresas anglo-holandesas y luego a las de Estados Unidos.

2. Política y sociedad

Por otra parte, si el orden político colonial había sido quebrado como resultado de la acción revolucionaria, la sociedad mantuvo intactos, durante largo tiempo, viejos rasgos y antiguos comportamientos sociales en el interior de los marcos institucionales innovadores. Comenzó, entonces, un lento proceso para consolidar los Estados nacionales.

El pretorianismo, la tendencia de los militares surgidos de la independencia a imponer su autoridad, ha sido uno de los problemas desestabilizadores para la vida institucional latinoamericana en la primera mitad del siglo XIX. No obstante, en la tarea de reconstrucción nacional, la anarquía impuesta por las tendencias caudillescas de cada región sólo podía ser resuelta por la autoridad de esos caudillos de la independencia. Así, un personaje como José Antonio Páez en Venezuela, unifica el país y asume la presidencia de la república; la Confederación Peruano-Boliviana es obra del general Andrés de Santa Cruz, surgido de las tropas de Bolívar; Francisco Morazán gobierna la República Federal de Centroamérica; Antonio López de Santa Anna se convertirá en presidente de México; Fructuoso Rivera primero y Manuel Oribe después serán presidentes de Uruguay; el caudillismo hace turbulenta la vida argentina hasta que uno de ellos, Juan Manuel de Rosas, impone su poder y gobierna desde Buenos Aires.

Los cambios de gobierno, pese a la existencia de constituciones para regular la vida de los Estados, respondieron en la primera mitad del siglo a la primacía de una facción política, a la imposición de un grupo oligárquico sobre otro. Y pese a unos gobiernos que residían en los medios urbanos reconocidos como capital en cada país, en los hechos la hegemonía política era ejercida por los caudillos rurales. El *caudillo* en América española, y el *coronel* en la América portuguesa, ejercían en realidad el poder. No significaba, sin embargo, que las masas desposeídas e iletradas fueran partícipes de este predominio. El caudillo, en el ejercicio del señorío sobre una región, estuvo tan poco dispuesto a permitir la participación de las masas en el gobierno como las élites urbanas. El destino de las clases

Inauguración oficial del primer ferrocarril construido en Guatemala que enlazaba la capital con Amatitlán

bajas era ser explotadas como mano de obra y utilizadas en las filas de las guerras interoligárquicas. Los terratenientes armaron a sus peones para enfrentar el poder central, cuando éste era controlado por el bando contrario, en las guerras civiles entre centralismo y federalismo en los países latinoamericanos.

En toda América Latina se enfrentaron, durante el siglo XIX, dos bandos políticos, mejor definidos por sus tomas de posición sobre la forma de organizar el Estado, que por sus programas de fondo ante las necesidades de los estratos inferiores de la sociedad. Eran los *liberales* y los *conservadores.* A esta confrontación política se suma la surgida entre partidarios del *centralismo* y adeptos al *federalismo.* La amplitud de las diferencias surgidas entre ambos sectores de la oligarquía tiene su origen, por lo general, en el desarrollo histórico de cada región, y en su conformación social.

En el caso de liberales y conservadores, se oponen entre sí posiciones políticas que responden a distintas visiones del mundo. Los conservadores pretendían ingresar a la época independiente con escasas transformaciones en la sociedad. En muchos casos se resistieron a derogar leyes como el mayorazgo, e incluso a la eliminación del tributo indígena, como en Perú, o a la derogación de la esclavitud, porque según sus puntos de vista estas medidas atacaban el sagrado derecho de propiedad. Pero la piedra de toque de su enfrentamiento con los liberales fue la Iglesia. Para los *conservadores,* la ideología liberal llevaba el germen de la anarquía y el desorden, puesto que sus reformas destruían un orden tradicional, y atacaban a la Iglesia, despojándola del poder que hasta entonces le había permitido tener fuerte influencia sobre la sociedad. Además, el liberalismo ofrecía a las masas unas peligrosas expectativas de cambio social.

Los *liberales,* a su vez, abolieron el mayorazgo, el tributo indígena, impulsaron la derogación de la esclavitud, y propusieron la supresión de la gran propiedad eclesiás-

Grupo de indígenas ecuatorianos acampan en las proximidades del volcán Chimborazo, pintura de la época

tica y de las extensiones de tierras pertenecientes a las comunidades indígenas. Estas reformas económicas iban de la mano con la idea de crear un mercado de mano de obra libre, en el interior del país. La desamortización de la propiedad eclesiástica, así como de las comunidades indígenas, tenía como finalidad colocar en el mercado una masa de tierras capaz de producir el nacimiento de unas capas medias rurales. Significaba, además, en el caso de la Iglesia, la destrucción de los últimos rasgos de un sistema feudal. Esto llevaba implícito la separación de la Iglesia y el Estado, así como la idea de imprimir un sello laico a la enseñanza y a la sociedad en general, alejando la educación de toda influencia religiosa. Se trataba de llevar a la práctica planes de modernización. Estos incluyeron la atracción de inmigrantes para poblar los grandes espacios vacíos, de capitales para dar mayor dinamismo a unas economías en recuperación, y la implantación del librecambio en el comercio con otros países.

3. Los marginados: indios y negros

La igualdad ante la ley que la política liberal otorgaba, no fue, en realidad, aplicada a todos los habitantes. El caso de la población indígena es demostrativo de ello. Si en algunos países había sido muy reducida ya desde la época colonial, en otros, como México o los Estados andinos, representaba hasta el 50 por 100 del total de habitantes. Las formas de aplicar soluciones al problema indígena fueron distintas, según las regiones. En México y los Andes, donde los indios tenían formas de vida sedentarias y eran utilizados como mano de obra desde el período colonial, se aplicó la legislación liberal y el indígena fue integrado al mercado libre de trabajo luego de haber sido despojado de las tierras pertenecientes a las comunidades. Este hecho, en realidad, no incrementó la clase media rural como esperaban los reformistas liberales, sino que propició la concentración de grandes extensiones en manos de particulares con gran poder económico, que aumentaron así el tamaño de sus haciendas, a la vez que se producía un empobrecimiento del indio.

En los países donde el indígena tenía formas de vida nómada, o seminómada, y resistía su integración al trabajo de minas o haciendas, los gobiernos se apoderaron de sus territorios por medio de excursiones militares. Así ocurrió en Argentina durante la época de Rosas, cuando se llevó a cabo la primera *campaña del desierto* contra los indios que habitaban el sur de la Pampa. La reducción de los indígenas en los territorios más alejados e inhóspitos, o su exterminio en sucesivas campañas militares, fue la política seguida en estos casos; unas veces para pacificar la región, otras para extender las estancias ganaderas en las tierras ocupadas por el indio.

También la población negra resultó mayoritariamente marginada en el desarrollo del siglo XIX. Durante la independencia muchos países decretaron la *libertad de vientres,* lo que equivale a decir que nadie nacería ya esclavo en esa nación. Pero excepto en Haití, que se convirtió en una república negra después de la revolución iniciada por Toussaint Louverture, en las demás naciones latinoamericanas la abolición de la esclavitud fue demorada. Algunos esclavos fueron liberados para formar parte de los ejércitos de la independencia, como ocurrió con el decreto de Simón Bolívar, que encontró sin embargo fuerte resistencia entre los propietarios de plantaciones de cacao en Venezuela. Pero en general, si se tomaron medidas para la lenta extinción de esa institución, el esclavo era propiedad privada y los Estados, con sus finanzas muy debilitadas, no podían comprarlos y liberarlos. De tal modo, la transformación de las economías, que ya

Campesina ecuatoriana ataviada con un traje típico (grabado coloreado del siglo XIX)

no requerían mano de obra esclava, y las prohibiciones impuestas internacionalmente a la trata de negros, hicieron que hacia 1850 se produjera su extinción. Quedaron, sin embargo, como excepción, Cuba todavía española, con una economía azucarera de plantación, que decretó la abolición definitiva de la esclavitud en 1886, y Brasil, cuyas plantaciones de café continuaron utilizando el esclavo negro hasta 1888.

Los compromisos en el plano social, que podían agitar demasiado las conciencias de unos seres marginados por las decisiones políticas, quedaron olvidadas. Una vez consolidada la revolución independentista, ambos bandos detuvieron las reformas, en beneficio de una pacificación interior, imprescindible para que las naciones europeas aceptaran el ingreso de un país en el mercado mundial. Al llegar los años ochenta del siglo XIX, la oligarquía, ganadera, de

Plaza Mayor o Zócalo de la capital mexicana con su inmensa catedral (pintura de la época)

No obstante sus propuestas de modernización, incluso los liberales más radicalizados veían el progreso con ojos elitistas, y esta concepción era aplicada a la sociedad en su conjunto. Las masas rurales, que en caso necesario se ponían en movimiento por la ascendencia de los caudillos, una vez restablecida la paz eran contempladas con temor por todos: liberales y conservadores.

plantadores o de mineros, había implantado su proyecto político. Éste permitía el dominio del Estado por reducidos núcleos económicos, manteniendo al margen de una participación efectiva en las elecciones a la mayoría de la población. En los primeros decenios del siglo XX se producirán los primeros cambios que harán entrar en la escena política a obreros y capas medias.

4. Los países independientes

México y Centroamérica

En México, la oposición entre tradición y renovación se manifiesta en dos logias masónicas de origen extranjero. Los *escoceses,* cuyo sustento ideológico era, precisamente, la masonería de rito escocés, se aferran al centralismo y tuvieron el concurso de Lucas Alamán, uno de los intelectuales mexicanos más brillantes de su época. Los *yorkinos,* surgieron de la influencia ejercida por logias creadas en Estados Unidos, concretamente en Nueva York; su ideología liberal que, en sus hombres más radicales, se inclinaba hacia el sistema federal de gobierno, tuvo una influencia de José María Luis Mora. A ellos se debe el impulso otorgado a las ideas desamortizadoras de los bienes de la Iglesia, y los intentos de reforma de la propiedad comunitaria para crear una capa de pequeños propietarios.

Los liberales, que acceden al poder con el mítico caudillo revolucionario Vicente Guerrero, serán desalojados de él por el general López de Santa Anna, luchador de la independencia, y victorioso en la expulsión de los españoles que intentaron la reconquista de México al mando del general Isidro Barradas en 1829. Durante el gobierno de Santa Anna se produce la escisión de Texas, en un decidido rechazo del centralismo impuesto por los conservadores, que apoyan al general victorioso. Pero, finalmente, en 1835 la extensa región de Texas será anexada por Estados Unidos, e igual suerte correrán en 1848 los territorios de Arizona, Nuevo México y California.

No obstante los esfuerzos modernizadores del núcleo liberal, México mantuvo una fisonomía de país agrario. El período de la Reforma, iniciado luego del derrocamiento del general Santa Anna en 1855, dio nuevos impulsos a las ansiadas transformaciones durante la presidencia de Benito Juárez. Pero la invasión europea primero, que pese al retiro de las tropas británicas y las españolas facilitó, en definitiva, la imposi-

ción del breve imperio de Maximiliano, así como las guerras civiles entre liberales y conservadores, obstaculizaron estos proyectos. La rebelión del general Porfirio Díaz en 1876, quien finalmente tomará el poder, pondrá fin a la etapa liberal. Comienza entonces una dictadura que cede el poder económico a los terratenientes y el capital extranjero, para lo cual impide toda protesta campesina por medio de los llamados *rurales,* al mando de un cacique local. El período, sin embargo, fue de crecimiento económico para algunos sectores de la población, por el desarrollo de la ganadería, las plantaciones azucareras, y la inversión extranjera en la explotación minera, el trazado de líneas férreas y el petróleo descubierto en el subsuelo mexicano. Las ciudades aumentaron de tamaño y en ella se volcó buena parte de la población campesina en busca de trabajo. Pero para la mayoría de los habitantes el progreso no significó nada; continuaron viviendo en penosas condiciones.

Centroamérica, unificada en la Confederación presidida por el hondureño Francisco Morazán, no puede conciliar los intereses de sus pequeños Estados. No sólo destruyeron la unión los problemas de una difícil comunicación entre las distintas áreas como consecuencia de una accidentada geografía, sino también los intereses contrapuestos de las oligarquías regionales. Además, aquí también se enfrentaron centralistas y federalistas. El sistema centralizado de gobierno era defendido por los conservadores, llamados también *serviles* por sus adversarios políticos. Los liberales, llamados unas veces *anarquistas* y otra *fiebres,* tenían un ala que defendía la tesis federal. Proponían, a la vez, la implantación de las libertades individuales, por lo que pedían la derogación de la esclavitud, rechazada por los plantadores, y pretendían la separación entre la Iglesia y el Estado.

Morazán, al tomar posesión de gobierno aplicó en buena medida las reformas liberales, e incluso confiscó propiedades de la Iglesia, además de establecer el matrimonio civil. Pero su gobierno le atrajo la oposición de los conservadores, quienes utilizaron la presencia de un excepcional caudillo, Rafael Carrera, con gran capacidad para movilizar a las masas de indios y mestizos. En parte como consecuencia de que varios países decidieron separarse de la Confederación, y también porque el apoyo recibido por los conservadores dotó a Carrera de un fuerte ejército, en 1839 Francisco Morazán abandonó la región centroamericana. Había fracasado el intento de unidad gestado en torno a las Provincias Unidas de Centroamérica.

Retrato de José Martí, líder de la independencia cubana (grabado coloreado del siglo XIX)

El fracaso de la Confederación demostró cabalmente las dificultades de implantar un proyecto liberal en una región tan compleja. Gracias a Rafael Carrera, apoyado por los grupos dominantes, los conservadores mantuvieron, desde 1840 hasta 1870, el centralismo sobre la región, ya que a su muerte le sucedió otro caudillo conservador. Pero a partir de 1871 los liberales recobraron sus fuerzas y protagonizaron una revolución acaudillados por Miguel García Granados y Justo Rufino Barrios, que les permitió recuperar el poder. La hegemonía de Carrera no impidió, sin embargo, que un curioso personaje norteamericano, William Walker, interviniera en Centroamérica desde el año 1855. Este aventurero, al mando de un grupo de mercenarios, entra en Nicaragua, al mando de un general liberal, y finalmente se apodera del gobierno. Una coalición formada por los países centroamericanos derrotó a Walker, quien sería fusilado en Honduras en 1860.

Con todo, la expansión de la demanda del café en los mercados mundiales facilitó cierta modernización en los países centroamericanos. Aparecen nuevos empresarios, se produce el crecimiento de las ciudades más importantes y algunas mejoras sociales que, no obstante, al finalizar el siglo XIX, aún no hacen mella en el latifundio tradicional, y tampoco benefician a los campesinos.

Los países andinos

También Venezuela conoció, una vez desaparecido Simón Bolívar, su lucha entre conservadores y liberales. Con todo, era una lucha entre familias poderosas, ya que si las constituciones incluían el derecho de voto, para ser elegido o elector era necesario tener ingresos elevados, o ser propietario. Por consiguiente, la sola vigencia de una constitución no garantizaba la paz, y las masas podían ser arrastradas a la lucha por los caudillos quienes, a la vez, imponían el orden, dada la ascendencia que ejercían sobre el hombre rural. Uno de éstos, José Antonio Páez, fue árbitro indiscutido de la vida política en Venezuela, ya que tanto los pardos como los llaneros respetaban al jefe militar que había combatido al lado del *Libertador*.

Presidente hasta 1835, apoyó la candidatura de José María Vargas, pero pronto se sucedieron los cambios en el gobierno, debido a las contiendas caudillescas, hasta que la oligarquía conservadora se consolidó en el poder a partir de 1840. Pero en 1847, José Tadeo Monagas, antes conservador, se pasó al bando liberal y con el apoyo de José Antonio Páez fue electo presidente. No obstante, el país quedó muy pronto sumido en la crisis económica cuando el café y el cacao sufrieron la caída de los precios internacionales. Al promediar el siglo XIX, los problemas financieros y las crisis políticas perpetuaban la inestabilidad en el país. Será durante la presidencia de Guzmán Blanco, a partir de 1870 y prolongada como dictadura hasta 1887, que tienen lugar los ensayos más importantes para atraer la inversión extranjera y modernizar el país. Minería primero, el café luego, impulsan la economía. Cierta megalomanía del jefe de gobierno intenta convertir Caracas en una ciudad al estilo europeo, con grandes bulevares y edificios monumentales. Algunos de ellos, sin embargo, quedaron para la cultura del país, como el teatro, el Museo de Historia Natural o el Instituto de Bellas Artes. A Guzmán Blanco lo sucederán una serie de gobiernos hasta 1899. En esa fecha, el general Cipriano Castro, representante de la región andina, productora de café, encabeza una revolución que acaba desplazando del poder a la oligarquía terrateniente de los Llanos, también conocidos como los *mantuanos.*

La élite conservadora de Colombia se instaló en el gobierno con un centralismo fuerte, aunque incapaz de erradicar el caudillismo. Pero en 1848 los electores dieron la presidencia a los liberales. Si los conservadores habían restablecido el poder de la Iglesia sobre la sociedad, y hasta le devolvieron propiedades, el liberalismo, en la Constitución de 1853, abolió la esclavitud, derogó los privilegios eclesiásticos, e impuso la libertad de imprenta y la enseñanza gratuita. El período de gobierno liberal se prolongó hasta 1880, pero no por ello las masas serían beneficiadas, puesto que la oligarquía continuó su dominio de los sectores productivos. En las dos últimas décadas del siglo los grupos dominantes de Colombia negociaron un sistema de relevo político en el gobierno entre liberales y conservadores. La Constitución aprobada en 1886, du-

rante la presidencia de Rafael Núñez, implantó un centralismo fuerte, que respondía a las ideas del llamado regeneracionismo impulsado por el jefe de Estado. Pero los partidarios del federalismo no aceptaron la nueva situación, y la guerra civil conmovió el país entre 1895 y 1902. En este último período se produce la escisión de Panamá, que se convierte en república independiente con el apoyo de Estados Unidos.

En Ecuador, las diferencias étnicas eran también acusadas, con una minoritaria élite blanca, sectores mestizos y mayoritarios núcleos indios. Juan José Flores, venezolano de los ejércitos de Bolívar, luego de culminar su presidencia enfrentó la candidatura de Vicente Rocafuerte, un hombre culto y liberal que defendió las libertades individuales, la enseñanza laica, y todo lo que podía servir a la modernización del país. Electo desde 1835, éste hizo aprobar una constitución progresista, pese a lo cual se vio acosado por los caudillos conservadores. Electo nuevamente Flores en 1839, intentó perpetuarse al finalizar su mandato, un hecho que dio paso a la guerra civil. También en Ecuador se imponía el milita-

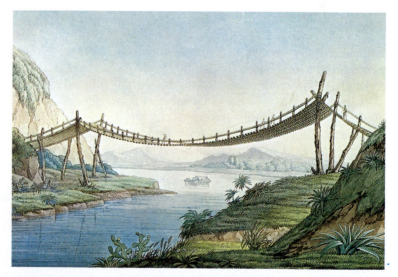

La complicada geografía andina obligaba a la construcción de este tipo de puentes para posibilitar las comunicaciones

rismo, y en 1852 accedió al gobierno el general José María Urbina. Apoyado por los liberales, impulsó medidas radicales, como la expulsión de los jesuitas y decretó la abolición de la esclavitud. Con Urbina gobierna el sector comercial de Guayaquil, siempre acosado por los residuos del *floreanismo,* y la sucesión de este presidente se convierte en una lucha entre diferentes bandos políticos, hasta que es designado presidente Gabriel Garcia Moreno en 1860.

Los quince años en el poder de este hombre que termina por instalar una dictadura teocrática logran, pese a todo, pacificar Ecuador. Para ello, García Moreno atiende las demandas de la Iglesia, propietaria de numerosos latifundios, a la vez que uno de los centros de presión más poderosos. El cacao, por entonces con altos precios de mercado, permitió cierta prosperidad económica; el jefe de Estado no descuidó desarrollar las vías de comunicación y proteger la agricultura. La educación fue confiada parcialmente a los jesuitas, al tiempo que contrataba profesores alemanes para la enseñanza superior. En 1875, el dictador García Moreno fue muerto cuando llegaba al Palacio de Gobierno. Se abría una sucesión presidencial que fue controlada por los conservadores hasta 1883. Intereses de los núcleos económicos de la Sierra y de la Costa complicaron la contienda política entre conservadores y liberales. En 1895, Eloy Alfaro, un caudillo que representaba a los plantadores de cacao de la costa y reunía el apoyo de los grupos comerciales de Guayaquil, encabeza una revolución liberal e introduce algunas de las reformas postergadas por los conservadores.

Perú y Bolivia parecieron estar unidas en un destino de inestabilidad política. Andrés de Santa Cruz se hizo con la presidencia de Bolivia luego de encabezar una revuelta militar y en 1834 impuso una constitución de signo liberal. En 1836, durante su presidencia, este caudillo logró unificar bajo una Confederación a Perú con Bolivia. Sin embargo, el resultado inmediato fue la división de Perú en un norte y un sur que se oponían políticamente, aunque se mantuvieron en el seno de la Confederación. Además, el surgimiento de un fuerte bloque en el norte de los Andes provocó el recelo de Argentina y Chile, que declararon la guerra a la Confederación. La batalla de Yungay, en 1839, culminó con la derrota de Andrés Santa Cruz.

El derrumbe de la Confederación alentó las ambiciones del general peruano Andrés Gamarra, un conservador que ya había gobernado como dictador en la década de los años treinta; intentó la anexión de Bolivia, pero en 1841 cayó muerto durante la batalla de Ingavi. Entre ese año y 1855 se sucedieron en Bolivia dos presidentes, el último de los cuales fue Manuel Isidoro Belzú. Entre ambos llevaron a cabo una serie de reformas, fracasadas en parte por la situación interna, pero que en el caso de Belzú estuvieron marcadas por métodos dictatoriales. La sucesión de este jefe de Estado abrió un nuevo período de revueltas armadas, hasta que el general Mariano Melgarejo implantó la dictadura entre 1864 y 1871. Su administración se caracterizó por el dominio de los grupos económicos más poderosos. En consecuencia, muchas comunidades indias fueron despojadas de tierras en beneficio de los latifundistas. Además, el salitre comenzó a ser explotado por un Tratado de Medianería con Chile. Esta decisión sembró la semilla de los desacuerdos fronterizos que llevaron, en 1879, a la guerra con Chile por el llamado *corredor del salitre.* Este conflicto culminó en la derrota de Bolivia que hubo de ceder parte de su territorio litoral, por lo cual quedó en situación mediterránea, sin puerto de mar. Al comenzar el siglo XX, un nuevo conflicto, esta vez con Brasil por las reservas caucheras de la selva amazónica, finaliza en el Tratado de Petrópolis de 1904, por el que Bolivia debe ceder a sus vencedores la extensión del Acre.

En Perú, Ramón Castilla ejerció su dominio en el poder desde 1844 hasta 1861. Los ingresos por la explotación del guano depositado por las aves marinas en las costas, y de gran importancia para la expan-

sión del cultivo agrícola en los países europeos, le permitió llevar a cabo algunos planes de desarrollo. Además, decretó la liberación de los esclavos y suprimió el tributo indígena, hasta entonces vigente en el país, pese a lo cual gobernó como dictador hasta 1856; a partir de ese año y hasta 1862 lo hace como presidente constitucional. Una guerra con España, cuya flota sería derrotada por una escuadra formada por Perú, Chile y Bolivia, y una sucesión de revueltas internas, forman parte de la historia peruana hasta 1872, cuando llega a la presidencia Manuel Pardo. Inmersos en la guerra del Pacífico por un Tratado con Bolivia, los peruanos pierden el territorio de Tarapacá. Entre 1886 y 1895 resulta imposible pacificar un país donde el poder se disputa entre caudillos militares. A partir de este último año, la oligarquía peruana se hace nuevamente con el poder encabezando un grupo denominado *civilista,* pero a través de una

revolución encabezada por Nicolás Piérola. Un período de crecimiento económico, sustentado en la explotación del caucho del Amazonas, permite desarrollar el área educacional, equilibrar las finanzas y mejorar la situación legal de los trabajadores.

Brasil: del imperio a la República

La única fórmula política que logró mantener cierta solidez, durante el siglo XIX, fue el imperio en Brasil. Ello no impidió que en el inmenso país gobernado por Pedro I surgieran focos revolucionarios en algunos Estados, como el intento separatista de Río Grande do Sul en la década de los años treinta. Pese a todo, el apoyo de los sectores liberales, la conciliación con la oligarquía de plantadores, así como la adhesión de los *coroneles* en el interior del país, ofrecieron garantías de estabilidad. Pero no fue suficiente para impedir el fracaso de Pedro I y su retiro a Portugal en 1831. Como Pedro II, su sucesor, era por entonces menor de edad, el poder fue asumido por regentes que designaba el parlamento.

Brasil era en 1840, al comenzar el Segundo imperio con la mayoría de edad de Pedro II, un país cuya población se concentraba mayoritariamente en las ciudades costeras, sobre el océano Atlántico. Los intentos de separatismo, surgidos en Río Grande do Sul con la revolución de los *farrapos* (harapientos), nombre que recibieron por los soldados pobremente vestidos que nutrían sus filas, y el levantamiento de Pernambuco, en 1848, fueron un mal comienzo para Pedro II. Con todo, rodeado de liberales, su administración fue reformista desde un gobierno de conciliación. Pese a sus recelos iniciales, la aristocracia terrateniente comprendió que las modificaciones estructurales planificadas por el emperador no serían demasiado importantes. Pero entre 1850 y 1870 Brasil se vio envuelto en la guerra de la Triple Alianza contra el Paraguay. Pese a todo, el país experimentó las transformaciones que impulsaba la demanda del café desde el mercado mundial. Al tiempo que se desplazaba por la geografía brasileña, el café creaba nuevas fortunas.

Las viejas oligarquías del *ingenio* azucarero fueron sustituidas por los nuevos empresarios del café, cuyas plantaciones avanzaron en un recorrido desde Pernambuco, pasando por Río de Janeiro y luego San Pablo. El tema de la esclavitud enfrentó, en el parlamento, a los abolicionistas y los propietarios de plantaciones de café desde 1850 hasta 1888. Poco a poco la inmigración europea comenzó a sustituir, con trabajadores contratados, a los esclavos negros. Al mismo tiempo, la banca británica se instalaba con agencias filiales desde el norte hasta el sur del país.

El mariscal Manuel Deodoro de Fonseca, que había surgido con gran prestigio de la guerra de la Triple Alianza, se convirtió en el vocero del ejército en sus reclamaciones ante el Emperador. En noviembre de 1899 encabezó una rebelión que tenía el respaldo de los republicanos y puso fin al imperio. Un Congreso constituyente dio forma al sistema federal y redactó una constitución que daba forma en Brasil al sistema republicano. De todos modos, el gobierno funcionaba por medio de una serie de acuerdos con los *coroneles,* o caudillos de cada Estado. Esto incrementó los conflictos locales entre las familias dominantes para hacerse con el

Tropas españolas en Cuba poco antes de la independencia de la isla antillana en 1898 (grabado coloreado)

poder. La pobreza en algunas zonas rurales era implacable, y esa situación desencadenó, entre 1893 y 1897, la rebelión en la zona de Canudos, estado de Bahía; un movimiento milenarista dirigido por la figura mesiánica de Antonio Conselheiro. Para aplastar esa rebelión fue necesario un año de intervenciones militares. Pese a todo, el Partido Republicano en el poder desplegó una serie de avances de cuño liberal y positivista. Pero la *República Vieja* había nacido, a su vez, con dos tendencias políticas opuestas que hipotecaban su futuro: una militarista y otra civilista, cuyos conflictos continuaron en los primeros decenios del siglo XX.

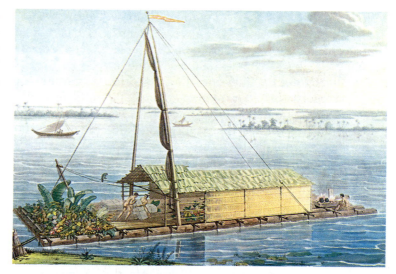

Transporte de mercancías en una barcaza en las proximidades de Guayaquil (pintura del siglo XIX)

El Cono Sur

Después de la revolución, Chile entró en un cauce de estabilidad institucional, que contrastaba con las guerras civiles de los países vecinos. La lucha política entre conservadores, o *pelucones,* y liberales o *pipiolos,* tuvo lugar en la prensa y en el parlamento. Como en otras repúblicas latinoamericanas, entraron en conflicto por la imposición del centralismo o el federalismo; el ámbito de las libertades individuales; la influencia de la Iglesia en la vida institucional y en la educación; o las reformas en la propiedad de la tierra. Pero desde 1830 el tradicionalismo y la oligarquía conservadora, impulsados por la extraordinaria capacidad política de Diego Portales, gobernaría hasta 1841. El general Joaquín Prieto contó con un sistema de centralismo fuerte, al tiempo que se imponía la enseñanza religiosa. Consagradas por la Constitución de 1833, estas fórmulas otorgaban el poder a los terratenientes. En los años siguientes Chile conoció el progreso económico sobre la base de una fuerte exportación de trigo y la explotación de la minería de Plata; y se extendieron en el período algunas líneas de ferrocarril. Los frutos de este crecimiento fueron recogidos por el presidente Manuel Bulnes, combatiente de la guerra contra la Confederación peruano-boliviana.

En 1850 los *pelucones* llegaban al poder con la candidatura de Manuel Montt, quien se mantuvo en la presidencia hasta 1861. Si defendía el sistema conservador, adoptó en cambio algunas ideas de los liberales: impulsó la modernización del país, desarrolló los ferrocarriles e introdujo otras reformas estructurales. También se produjo, en esa etapa, la expansión de la frontera agrícola y ganadera más allá del río Bío-Bío, tradicional frontera de los indios araucanos. Este hecho desencadenó una guerra que finalizó con la expulsión de los indígenas hacia el sur por el ejército chileno.

Con Federico Errázuriz se inicia una época de liberalismo moderado, durante la cual se impone el espíritu laico, pero sin tocar el problema de las relaciones entre la Iglesia y el Estado. La minería del cobre y la explotación de los yacimientos de plata ofrecieron prosperidad, al tiempo que junto a los empresarios nativos comenzaron a surgir nombres ingleses. Con todo, la igualdad social no era una realidad en Chile, y la anexión de los territorios salitreros luego de la Guerra del Pacífico tan sólo favoreció a los inversores británicos y un sector de la oligarquía nacional.

El gobierno de José Balmaceda, desde 1886, al tiempo de intentar un debilitamiento del bloque conservador en beneficio de los sectores medios, enfrenta a las poderosas empresas británicas decidiendo nacionalizar la explotación del nitrato. En 1891, una revolución financiada por John North, un poderoso financiero británico, derribó a Balmaceda, quien finalmente se suicidó. Comenzaba una época durante la cual la oligarquía controlaba el Estado a través del parlamento.

En Argentina, Rosas también se enfrentó a las provincias del interior del país que rechazaban ser gobernadas desde Buenos Aires. Sus opositores tuvieron como caudillo a Justo José de Urquiza, gobernador de Entre Ríos. La generación liberal de 1837 desde el exilio, y el enfrentamiento con los intereses comerciales de franceses e ingleses, perjudicados por la regionalización de la guerra, debilitaron la posición de Rosas. Una escuadra de ambas potencias entró en el estuario del Río de la Plata y bloqueó Buenos Aires entre 1843 y 1845; una flotilla de ambas naciones forzó la resistencia en el río Paraná, acompañando buques mercantes, pero sin éxito comercial debido al rechazo de las poblaciones. Entretanto, un ejército partidario de Rosas invadía Uruguay, pero luego se vio forzado a retirarse por la intervención de las fuerzas de Urquiza en apoyo del gobierno de Montevideo.

Y sería Urquiza quien desalojaría del poder a Juan Manuel de Rosas. Sin embargo, el caudillo victorioso no lograría la continuidad en el gobierno, pues sería, a su vez, derrotado por el general Bartolomé Mitre. Argentina entraba, casi de inmediato, en la guerra de la Triple Alianza contra el Paraguay, entre 1865 y 1870. Además, el caudillismo rebrotaba con fuerza en jefes *monto-*

neros, como el *Chacho* Peñaloza en la provincia de La Rioja, Ricardo López Jordán en la de Entre Ríos, o Felipe Varela, también de La Rioja. Es la época de pacificación de la campaña por medio de la represión a los *gauchos,* narrada en el *Martín Fierro,* de José Hernández. Pero es también la etapa de desarrollo de los ferrocarriles, por lo general a cargo de compañías británicas y francesas; y de la expansión de amplias zonas agrícolas por los inmigrantes llegados desde Europa al puerto de Buenos Aires.

A partir de 1880, con la presidencia de Julio Argentino Roca, la oligarquía terrateniente completa su proyecto: modernización del país, inversión extranjera, desarrollo de infraestructuras para la exportación, y expansión de la frontera ganadera. Para ganar tierras al territorio ocupado por los indios, se organizó la segunda *campaña del desierto* dirigida por el general Roca. Todo parecía controlado, pero durante el gobierno de Juárez Celman estalla una crisis económica en 1890. El movimiento político de la Unión Cívica Radical protagoniza ese mismo año una revolución contra el gobierno, dirigida por Leandro N. Alem. Será controlada con rapidez, pero es un síntoma de que nuevas fuerzas sociales reclaman un espacio en la vida política. Y éstas se harán presentes al llegar el siglo XX.

El aislamiento a que fue sometido Paraguay con el doctor Francia se apoyó en una estructura económica y social diferente a sus países vecinos; el país intentó autoabastecerse, y los terratenientes habían sido alejados del poder para ser sustituidos por el Estado, que controló la producción del agro y el comercio. Pero la situación de los campesinos continuó sin modificarse, y los sectores urbanos tuvieron poca diversidad debido a la inexistencia de un comercio internacional. El sucesor de Francia, Carlos Antonio López, dotó a la estructura social y económica de mayor movilidad. Inició la modernización del país, impulsó la educación, y alentó la industria local. Hacia 1860 el Paraguay comenzaba a asomarse al mundo a través de los ríos Paraguay y Paraná, hacia el Río de la Plata. Cuando Francisco Solano López llegó al poder, en 1862, Paraguay no había salido de los gobiernos autoritarios, pero se estaba modernizando con escasa ingerencia extranjera, y el nuevo presidente intentó ofrecer bienestar a capas más extensas de la sociedad.

El problema del acceso fluvial enfrentó a Paraguay con Brasil, y luego con Argentina. Un conflicto regional complicado, que decidió a Solano López a invadir la provincia brasileña de Matto Grosso, desencadenó en 1865 la llamada guerra del Paraguay, o de la Triple Alianza, puesto que en ella intervienen, contra los paraguayos, los ejércitos

Palacio del Presidente de la República en Managua, Nicaragua (grabado coloreado de finales del siglo XIX)

combinados de Brasil, Argentina y Uruguay. Pese a que los aliados estimaban que se trataría de una incursión relámpago, el conflicto se prolongó cinco años. En su curso, miles de hombres del ejército aliado dejaron su vida en territorio guaraní. Los paraguayos sufrieron una impresionante sangría, y el propio Solano López perdió la vida en 1870, combatiendo junto a un puña-

do de hombres en las orillas del río Aquibadán. Doscientas mil personas, la mitad de la población del Paraguay, habían muerto defendiendo su país. El desastre demográfico fue de tal magnitud que en los primeros decenios del siglo actual todavía era visible.

En Uruguay, la independencia dio paso a una reorganización de las fuerzas internas, que se nuclearon en torno a los caudillos. El primer presidente fue Fructuoso Rivera y le sucedió en el cargo Manuel Oribe. Pero ambos sufrieron el acoso de las revueltas protagonizadas por sus opositores. Surgieron así dos bandos que se convertirían en partidos políticos, definidos por el color de sus emblemas: *blanco* el de los seguidores de Oribe, y *colorado* el que portaban los partidarios de Rivera. Los blancos se vincularán con el federalismo, y los colorados con los unitarios o centralistas. La consecuencia de estas posiciones hará que Manuel Oribe, en su conflicto con el gobierno colorado de Montevideo, trabe una alianza con Juan Manuel de Rosas y en 1838 dará comienzo la donominada *Guerra Grande*. Se trata de un conflicto ampliado al ámbito regional, e internacionalizado cuando franceses y británicos toman posición con sus escuadras en el Río de la Plata, decretando el bloqueo de Buenos Aires. La guerra finalizó en 1851, dejando al país en un penoso estado económico, del que se recobraría con lentitud.

No obstante, en 1860 accede a la presidencia Bernardo P. Berro, quien se mostrará respetuoso de los preceptos constitucionales, y con dotes para alentar el crecimiento económico y la modernización. La recuperación de la hacienda ganadera, la expansión productiva de los *saladeros* de carne, y los ingresos del creciente comercio exterior, dieron nuevo vigor a la economía. Pero las desavenencias con la Iglesia por temas de soberanía estatal; con Brasil por el intento de hacer efectiva la nacionalización de unas fronteras sobre las que evaluaban las estancias brasileñas, y el enfrentamiento con el caudillo Venancio Flores, desembocaron en una crisis institucional. Una invasión de las fuerzas de Flores desde Buenos Aires, con el apoyo del gobierno argentino del general Mitre y la intervención de la escuadra brasileña, desalojó a Berro de la presidencia. Los años siguientes se caracterizaron por una situación interna inestable. Sin embargo, las inversiones inglesas comenzaban a fluir hacia el país para dominar las obras de infraestructura y la banca.

En 1873 se inicia un nuevo período político: el *principismo,* llamado así porque los hombres de gobierno, como reacción a los turbulentos años de caudillismo anteriores, pusieron su acento en la ideología liberal doctrinaria. Pero el país comenzaba a manifestar una serie de crisis que no pudieron controlar, y en 1875 el coronel Lorenzo Latorre se hizo con el poder mediante un golpe de Estado. Se inauguraba una etapa dictatorial de diez años de duración: el *militarismo.* Ésta debió ceder paso, sin embargo, a los gobiernos civiles. Pese a la crisis de 1890, que deterioró la economía de la región, el país entraba en una época de expansión económica y modernización, que sería culminada en los primeros decenios del siglo XX con las reformas democratizadoras impulsadas por José Batlle y Ordóñez.

Bibliografía

BEYHAUT, Gustavo y Hélène
   1986   *América Latina III. De la independencia a la segunda guerra mundial.* Madrid: Siglo XXI.
CARMAGNANI, Marcelo
   1976   *Formación y desarrollo de un sistema feudal.* México: Siglo XXI.
HALPERIN DONGHI, Tulio
   1975   *Historia Contemporánea de América Latina.* Madrid: Alianza Editorial.
HALPERIN DONGHI, Tulio
   1972   *Hispanoamérica después de la independencia.* Buenos Aires: Paidos.
LYNCH, John; MARTÍNEZ DÍAZ, Nelson,
BRIAN R. Hamnett y otros.
   1988   (Coord. Manuel LUCENA SALMORAL): *Historia de Iberoamérica,* t. III, *Historia contemporánea.* Madrid: Cátedra.
RAMA, Carlos M.
   1978   *Historia de América Latina.* Barcelona: Bruguera.
STANLEY, J. y STEIN Bárbara
   1970   *La herencia colonial de América Latina.* México: Siglo XXI.
VELIZ, Claudio
   1984   *La tradición centralista de América Latina. Barcelona: Ariel.*

3. El siglo XX

1. Nuevos tiempos, nuevos problemas

Los primeros decenios del siglo XX contienen elementos de diverso signo. Algunos de ellos fueron positivos, como el progreso económico general en la región, que hizo contemplar el futuro con optimismo; o el ascenso de nuevas fuerzas sociales en el interior de las repúblicas oligárquicas (era el caso de Chile, Argentina o Uruguay), que imponen sistemas políticos más democráticos, puesto que permiten expresarse en las elecciones a núcleos más amplios de la población. Una de estas fuerzas es el sector obrero. La inmigración masiva y el crecimiento urbano, así como la explotación más activa de la minería, dieron nacimiento a masas de trabajadores más activas que organizaron un combativo movimiento obrero. Las ideas anarquistas y socialistas predominaron durante las tres primeras décadas del siglo actual, e impulsaron muchas de las reivindicaciones para obtener mejoras en las condiciones de trabajo. Así nacieron, en esa época, la Federación Obrera de Chile, integrada sobre todo por los trabajadores de los yacimientos de salitre y de cobre; la Federación Obrera Regional Argentina, con ferroviarios y asalariados de las diversas industrias urbanas; la Federación Regional Obrera Uruguaya, integrada de forma similar; y la Confederacion Operaria do Brasil, que nucleaba a los obreros de las ciudades situadas en la fachada atlántica del país, ante todo en San Pablo y Río de Janeiro.

Crecen en número, a su vez, las clases medias, ya que sus filas se nutren de la in-migración, los empleos generados por la expansión de la enseñanza media y universitaria, el mayor desarrollo de las profesiones llamadas *liberales,* como la abogacía, la medicina, o la arquitectura. Otros sectores que crean nuevos integrantes de las capas medias son el pequeño comercio, la banca y una creciente burocracia. La industria, cuya presencia es todavía muy débil en la economía latinoamericana, ofrece una aportación muy escasa a este sector social. La clase media existente es ante todo urbana y se concentra en las grandes ciudades de América Latina; las capas medias rurales son muy reducidas en los primeros decenios del siglo, y en algunos países inexistentes. Por consiguiente, las presiones políticas ejercidas en el período por estos núcleos sociales estuvieron destinadas a reclamar beneficios económicos, y laborales para los medios urbanos, y mejoras en el acceso a la educación.

En 1910 tiene lugar en México la primera de las grandes revoluciones del siglo actual, que derriba una de las dictaduras hasta entonces más firmes de América Latina: la de Porfirio Díaz. Y en ese movimiento intervienen obreros y clases medias, aunque su componente más dinámico es la incorporación de las masas rurales dirigidas por caudillos regionales. A la vez, dos nuevas repúblicas surgen en el área de Centroamérica y el Caribe. Una de ellas es Cuba, luego de la derrota española en la guerra de 1898, y Panamá, escindida de Colombia en 1903.

Pero también existen sombras en el panorama latinoamericano. El *caudillismo* no ha sido totalmente erradicado del escenario político, y mantiene su capacidad, para desencadenar guerras civiles o tomas del poder, aunque reducida en parte por ejércitos mejor equipados. Los progresos en la economía no llegan a los bolsones de pobreza todavía muy amplios, e incluso hay regiones, como el Caribe, donde la sociedad exhibe una miseria flagrante. Por otra parte, surge un fenómeno político nuevo; la presencia de una potencia extra-rregional, inicia una serie de intervenciones militares en defensa de lo que considera sus intereses. En efecto, Estados Unidos anuncia sus propósitos de ejercer una hegemonía en el área a partir de la guerra hispano-norteamericana en Cuba. Esta intervención, por la cual se anexa Puerto Rico y domina durante largo tiempo los gobiernos cubanos, será seguida por el respaldo a los rebeldes panameños en 1903, a cambio de amplias concesiones en la zona del futuro Canal de Panamá. Se trata de una política iniciada por McKinley en 1898 con la guerra de Cuba; proseguida por Teodoro Roosevelt en 1904, con su interpretación de la *Doctrina Monroe,* y que sería continuada en 1912, con la primera invasión norteamericana a Nicaragua; el desembarco de los marines en Veracruz el año 1914, durante la revolución mexicana, y la intervención en Haití ese mismo año. Se ponía en práctica lo que se conoció por *política de las cañoneras.*

La respuesta de los países latinoamericanos al uso de la fuerza en las relaciones internacionales quedó expresada, en 1902, en la *Doctrina Drago,* presentada por el canciller argentino del mismo nombre, que rechazaba la intervención armada y la ocupación territorial como solución de los problemas entre países. Por lo demás, en muchos casos estas invasiones territoriales de Estados Unidos concluyeron en la imposición de dictaduras, que venían a sumarse a las ya existentes. Así, en el área se mantuvieron en el poder, por este método: la dinastía de los Somoza en Nicaragua; de los Trujillo en República Dominicana; Sudré Dartiguenave en Haití y Estrada Cabrera en Guatemala. Sostenidos en algunos casos por su adhesión a la política de Estados Unidos, en otros por grupos financieros de origen externo, además del apoyo de los reducidos sectores dominantes, los dictadores se convirtieron en el personaje clave de la región. Novelistas como el español Ramón del Valle-Inclán con *Tirano Banderas,* los latinoamericanos Miguel Ángel Asturias en *El señor presidente,* Gabriel García Márquez con *El otoño del patriarca,* o el británico Graham Greene en *Los comediantes,* han dejado testimonio literario de la existencia de una realidad opresiva.

En otras áreas de América Latina se advierte, también, el surgimiento de dictadores, que vienen a sustituir la figura del caudillo tradicional en gradual extinción. Uno de estos hombres fuertes que relevan al caudillo y se caracterizan por su larga per-

Pancho Villa, líder de la *revolución mexicana, fotografiado con una de sus esposas*

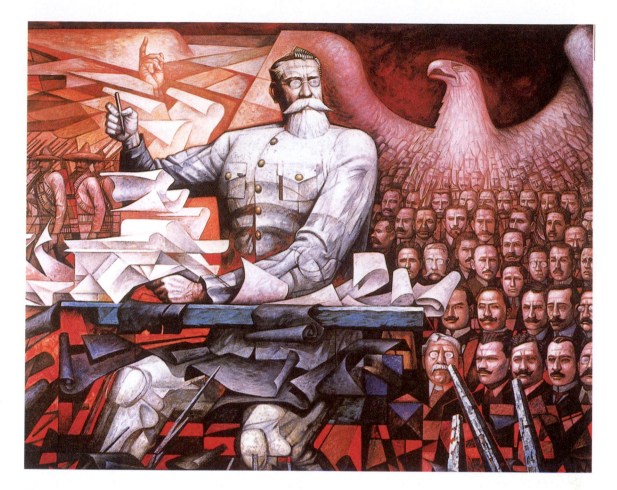

Venustiano Carranza, presidente mexicano durante la revolución, fue el encargado de dar forma a la nueva Constitución de 1917

manencia en el control del poder, fue Porfirio Díaz, en México (1870-1910); la lista puede continuar con Juan Vicente Gómez en Venezuela (1908-1935) y Augusto B. Leguía en Perú (1919-1930).

2. La revolución mexicana

Otro fenómeno a considerar es el impresionante ascenso de la demografía en el conjunto del continente. Desde los 60 millones de habitantes en 1900 salta a los más de 111 millones en 1930, llegando casi a duplicarse en tres décadas. En parte, el crecimiento de la población se debe a las oleadas inmigratorias llegadas desde los países europeos entre 1860 y 1914. La fachada atlántica del continente es foco de atracción para millones de emigrantes que salen desde Italia, España y Portugal en su mayoría, pero también arriban a los puertos de América Latina hombres procedentes de otras nacionalidades: franceses, ingleses, alemanes, y centroeuropeos. Son expulsados de sus países de origen por el desempleo, el hambre o las guerras, y buscan mejores horizontes para sus familias. Pero en buena medida, la demografía aumenta en algunas regiones, como Centroamérica o los países andinos, por el crecimiento natural. En estos casos, la progresión de las cifras es más lenta, aunque en algunas repúblicas centroamericanas la densidad demográfica es mucho más elevada que en el resto de América Latina.

Al comenzar el siglo actual, México tenía un 80 por 100 de población campesina; el resto se distribuía entre las clases medias urbanas, obreros del cobre, el petróleo, las explotaciones de caucho en las selvas tropicales, y de los hornos productores de hierro. El sector industrial e incluso grandes haciendas ganaderas y compañías forestales estaban controlados por empresas extranjeras, la mayoría norteamericana y algunas británicas. También reducidos núcleos de la oligarquía terrateniente mexicana eran poseedores de enormes latifundios; aproximadamente un millar de propietarios disponía del 65 por 100 de la mejor tierra de cultivo. En el ámbito rural la masa campesina trabajaba con reducidos salarios, pagada muchas veces con vales que tan sólo podían canjearse en las tiendas de víveres abiertas por la propia empresa, denominadas *tiendas de raya.* En tales condiciones alcanzaron índices muy elevados no sólo la miseria material, sino también el analfabetismo.

En 1910, año del primer centenario de la revolución iniciada por Hidalgo, un hacendado del norte, Francisco Madero, líder de la oposición a Porfirio Díaz, da a conocer el llamado *Plan de San Luis de Potosí.* En él propone el retorno a las libertades fundamentales, elecciones para elegir un nuevo gobierno, y la devolución de las tierras usurpadas por los grandes hacendados a las aldeas campesinas y los pequeños propietarios. Las clases medias urbanas y los obreros apoyan los propósitos reformistas de Madero, así como las masas rurales, que se unen a la revolución contra el dictador bajo la dirección de Emiliano Zapata en el sur del país, y de Pancho Villa en el norte. En 1911, luego de la huida de Porfirio Díaz, se realizan las elecciones que llevan a Francisco Madero a la presidencia.

Pero Madero estaba rodeado de muchos personajes beneficiados por el gobierno anterior, y un problema fundamental para los campesinos, como eran las reformas prometidas en la propiedad de la tierra, quedó detenido. El malestar en el ámbito rural abrió paso a las actitudes de protesta. Emiliano Zapata presentó el *Plan de Ayala,* con el lema *Tierra, libertad, justicia y paz,* que reclamaba la prometida devolución de sus predios a los campesinos. En otras regiones, los partidarios de Porfirio Díaz se levantaron, a su vez, en armas, y Madero encomendó entonces la pacificación del país al general Victoriano Huerta. En coalición con los grupos más consevadores, en 1913 Huerta mandó asesinar al presidente, y se apoderó del gobierno.

Ahora se abría una etapa diferente en la revolución, donde una serie de fuerzas lucharían entre sí. Emiliano Zapata controlaba el Estado de Morelos con las masas rurales, y tenía influencia sobre Michoacán, Puebla, Guerrero y Veracruz; Pancho Villa encabezaba el llamado *Ejército del Norte.* Surgen además otros jefes, como Venustiano Carranza y Álvaro Obregón. Todos luchan contra Huerta, quien muy pronto será doblegado. La unión para derribar al dictador tuvo lugar en la Convención revolucionaria reunida en Aguas Calientes el año 1914. Pero no dejaron de aparecer discrepancias entre las facciones y estas culminarán en una división en bandos: Carranza y Obregón lucharán contra Villa y Zapata. El desacuerdo fundamental seguía girando en torno a la reforma agraria, y era difícil conciliar intereses entre los portavoces de los hacendados con los representantes de la masa rural. Luego de prolongados conflictos, Carranza fue nombrado presidente y encaró la tarea de dar forma a la Constitución que fue promulgada en 1917.

No obstante, la lucha entre facciones proseguía, y en 1919 Emiliano Zapata fue asesinado en una encerrona preparada por sus enemigos. Un levantamiento de Álvaro Obregón y otros jefes en 1920, obligó a huir a Carranza, que también sería ultimado en 1920. Tres años más tarde, Pancho Villa,

Emiliano Zapata, uno de los mitos
de la Revolución, junto a su esposa y su
hermano el día de su boda

3. Transformaciones en el Cono Sur

Mientras en el resto de América Latina los cambios se presentan con lentitud, y las oligarquías no abandonan el poder, o en algunos casos las dictaduras se imponen durante largos períodos, en el Cono Sur las mutaciones políticas y sociales muestran signos más progresistas, obedeciendo a las exigencias de unas masas urbanas cuya presencia ejerce mayor presión, por su número y combatividad. En Argentina, las clases altas, consolidadas en el gobierno con la presidencia de Julio A. Roca, deben enfrentar, a comienzos de siglo, las transformaciones impulsadas por las oleadas inmigratorias y el progreso económico. Durante cierto tiempo el núcleo dominante se resistió a introducir las reformas que reclamaban sectores cada vez más amplios de la sociedad. Por

otro de los jefes históricos de la revolución mexicana, caería víctima de una emboscada. En 1924 Plutarco Elías Calles resulta electo presidente; una de sus primeras medidas fue acelerar la distribución de tierras entre los campesinos, con la idea de crear una clase media de pequeños propietarios rurales. Pero las reformas incluían la desamortización de las propiedades de la Iglesia, hasta entonces intactas. La influencia del clero en el medio rural daría comienzo a otro período de guerra civil: la llamada revolución de los *Cristeros,* por tratarse de un movimiento que pretendía impedir la afectación de las tierras eclesiásticas. El conflicto se prolongaría desde 1926 hasta 1929, pese a la intervención del ejército.

otra parte, estos grupos sociales encontrarán, en Leandro N. Alem primero, e Hipólito Yrigoyen más tarde, los intérpretes de sus reclamaciones. Éstas serán defendidas desde la dirigencia del Partido Radical, cuya base electoral estuvo conformada en su mayor parte por las clases medias. Como representante, a su vez, de un amplio sector del movimiento obrero, el Partido Socialista, cuya máxima figura fue Alfredo Palacios, ampliaba ese arco político que luchaba por democratizar el sistema electoral. Durante la presidencia de Roque Sáenz Peña, la presión de las nuevas masas urbanas obligó a que la oligarquía realizara algunas concesiones; en 1912 se puso en vigencia una ley de sufragio universal y secreto.

Cuatro años más tarde, las elecciones llevan a Hipólito Yrigoyen, uno de los críticos más decididos del sistema, a la presidencia argentina. En su primer mandato, el jefe de los radicales puso en práctica una política de nacionalismo económico, legisló para proteger a la industria, dio los primeros pasos para la nacionalización del petróleo y propuso una serie de medidas favorables al sector obrero. No obstante, presionado por los grupos económicos no impidió la represión ejercida en 1919 contra los trabajadores, durante la llamada *semana trágica* en Buenos Aires, o la ejercida para quebrar la huelga de los peones de *las estancias* de la Patagonia, en 1921.

Sucedido en la presidencia por Marcelo T. de Alvear, un miembro de su propio partido, Yrigoyen retorna al poder en los comicios de 1928. Argentina se vio favorecida, durante el período 1916-1926, por la demanda de alimentos (ganado y cereales), como consecuencia de la guerra mundial y sus secuelas. Era un hecho positivo para el partido de gobierno, pero habían surgido divisiones en el radicalismo, y este hecho hizo difícil la segunda presidencia de Yrigoyen. En tanto, las clases altas trabajaban para derribar a un presidente que, pese a sus vacilaciones, había gobernado en favor de clases medias y los obreros, dando forma a una legislación progresista. También desde el ejército algunos grupos conspiraban contra el jefe de Estado, aunque sus objetivos no eran siempre coincidentes. Cuando se sintieron los efectos de la crisis mundial de 1929 y las exportaciones comenzaron a declinar, la inflación, el deterioro económico y el descenso del nivel de vida hicieron que los sectores populares se sumaran al descontento. Un golpe de Estado que tenía como cabeza visible al general Félix Uriburu puso fin, en 1930, a la presidencia de Yrigoyen.

También Uruguay experimentó, al finalizar el siglo XIX, una serie de transformaciones económicas y sociales, consecuencia, al fin, de la prosperidad que generaba la de-

La ganadería constituye una de las bases de la economía chilena tal y como muestra este grabado de comienzos del siglo XX

manda del mercado mundial. Al igual que en Argentina, la inmigración jugó un importante papel en los cambios aparecidos en la sociedad. Pero era necesario canalizar esos impulsos, frenados por la oligarquía, al igual que en otros países. Y fue José Batlle y Ordóñez, con el triunfo del Partido Colorado en las elecciones de 1903, el político que llevó a cabo el programa reformista y la tarea democratizadora. Las capas populares entraron, entonces, a formar parte del espacio político y su presencia cobraría mayor importancia en las décadas siguientes. La primera presidencia de Batlle y Ordóñez cubre el período 1903-1907 y la segunda 1911-1915; pero su influencia doctrinaria se extiende hasta 1929, fecha de su muerte. En 1904 enfrentó una revolución encabezada por el caudillo del Partido Blanco Aparicio Saravia, con gran poder de movilización sobre las masas rurales. Con la muerte de Saravia en un combate, y el final de la guerra civil, el Estado quedaba consolidado y el gobierno extendió su dominio sobre la totalidad del territorio nacional.

Como jefe de Estado, Batlle y Ordóñez desarrolló una legislación social que estableció el derecho de huelga, el beneficio jubilatorio para los trabajadores, el salario mínimo nacional y la ley de ocho horas para empleados y obreros. Ofreció protección a la incipiente industria nacional y comenzó una lucha contra la dependencia de las empresas británicas mediante la creación de líneas ferroviarias estatales, el trazado de carreteras y la apertura a las inversiones norteamericanas. Nacionalizó, además, el Banco Hipotecario, los seguros y la energía eléctrica. El enfrentamiento con las clases altas se agudizó al presentar la propuesta de hacer efectivo un impuesto al latifundio improductivo; se trataba de un intento para dividir las grandes propiedades, que sería resistido por el sector ganadero. Por su parte, los inversores extranjeros, sobre todo los británicos, comenzaron a impugnar la política del batllismo, al acusar al presidente de promulgar una legislación socialista. El modelo de sociedad progresista, que Batlle había gestado, fue alterado en parte por los conservadores durante la presidencia de Feliciano Viera. Pero el programa de transformaciones radicales desarrollado por Batlle había encontrado eco en la población, y los gobernantes que le sucedieron se verían forzados a respetar los avances ya consolidados.

Chile mostraba, al comenzar el siglo XX, el mismo panorama político. Clases medias y obreros que reclamaban progresos en la legislación social y un núcleo oligárquico decidido a frenar todo cambio. Esta actitud se hacía visible en que los conflictos obreros tuvieron como respuesta la represión a cargo del ejército. Varias decenas de muertos se cobró la *semana roja* en Santiago el año 1905, y unos 2.000 la matanza de trabajadores del salitre refugiados en la escuela de Santa María de Iquique, en 1907. Las alternativas para clases medias y los obreros no eran excesivas en un parlamento integrado por conservadores, pero al finalizar la Primera Guerra Mundial el precio del salitre cayó con rapidez y la tensión social se agudizó. Surge entonces Arturo Alessandri, un hombre que supo atraer el interés de las capas medias y las reclamaciones populares. El *León de Tarapacá*, como le llamaron sus partidarios, recogió los votos de quienes anhelaban cambios profundos y sobre esa base accedió a la presidencia en 1920.

La legislación, progresista en una etapa inicial, con beneficios sociales a los trabajadores y el intento de controlar la banca, provocó duras resistencias a su gestión de gobierno por parte de la inversión extranjera y la oligarquía. La dependencia de las empresas británicas disminuyó a partir de la crisis del salitre, pero pronto fue sustituida por la hegemonía norteamericana en la minería del cobre. Mientras tanto, los conflictos sociales abundaron durante el período, por la inestabilidad económica y política. La confrontación entre Alessandri y el bloque formado por la oposición indujeron al ejército al golpe de Estado de 1924; pero otro sector militar lo repuso en la presidencia un año más tarde.

La política populista, inaugurada por Alessandri, fue retomada por el coronel Carlos Ibáñez del Campo, quien le sucedió como presidente. Este último desarrolló un plan de obras públicas e introdujo algunas mejoras que dieron impulso a la economía, sobre todo en el plano industrial. Las exportaciones, en ascenso desde los primeros años de la década de los años veinte, y las inversiones extranjeras, colaboraron con la política estatal hasta 1929, pero la crisis hizo descender los ingresos por ventas al exterior, y comenzaron los choques entre la metodología autoritaria de Ibáñez, destinada a reprimir la oleada de protestas y los sectores que hasta entonces lo habían apoyado; clases medias y obreros.

Madre boliviana con su hijo. Las condiciones de vida siguen siendo muy duras en las áreas andinas

La oligarquía chilena no dejó pasar la ocasión, y sumó sus fuerzas para derribar al presidente, que se vería obligado a renunciar en 1931.

4. Después de la crisis

La Gran Depresión de 1929 tuvo un fuerte impacto en los países latinoamericanos y ésta fue, incluso, más considerable para aquellos que habían atravesado una onda de prosperidad durante la Primera Guerra Mundial, porque abastecían de materias primas y alimentos a las naciones en conflicto. La balanza comercial fue muy favorable entonces, y los ingresos abrieron una etapa de crecimiento económico pese a los vaivenes de la política interna en muchos países. Además, una Europa en guerra que no podía exportar en condiciones normales hizo posible un despegue de la industria nacional, en algunas áreas de América Latina, para abastecer el mercado interno. Se trataba de un proceso de crecimiento más visible en México, Colombia, Argentina, Brasil, Chile y Uruguay, países que, como hemos anotado antes, poseían cierto desarrollo económico en su calidad de exportadores de productos de gran demanda, puesto que, en conjunto, eran importantes productores de café, cereales, carne, minería o petróleo. Existía, además, un sector obrero cada vez más numeroso y unas clases medias con sectores cualificados, que ampliaban la demanda interna y absorbían la oferta de las nacientes industrias alimentarias, textiles, de la construcción y algunos bienes de consumo.

En la onda de crisis que hizo su aparición entre 1920-1922, estas economías sufrieron la baja de precios internacionales y la reducción de las compras de productos exportables por las potencias, pero el desarrollo posterior fue, en líneas generales, positivo. De manera que, al aproximarse el final de la década, la producción de café se había acrecentado considerablemente en Brasil, Colombia y algunos países de Centroamérica, como Guatemala y El Salvador, los mayores cultivadores de cafetos en el área. Cuba era el máximo productor de azúcar de América Latina, luego de un esfuerzo para triplicar las zafras desde la Primera Guerra Mundial. El cultivo cerealero se expandía con rapidez en Argentina —*el granero del mundo* por entonces— y también en Chile. Asimismo, las cifras de la expansión ganadera son espectaculares no sólo en Argentina y Uruguay, sino también en el sur de Brasil. Por último, la minería responde a la fuerte demanda internacional con el incremento de la explotación. Bolivia producía la cuarta parte del estaño mundial y Chile era el primer exportador de cobre de América Latina.

Como puede advertirse, el impresionante ascenso de las producciones exportables y la fuerte demanda exterior, que para muchos países significó duplicar las cifras de intercambio comercial entre 1920 y 1929, crearon un largo período de bienestar. Esta prosperidad se interrumpió abruptamente con la llegada de la crisis mundial. Las naciones europeas y Estados Unidos cesaron sus compras y colocaron barreras aduaneras para frenar las importaciones; los países inversores: Gran Bretaña, Francia, Estados Unidos, repatriaron capitales para hacer frente en mejores condiciones a los efectos de la depresión. El cese de las exportaciones y la retirada de capital en los países latinoamericanos convirtió muy pronto la crisis económica en crisis social. Los gobiernos adoptaron severas medidas para corregir la situación. Redujeron las importaciones, congelaron los salarios, se introdujo el control de cambios para evitar fuga de divisas, etc. También dispusieron fórmulas desesperadas: en Brasil fueron quemadas toneladas de café, se disminuyó la plantación de cafetos e incluso se utilizaron toneladas de café para alimentar las calderas de las locomotoras de vapor en los ferrocarriles, en un intento de frenar la caída acelerada de los precios.

Si las viejas oligarquías, formadas en torno al dominio de la producción exportable, habían tropezado ya con el nacimiento de nuevas clases sociales en los primeros decenios del siglo XX, la crisis de 1929 significó su derrumbe definitivo. El Estado, cuya intervención se había rechazado hasta entonces, acudió a proteger los sectores económicos dañados por la depresión. Es cierto que, en definitiva, lo hacía en beneficio de las clases altas, integradas por terratenientes, plantadores, propietarios de minas, o grandes comerciantes, pero estos sectores habían demostrado no estar en

Consecuencias políticas de la crisis de 1929

Año	País	Dictaduras e intervenciones militares
1930	Brasil	Getulio Vargas
	Argentina	José Félix Uriburu
	Perú	Luis Miguel Sánchez Cerro
	Bolivia	Junta Militar presidida por Carlos Blanco Galindo
	Rep. Dominicana	Rafael Leónidas Trujillo
1931	Guatemala	Jorge Ubico Castañeda
	Ecuador	Guerra Civil. Neftalí Bonifaz
	Chile	Alzamiento militar. República socialista (1931-1932)
	El Salvador	Directorio militar. Maximiliano Hernández Martínez
1933	Cuba	Grau San Martín-Fulgencio Batista
	Honduras	Tiburcio Carias Andino
	Uruguay	Gabriel Terra
1936	Paraguay	Revolución febrerista. Coronel Rafael Franco
	Nicaragua	Anastasio Somoza

condiciones de hacer frente a las dificultades, y este hecho ponía fin al liberalismo decimonónico.

Los efectos, por otra parte, no fueron los mismos para todos los países de América Latina, aunque todos recurrieron a medidas proteccionistas similares, tal como lo hacían las grandes potencias. Pero en todos tuvo lugar una reacción en cadena, puesto que al reducirse los ingresos por exportación, la demanda interna también disminuyó y significó un freno para una industria todavía muy débil, con repercusiones en otros planos de la economía. No pudo evitarse, en consecuencia, el marasmo financiero por falta de divisas, ni la quiebra de numerosos empresarios y comerciantes.

Comenzaron a percibirse los efectos del paro y la falta de recursos para la supervivencia de amplias capas de la población. Por otra parte, se trataba de una situación que afectaba a todos los grupos sociales. No sólo fueron golpeados por la crisis los obreros, también las clases medias sufrieron un grave deterioro en su nivel de vida, e incluso comerciantes, empresarios y terratenientes, experimentaron una sensible reducción en sus ingresos. Las protestas sociales y las huelgas fueron la fórmula adoptada por los grupos más débiles de la sociedad, que reclamaban soluciones en profundidad. A su vez, las clases altas pretendían descargar los efectos de la dura depresión económica sobre las espaldas de los trabajadores.

Los gobiernos, sometidos a la presión de las demandas obreras y las clases medias, en ocasiones adoptaron políticas proteccionistas y drásticos ensayos de recuperación económica, a veces en combinación con actitudes autoritarias; otras, víctimas de fuerzas que respondían a los estratos reaccionarios de la sociedad, cayeron víctimas de alguna conjura militar. Todo ello hará muy complejo el período de los años treinta. Se mezclan en esos años la tendencia de los núcleos castrenses a intervenir en la vida política; el surgimiento de propuestas *populistas,* o de *frentes populares* de izquierda, siguiendo un modelo entonces en vigor en Europa, y el ascenso a la vida política de las nuevas clases medias y el movimiento obrero organizado. En el cuadro de la página anterior pueden seguirse las respuestas políticas a la crisis de 1929 en el mundo latinoamericano.

Con la crisis, el modelo de *crecimiento hacia afuera,* apoyado en la exportación de productos primarios, ya se tratara de mineros, ganaderos, agrícolas o de plantación, demostró su fragilidad. Pero el impacto de la crisis tuvo efectos favorables en otros sentidos. El sector industrial, todavía débil, encontró en el proteccionismo decretado por los gobiernos una posibilidad de expansión, puesto que ahora debía abastecer el mercado interno. Por lo demás, cuando las medidas proteccionistas comenzaban a flexibilizarse porque la depresión se alejaba, el comienzo de la Segunda Guerra Mundial actuó como nuevo aliciente. En efecto, iniciada la contienda, los sectores industriales de los países beligerantes destinaron sus esfuerzos a la producción de armas y pertrechos, y menguaron sus envíos hacia los países periféricos. Esta coyuntura actuó con eficacia sobre una industria ya en marcha, aunque sus beneficios quedaron reducidos a cierto grupo de países. México, Argentina, Brasil, Colombia, Chile y Uruguay, que habían introducido progresos en su equipo industrial antes de la guerra, incrementaron ahora la fabricación de artículos. La población en aumento intensificó la demanda interna de bienes de consumo; se importó maquinaria y también algunas materias primas imprescindibles para dar impulso a esa producción. Había surgido un nuevo modelo económico, la sustitución de importaciones, en torno al cual surgieron expectativas y dio origen a una burguesía industrial de perfiles más definidos.

Este progreso de la industria no dejó de crear problemas. Si en algunas repúblicas las reservas de divisas, acumuladas durante la guerra por el abastecimiento de las naciones en conflicto, permitieron pagar las importaciones, en otras, las necesidades generadas por la instalación de nuevas empresas hicieron crecer las cifras de la deuda externa. Además, buena parte de la tecnología más avanzada estuvo en manos de capital extranjero, que dominó gran parte de la industria liviana. Al finalizar la Guerra Mundial, en muchos países latinoamericanos los intelectuales, las clases medias y los obreros sindicalizados, habían cobrado conciencia de la desigualdad existente entre los países centrales y los que se encontraban en vías de desarrollo. El crecimiento económico adquiere entonces importancia decisiva. La discusión política gira en torno a los medios a utilizar para obtener esos objetivos. Proteccionismo estatal, incentivos a la industria nacional, redistribución de la riqueza para elevar el poder adquisitivo de las masas, son temas que recogen los programas políticos del período.

El colorido de los trajes de este grupo de quichés guatemaltecos no puede ocultar su forma de vida, típica de una zona subdesarrollada

5. Nacionalismos y populismos

El crecimiento espectacular de las masas urbanas, que irrumpen con fuerza en el ámbito de las decisiones políticas y sociales en América Latina, encontrará, en el período posterior a la crisis de 1929, su cauce en las políticas *populistas.* Coinciden, en la búsqueda de figuras capaces de encauzar con firmeza los cambios producidos en la sociedad, tanto la burguesía industrial en ascenso como los obreros, parte de las clases medias y oleadas de nuevos trabajadores que proceden de las zonas rurales. Los mejores niveles de vida parecían alcanzables, siempre que se eliminaran los obstáculos opuestos por las oligarquías terratenientes a los intentos de modificar las estructuras.

El fracaso de los gobiernos durante la Gran Depresión, y los golpes de Estado militares que derribaron las presidencias liberales, habían creado un vacío de poder y, más aún, una aparente crisis ideológica. Existía base social para intentar transformaciones, y ante esa masa expectante se presentaron alternativas nuevas y de lenguaje revolucionario, que hablaban en nombre de nacionalismos en reelaboración, de progreso económico, defensa de la industria nacional, ruptura de la dependencia externa. En definitiva, de dar forma a un Estado capaz de modificar las relaciones sociales en beneficio de los sectores más humildes. Estos puntos serán desarrollados por el discurso político del *populismo,* y encontrarán eco en masas de trabajadores urbanos y en sectores marginados, hasta entonces no atraídos por los partidos políticos.

Es que las ciudades, en rápido crecimiento a partir de los años treinta, pero como consecuencia de un fenómeno que no es identificable con el experimentado por las grandes potencias industriales, han expandido sus cinturones urbanos. Este éxodo del campo a la ciudad se agrupa inicialmente en poblaciones marginales. Se trata de gente cuyo anhelo es huir de la miseria y la explotación en áreas rurales donde impera el latifundio, o con exiguo desarrollo, y del empleo zafral. Pero estas migraciones al llegar a la ciudad se incorporan a las cifras de parados, o de aquellos que realizan tareas marginales. Aun así, el ámbito urbano sigue ejerciendo su atractivo, por la expectativa de mejores condiciones de vida, no siempre cumplidas, y por la esperanza de encontrar algún empleo bien remunerado en la industria, o en sectores vinculados a su producción. Pero con dificultad pueden superar su marginalidad. Forman parte de ese pueblo antes desconocido, y que en Argentina el populismo de Juan Domingo Perón hace surgir —como apunta un escritor de su tiempo—, desde los suburbios, desde los frigoríficos, o de las zonas de trabajos marginales: los llamados *cabecitas negras.* Conforman una clientela incondicional de los políticos populistas, y se incorporan a las manifestaciones de masas para apoyar a líderes como Getulio Vargas en Brasil, Juan Domingo Perón en Argentina, Eliécer Gaitán en Colombia, Víctor Paz Estensoro en Bolivia, o José María Velasco Ibarra en Ecuador.

Un movimiento político de extraordinaria influencia continental en el período fue el *aprismo.* Surgido en Perú como fórmula de lucha contra la dictadura de Augusto B. Leguía, durante la etapa llamada *el oncenio* (1919-1930), sus ideas irradiaron sobre muchos intelectuales de América Latina. En realidad, intelectuales y estudiantes universitarios intentaban transformar, en Perú, los rasgos arcaicos todavía existentes, sobre todo en las zonas indígenas, donde se perpetuaban prácticas como el *yanaconage* y el *colonaje.* Exiliado en México, Víctor Raúl Haya de la Torre funda el APRA *(Alianza Popular Revolucionaria Americana),* un partido político cuya base social estaba conformada, ante todo, por las clases medias. Su programa, desarrollado con cla-

Indígena ecuatoriano del grupo de los "colorados", asentado en las proximidades de Santo Domingo, Ecuador

ridad en diversos folletos, es radical en sus comienzos. Una posición antiimperialista, nacionalización de tierras y el sector industrial, soluciones para el problema del indio, y la unidad continental.

Junto a Carlos Mariátegui, Haya de la Torre despliega una intensa prédica *indigenista* en la revista peruana *Amauta,* de gran influencia en la juventud del país. El *aprismo* contiene, durante la década del veinte, muchas influencias del marxismo. Pero a partir de 1928, luego de publicar *El antiimperialismo y el APRA,* Haya de la Torre inicia una reconsideración de sus ideas. Aseguraba que en Perú el capitalismo tenía escaso desarrollo, la clase obrera no era numerosa, y propuso estimular el papel de las clases medias. Esbozó entonces una línea nacionalizadora, un capitalismo vigilado por el Estado, y la integración de todos los grupos sociales. Más tarde creará el Partido Aprista Peruano, y al finalizar la Segunda Guerra Mundial abandona su actitud de rechazo a los Estados Unidos. Pese a todo, el APRA no consiguió llegar al poder y fue proscripto nuevamente en 1948, cuando el general Manuel Odría se instaló como dictador. La oportunidad para gobernar se ofrecerá, para el *aprismo,* recién en la década de los ochenta, con la presidencia de Alan García.

6. El drama del Chaco

Una secuela de la Gran Depresión fue, asimismo, la llamada guerra del Chaco. Se trata del conflicto bélico más duro y prolongado, en la actual centuria, entre dos países latinoamericanos. Su desarrollo tuvo lugar en una región semidesértica, inhóspita y con escasas fuentes de abastecimiento de agua, que contribuyó al dramatismo de los combates. Por otra parte, ambas naciones, Bolivia y Paraguay, eran las más empobrecidas de América del Sur en su época, y las dos habían experimentado amputaciones de territorio durante el siglo XIX. Paraguay debió ceder ante Argentina parte del Chaco austral luego de su derrota en la guerra de la Triple Alianza (1865-1870), y Bolivia se vio obligada a entregar a Chile el *corredor del salitre,* como resultado de su derrota en la guerra del Pacífico (1879-1883). La causa del conflicto que se inició en 1932 entre Bolivia y Paraguay fue el dominio sobre el Chaco boreal, donde ambos tenían su zona de influencia.

Las reclamaciones sobre el territorio condujeron a que se instalaran puestos fronterizos en el interior de la selva chaqueña. En los hechos, la confrontación obedecía a los designios de Bolivia para lograr una salida al mar desde el curso del río Paraguay hacia el océano Atlántico, en tanto el gobierno de Asunción se negaba a compartir el cauce fluvial. No obstante, no parecía posible una guerra por la posesión de una extensa zona en la cual, durante varios meses, reinaba una terrible sequía, con temperaturas sofocantes, y el resto del año las lluvias convertían la mayor parte del te-

rritorio en un inmenso pantano. Sin embargo, existían causas más poderosas para el estallido del conflicto. Sobre Bolivia gravitaban los intereses de los inversores norteamericanos, ya que Estados Unidos era el principal comprador de estaño; Paraguay sentía la presión de los intereses británicos, que operaban en Argentina y desde allí ejercían su influencia. De tal modo, cuando se extendió la noticia, sin confirmación oficial, de que existía petróleo bajo el subsuelo del Chaco, la Standard Oil obtuvo de Bolivia la concesión para explotar los yacimientos; pero en Argentina, la anglo-holandesa Royal Dutch-Shell movía sus hilos en las esferas oficiales paraguayas para dominar las posibles existencias petrolíferas.

Entretanto, los fortines se habían convertido en fuente de conflictos en el interior del Chaco, y eran frecuentes los choques armados. En cierto modo, Paraguay estaba en mejor situación para reivindicar sus derechos, puesto que había propiciado asentamientos de colonos en la zona, la mayor parte de religión menonita, en las tierras de su dominio. Pero esta colonización era inexistente desde el lado boliviano, por lo cual sus soldados, que debían bajar en su mayoría desde el altiplano, se encontraban sin apoyo alguno en la soledad del Chaco. Con todo, para llevar adelante sus acciones bélicas ambos países debieron contraer fuertes deudas en armamentos, que pesarían luego como una losa sobre su futuro económico. Por otra parte, el Chaco se convirtió en terreno de experimentación para algunos armamentos. Mientras Paraguay adquiría armas de tipo Mauser, ametralladoras Maxim y cañones Krupp, Bolivia fue abastecida de armas y aviones por la empresa británica Vickers.

Los ejércitos incrementaron sus filas con las capas populares, por lo que muchos de sus integrantes estaban mal nutridos, y debían afrontar una campaña extremadamente dura, sobre todo por las condiciones del terreno y el clima. La falta de agua en los páramos chaqueños hizo todavía más penosas las prolongadas marchas a pie a través del Chaco. En consecuencia, además de las bajas por heridas en el combate, estos hombres subalimentados fueron pronto víctimas de otros enemigos: el paludismo, la disentería o la fiebre tifoidea. La ofensiva comenzó en 1932. El general alemán, Hans Kundt dirigía las operaciones del ejército boliviano, y las tropas paraguayas tenían por comandante al general Félix Estigarribia. Kundt, un general de la Primera Guerra Mundial, habituado al combate convencional, poco tenía que hacer en terrenos pantanosos y selváticos, donde predominaba la emboscada y la guerra de guerrillas. Pronto el paraguayo Félix Estigarribia demostró su superioridad en el conocimiento del terreno, y arrinconó a sus enemigos sobre las estribaciones del altiplano. Pero allí quedaron estabilizados los frentes, porque los indios del ejército boliviano luchaban ahora en terreno que les era familiar.

Los países de la región iniciaron gestiones para detener la guerra. Argentina, Brasil, Chile y Perú, crearon el grupo ABCP; los Estados Unidos y Uruguay se integraron luego a esos intentos y más tarde las Naciones Unidas. En junio de 1935 se firmaba la paz. Paraguay quedaba en posesión de casi todo el Chaco boreal, a cambio de concesiones a Bolivia para transitar por su territorio y acceder al río Paraguay. Las pérdidas en vidas humanas fueron impresionantes. Los cálculos más prudentes fijaron las bajas en la cifra de 40.000 paraguayos y 50.000 bolivianos.

Además, ambos países quedaron gravados por una pesada deuda externa, y su tranquilidad interior se vio luego comprometida por las secuelas políticas de la guerra. En ambos países, una oficialidad militar que había participado en el conflicto reaccionó contra las oligarquías que, a sus ojos, habían sido culpables del enfrentamiento. Representaban, por otra parte, una clase media cuyas aspiraciones se habían frustrado en el curso de la contienda. De tal modo, el *movimiento febrerista,* encabezado en Paraguay por el coronel Rafael Franco, así como el que, en Bolivia, dirigen los oficiales David Toro y Germán Busch, parecen animados por idénticos propósitos. Pretenden desarrollar un nacionalismo de signo progresista y alentar una política de tendencia socializadora. Pero las dos corrientes debieron enfrentar la resistencia de las clases altas, al tiempo que la desconfianza de los partidos de izquierda, por lo que sus experiencias en el poder fueron breves. El *febrerismo* se hizo con el gobierno en Paraguay a comienzos de 1936, y al promediar el año siguiente fue derribado por un golpe militar.

En Bolivia, David Toro encabezó la tendencia que proclamó en 1936 una República Socialista, tan sólo para ser desplazado poco después por German Busch, de filiación nacionalista, pero también decidido a disminuir el peso de la oligarquía en la sociedad. Se enfrentó con *la rosca,* el poderoso núcleo que controlaba la producción de estaño, pero luego de llevar adelante algunas transformaciones, su misterioso suicidio en 1939 puso fin a la experiencia reformista en Bolivia.

7. Dependencia y revolución

Populismos y dictaduras

La heterogeneidad parece presidir los rasgos de la década de los cincuenta en América Latina. Pero existen, pese a todo, fenómenos cuya generalización afecta a varios países del continente: uno de ellos es la crisis de los populismos. El peronismo, que sufre un serio revés en 1952, con la muerte de Eva Duarte, comienza a debilitar sus posiciones de la primera época. La pérdida de *Evita,* como era conocida por las masas populares, privará a Juan Domingo Perón de un personaje dotado de gran capacidad de diálogo con los trabajadores y marginados. El previsible fin de la guerra de Corea es el preludio de una caída de los ingresos por exportaciones; por consiguiente, de la prosperidad de la Argentina justicialista, y

*Juan Domingo Perón y su esposa Evita
en una fotografía de los años cuarenta,
en el transcurso de una recepción*

el irresuelto problema de la energía lleva a que Perón abandone su posición antiimperialista. Esto hace inevitable la firma del TIAR, el Tratado Interamericano de Asistencia Recíproca, que los gobiernos peronistas se habían negado a aceptar para significar su independencia de Estados Unidos. Por otra parte, comienzan las negociaciones con la *Standard Oil* para la explotación de un petróleo que, desde la época de Yrigoyen, se consideraba símbolo del nacionalismo argentino. Las contradicciones que se revelaban en el seno del partido gobernante y los problemas económicos, aflorados ante la fuerte reducción de las reservas de divisas, se manifiestan en las protestas de sectores obreros que rechazan así el burocratismo de los sindicatos controlados por el peronismo. Las clases altas y amplios núcleos de las clases medias comienzan sus ataques al presidente, con ayuda de algunos errores cometidos por Perón en su último mandato, entre otros, sus ataques

contra una Iglesia que siempre mantuvo distancias ante su gobierno. La aceleración de los acontecimientos, y la presión ejercida por familias de la oligarquía y los núcleos católicos sobre algunos altos oficiales del ejército, desencadenó un golpe militar. La sublevación, dirigida por los generales Eduardo Lonardi y Pedro Aramburu, provocó la caída de Perón y le obligó a buscar asilo en Paraguay.

Getulio Vargas, en Brasil, había implantado desde 1930 un régimen que denominó el *Estado novo*. Un gobierno de sello totalitario y con ciertos rasgos fascistas, giró en torno a su personalidad carismática. Sus realizaciones, al impulsar la expansión del Brasil industrial parecían contentar, por lo menos, a los empresarios y a las masas de trabajadores que emigraron desde el campo a la ciudad. Pero luego de la Segunda Guerra Mundial, la caída de los precios del café deterioró la imagen de Vargas. Las masas urbanas se lanzaron a la calle para reclamar soluciones, pero el líder populista vacilaba entre las presiones de la oligarquía del café, respaldada en parte por las Fuerzas Armadas, y las demandas de un pueblo que lo había apoyado hasta entonces. El golpe de Estado flotaba en el ambiente, pero Getulio Vargas se anticipó a los acontecimientos y se suicidó en agosto de 1954.

Los sucesores de Vargas no tuvieron gobiernos estables hasta la presidencia de Juscelino Kubitschek en 1956. Sus proyectos de desarrollo le atraen el respaldo de la burguesía industrial y antes de transferir el mando en 1961 pudo impulsar la agricultura en algunas regiones, y fundó la ciudad de Brasilia, en el interior de Brasil, destinada a ser la sede gubernamental. Janio Quadros ganó las siguientes elecciones y con un estilo nacionalista redujo los privilegios de las empresas extranjeras, mantuvo una actitud independiente en el plano internacional y mejoró la situación de los trabajadores. No obstante, debido a la resistencia de los núcleos conservadores dejó el gobierno en manos de su vicepresidente, Joao Goulart. Las tendencias del sucesor eran aún más radicales, y cuando la fórmula Goulart-Brizola resultó vencedora en las elecciones de 1964, su programa se presentaba como nacionalista y popular, e incluía la reforma agraria. Los sectores terratenientes y el ejército rechazaron entonces el resultado de los comicios y provocaron un golpe de Estado que llevó al poder al mariscal Humberto Castelo Branco. La dictadura militar en Brasil se prolongaría

Soldados peruanos patrullan por las calles de Lima durante una manifestación

hasta 1985. En Ecuador, otro político populista es desplazado del poder por un levantamiento militar en la década de los cincuenta, aunque no era ésta la primera vez. José María Velasco Ibarra, desalojado del gobierno por un movimiento castrense en 1935, retorna del exilio para ser de nuevo presidente en 1944, y es derribado otra vez por el ejército en 1947. Su nuevo ascenso a la presidencia en 1952 culmina en otro golpe que lo aleja del poder, aunque para regresar a la presidencia en 1960.

El caso del general Gustavo Rojas Pinilla en Colombia es más complejo. Asciende al gobierno en 1953 como el hombre destinado a salvar las instituciones y restituirlas a los civiles. No obstante, decidió crear un movimiento populista sobre la base de un proletariado de reciente formación y poco sindicalizado. Creó una Confederación Nacional de Trabajadores y un partido político, el Movimiento de Acción Nacionalista —en los hechos, seguía el modelo peronista—, e incluso introdujo a su hija en política, al frente de la secretaría Nacional de Asistencia Social. Como otros gobiernos populistas de su tiempo, y siguiendo, por otra parte, una línea general en la economía de América Latina, desarrolló altos hornos de acero, fábricas de cemento, creó la Empresa Colombiana de Petróleos y fundó lo que más tarde serian las Aerovías Nacionales Colombianas. Pero la imposición de su sistema dictatorial no tenía el respaldo de las clases económicas dominantes, puesto que las alejaba del poder. A su vez, la izquierda, los liberales y

La presencia de soldados en las calles de las ciudades latinoamericanas ha sido una constante en las décadas precedentes

la Iglesia católica dieron forma a la oposición. Pronto el peso de una deuda externa, sobre la que descansaban sus realizaciones, y la caída de los precios internacionales del café debilitaron la economía; la base social del régimen, no demasiado firme, se desmoronó. Campesinos, obreros, estudiantes, sufrieron la represión y al fin también fueron perseguidos los políticos opositores. Se creó entonces un Frente Nacional Bipartidista para combatir la dictadura; pronto algunos sectores del ejército apoyaron la oposición y a Rojas Pinilla no le quedó otra alternativa que entregar el poder.

Un fenómeno paralelo fue el fortalecimiento de las dictaduras en el área de Centroamérica y el Caribe con la complacencia de los Estados Unidos. Fulgencio Batista, en Cuba, aparece consolidado hasta finales de la década; en Haití, un ex médico rural, François Duvalier, somete a su pueblo mediante el severo control de los opositores y elimina a quienes denuncian sus métodos dictatoriales mediante el empleo de un ejército paralelo: los *tonton macoutes*. Duvalier funda, además, otra dinastía de dictadores en el área, que viene a sumarse a las ya existentes: los Somoza en Nicaragua y los Trujillo en la República Dominicana.

Revoluciones y guerrillas

La llegada al gobierno de Juan José Arévalo en Guatemala, parece poner fin al dominio de las clases altas de la sociedad tradicional, que durante la dictadura de Ubico Castaneda había vivido su edad de oro. En efecto, quien ejerce la presidencia desde 1945 es un profesor universitario, que intenta llevar a cabo reformas imprescindibles. Una revolución pacífica, que libera a los campesinos de las condiciones feudales en el trabajo de la tierra, instaura una serie de organismos del Estado que intentan poner orden en la economía y las finanzas, lleva a cabo campañas de alfabetización, y extiende a la mujer el derecho de voto. Las clases dominantes intentaron un golpe militar, que fracasó por la reacción popular, y en 1952 las elecciones otorgaron la presidencia a Jacobo Arbenz. El nuevo jefe de Estado fue más lejos en materia de transformaciones, y planificó una reforma agraria destinada a nacionalizar los latifundios mal explotados y otorgar tierras a los campesinos. Pero la expropiación afectaba tierras que estaban en poder de la *United Fruits Company,* y ésta recurrió al gobierno de Estados Unidos para que presionara sobre el presidente de Guatemala. Pronto, Arbenz sería acusado de comunismo, y en junio de 1954 el coronel Castillo Armas invadió el país desde una base en Honduras, con el respaldo de la oligarquía del café y la Iglesia conservadora. Con la destitución de Arbenz, Guatemala entró en un nuevo período de violencia y dictaduras militares.

La revolución boliviana, en cambio, tuvo una fase armada y violenta. Víctor Paz Estensoro fue el ideólogo del movimiento que puso en marcha el proceso. Cuando fue elegido como presidente en 1952, con un programa para nacionalizar la minería y llevar a cabo la reforma agraria, la *rosca,* que dominaba los grandes sectores de la producción en Bolivia, provocó un golpe de Estado para dejar sin efecto el resultado de las elecciones. Los miembros del partido de Paz Estensoro, el Movimiento Nacional Revolucionario (MNR), intentaron neutralizar el ejército, pero aunque fracasaron pusieron en marcha un levantamiento popular que ganó las calles y se convirtió en una revolución.

La victoria del MNR puso en práctica el programa del presidente y se cumplieron muchos de sus objetivos. Pero, aunque fueron nacionalizadas las minas de estaño, al finalizar la guerra de Corea el precio de este mineral, que constituía el 70 por 100 de las exportaciones de Bolivia, se redujo sensiblemente. La reforma agraria, si avanzó en algunas regiones, no fue suficiente para impedir las marchas campesinas y las ocupaciones de tierras. Durante cierto tiempo, el gobierno pudo impedir una quiebra de la economía, pero lo hizo al costo de renunciar a muchas de sus decisiones iniciales. Las empresas extranjeras recobraron parte del sector minero y la explotación del gas natural fue concedida a compañías norteamericanas. La actuación de gobierno de Paz Estensoro, y una situación económica deteriorada, lo distanciaron de su respaldo obrero y campesino. En 1964, el general René Barrientos encabeza un golpe militar y Paz Estensoro debe partir al exilio. La revolución boliviana quedó frenada en sus objetivos.

En Cuba, cuando el joven abogado Fidel Castro fue detenido luego de protagonizar, con un grupo de jóvenes radicales, el asalto al cuartel Moncada, pocos imaginaron que, una vez superada la etapa del juicio

Ernesto "Che" Guevara, uno de los mitos latinoamericanos del siglo XX, en un dibujo de la revista Time

con su alegato *La Historia me absolverá,* al salir de la prisión se convertiría en el jefe de una guerrilla capaz de derribar la dictadura del temido Fulgencio Batista. Exiliado en México, funda un movimiento revolucionario con un grupo de cubanos al que se incorpora un argentino, Ernesto *Che* Guevara. Desembarcados en Santiago de Cuba, en diciembre de 1956, su primer encuentro con el ejército culmina en derrota, y los sobrevivientes se refugian en Sierra Maestra para dar comienzo a una guerra de guerrillas. El respaldo de la población campesina, que les ofrece refugio e información en su lucha contra las tropas de Batista; las huelgas obreras, el movimiento estudiantil y las fuerzas políticas opositoras al régimen, acentúan el desgaste de la dictadura.

Mientras las fuerzas revolucionarias ampliaban sus efectivos con cada victoria contra Batista y la opinión pública internacional celebraba los avances de los *barbudos* de Fidel Castro, la dictadura perdía apoyo a medida que se incrementaban las represiones sangrientas contra la oposición. En 1958, Batista en un intento desesperado para liquidar la guerrilla lanzó una ofensiva general, culminada en el fracaso. Los hombres comandados por Fidel Castro consiguieron rechazarla, y las tropas del gobierno quedaron desorganizadas. El mes de enero de 1959 el ejército revolucionario hacía su entrada en La Habana. Una vez instalado el nuevo presidente, Grau San Martín, dieron comienzo las transformaciones estructurales. Una de ellas fue la reforma agraria, a la que siguió el control del Estado sobre las empresas extranjeras. La posición de Estados Unidos hacia la marcha de los acontecimientos en la isla fue crítica, y decretó el embargo de las exportaciones con destino a Cuba. En abril de 1961, bajo la presidencia de John F. Kennedy, tuvo lugar el desembarco contrarrevolucionario en Playa Girón, que fue neutralizado por las fuerzas fieles a la revolución. El resultado provocó, a corto plazo, un giro radical del proceso cubano, con un acercamiento al bloque socialista en busca de la ayuda económica negada por las potencias occidentales. En la reunión de la Organización de Estados Americanos (OEA), de 1962, Cuba es expulsada de ese organismo a propuesta de Estados Unidos. Al comenzar los años sesenta, República Dominicana realizó elecciones presidenciales. Éstas fueron ganadas por la candidatura del profesor Juan Bosch, en 1962. Se trataba de un político progresista y liberal, que despertó esperanzas en la mayoría de la población. Pero un movimiento militar le impidió ocupar el poder, aunque este golpe dividió las filas del ejército y los leales a la constitución derrotan al general Wessin y Wessin, que se opone al retorno de Juan Bosch. Sin embargo, Estados Unidos entendió que las instalaciones norteamericanas en la isla estaban en peligro, y se produjo un desembarco de los *marines,* que actuó en los hechos contra los partidarios de Juan Bosch. Los países latinoamericanos demandaron en la Organización de Naciones Unidas el retiro de las tropas invasoras, en tanto el coronel Francisco Caamaño Deño, del sector legalista del ejército, se enfrenta al golpista Wessin y Wessin. El resultado de esta crisis se salda con la breve etapa de un presidente de transición y el llamado a nuevas elecciones en 1966, que esta vez otorgan la presidencia al conservador Joaquín Balaguer.

En Perú, la inestabilidad política durante la presidencia de Fernando Belaúnde Terry (1963-1968) impide poner en práctica los proyectos de gobierno. El jefe de Estado tiene minoría en el parlamento, la oposición controla los municipios de varias ciudades del país y los conflictos sociales no disminuyen, pese a sus esfuerzos para atenuarlos. Además, durante ese período surgen grupos guerrilleros como el MIR (Movimiento de Izquierda Revolucionaria), o el ELN (Ejército de Liberación Nacional), e inician sus operaciones armadas. Al finalizar el año 1968 un golpe militar, encabezado por el general Velasco Alvarado, depone al presidente y se hace con el poder.

Los primeros proyectos de este movimiento castrense tienen perfiles revolucionarios. Rechazan un capitalismo que hasta entonces había explotado a las capas más humildes de la población y se oponen a la solución comunista. Se definen como un proceso nacionalista y humanista, y de acuerdo con esta línea política expropian la *International Petroleum Company,* de capital norteamericano; comienzan un proceso de reforma agraria, dentro de límites capitalistas pero con fórmulas cooperativas; a la vez desarrollan, en el plano industrial, un sector de propiedad social. En los he-

Miembros del grupo guerrillero Sendero Luminoso desfilan por un pueblo peruano

chos, se trataba de una verdadera revolución en el ámbito de la sociedad peruana. Sus dirigentes contaban, sin embargo, con escasa participación popular, sobre todo en las áreas rurales. Con tan reducida base social era difícil mantenerse en el poder y hacer frente a las presiones de la burguesía, que intentaba recuperar los controles del sector productivo, a las influencias que ejercían las empresas extranjeras expropiadas, y a los grupos de oficiales contrarios a una gestión que, según su opinión, conducía inexorablemente al comunismo. El general Remigio Morales Bermúdez, cabeza visible de los sectores más conservadores, desplaza del poder a Velasco Alvarado. En agosto de 1975 se ponía fin, en Perú, a un movimiento nacionalista que había sido designado como el *peruanismo*.

Cerradas las vías para la reforma desde el gobierno de unas estructuras económicas y sociales injustas, se abrió paso la opción de quienes aspiraban a cambios más radicales. Está allí el ejemplo revolucionario de Cuba, único triunfante hasta entonces en América Latina. Y este ejemplo comenzó a preocupar, no sólo a las administraciones norteamericanas, que mantenían el control sobre la región del Caribe, sino también a las oligarquías. Durante la década de los años sesenta los movimientos guerrilleros se multiplican. En Centroamérica y el Caribe surgen: el *Movimiento 14 de Junio* en República Dominicana; el *Frente Sandinista de Liberación Nacional,* de Nicaragua; en Honduras, el *Movimiento Francisco Morazán;* en Guatemala, las *Fuerzas Armadas Rebeldes;* en la década siguiente se organizan en El Salvador las *Fuerzas Populares de Liberación Farabundo Martí.* En América del Sur, nacen: en Venezuela, las *Fuerzas Armadas de Liberación Nacional;* en Colombia, entre otros focos guerrilleros, las *Fuerzas Armadas Revolucionarias Colombianas;* en Perú se organiza *Sendero Luminoso;* en Bolivia opera el *Ejército de Liberación Nacional,* un intento de lucha guerrillera comandado por el *Che* Guevara y fracasado con su muerte en 1967.

También surge la guerrilla urbana. En Perú será el movimiento bautizado *Tupac Amaru* en memoria del cacique indígena que condujo la lucha contra los españoles en 1780. En Argentina aparecen varios grupos entre ellos los *Montoneros* y el *Ejército Revolucionario del Pueblo,* este último combina la acción urbana con operaciones en las zonas rurales; en Uruguay, surge en los años sesenta el *Movimiento de Liberación Nacional-Tupamaros,* más conocido con este último nombre. La lista no es completa, pues existen algunos grupos guerrilleros menos conocidos, o cuya existencia ha sido breve. Pero, sin duda, las condiciones de pobreza e injusticia social en América Latina han servido de fermento a la guerrilla, aunque ésta se ha consolidado, obviamente, allí donde la miseria y la marginación eran ya insoportables.

8. La experiencia desarrollista

Las ideas que estimularon los proyectos industriales en el período 1950-1970 estuvieron inspiradas en la tesis elaborada por la Comisión Económica para América Latina (CEPAL), desde 1958. Los estudiosos de este organismo preveían en los años siguientes una situación aún más crítica que la surgida en los años treinta para los países del área. La CEPAL proponía la integración continental, ponía énfasis en la capacidad liberadora de las burguesías nacionales; planteaba la formación de un mercado común latinoamericano —cuyo modelo era la Comunidad Económica Europea (CEE), creada en 1957—, así como la formación de un banco regional para el desarrollo. A partir de entonces nacerán: en 1960, la Asociación Latinoamericana de Libre Comercio, que aspira a cubrir las funciones de mercado común para América Latina, y el Mercado Común Centroamericano. Sin duda los países con fuerte hegemonía económica sobre Latinoamérica, tanto Estados Unidos como Canadá, o los inversores de las naciones europeas, contemplaron con reservas los trabajos de la CEPAL ya que podían debilitar sus posiciones en las economías locales. Una respuesta, destinada a conservar el liderazgo sobre el continente, fue la llamada *Alianza para el progreso,* presentada por la administración Kennedy en 1961, durante la Conferencia de Punta

Asociación Latinoamericana de Integración (ALADI), en 1980 y también el URUPABOL (Uruguay-Paraguay-Bolivia), en 1981.

Pese a todo, hasta ahora los modelos desarrollistas no han alcanzado los objetivos propuestos. La transformación económica y social del mundo latinoamericano quedó

Las diferencias sociales en algunos países de América Latina producen situaciones de gran miseria

del Este. Con todo, la vía de los acuerdos regionales fue proseguida. Así, tenemos hoy, además de los ya mencionados, el Acuerdo de Cartagena (1969), conocido como Pacto Andino, y el Tratado de la Cuenca del Plata firmado ese mismo año; la Comunidad del Caribe (CARICOM), de 1973; el Sistema Económico Latinoamericano (SELA), en 1975; el Pacto Amazónico en 1978, que reúne a los países con intereses en la Amazonia, como Brasil, Venezuela, Guyana, Surinam, Colombia, Ecuador, Perú y Bolivia; la

a medio camino y, además, creó nuevos problemas como consecuencia de los desplazamientos de una población que esperaba mejor porvenir en las ciudades. Al mismo tiempo, abrió profundas divisiones en los sectores urbanos. Puesto que los países que intentaban impulsar el crecimiento económico no tenían capacidad de invertir capital, se abrió camino la inversión extranjera. La implantación de las empresas multinacionales en los países que ofrecían perspectivas de beneficios, por su pobla-

Mujeres andinas de Bolivia
exponen sus productos
en un mercado popular

ción numerosa y mano de obra barata, ofreció posibilidades a un núcleo reducido de las capas medias, los más cualificados. Estos empleos operaron como vía de ascenso social, sobre todo para los profesionales y los técnicos. Pero, al mismo tiempo, ocasionó una desestructuración de muchos grupos económicos, al lanzar miles de obreros y otras capas de trabajadores a la desocupación, creando inéditas contradicciones sociales en muchos países. La penetración de las empresas extranjeras en la explotación agropecuaria contribuyó, asimismo, a acentuar el deterioro de las estructuras tradicionales en regiones que no habían previsto soluciones para ello, sobre todo en las últimas décadas.

La consecuencia del marasmo económico y el descenso del nivel de vida de clases medias y obreras se percibió en sus esfuerzos políticos para transformar las estructuras económicas. Surgieron en Latinoamérica, entre 1955 y 1973, alianzas entre clases medias, obreros e intelectuales, que movilizaron grandes multitudes reclamando soluciones. Se manifestaron desde 1956 en Brasil, acompañando la presidencia de Juscelino Kubischek, y su ensayo de nuevas experiencias sociales; en Bolivia durante el gobierno de Ovando en 1968, y el mismo año con la revolución peruana de 1968 protagonizada por Velasco Alvarado; con la Unidad Popular de Salvador Allende en Chile desde 1970, y con el Frente Amplio en Uruguay desde 1971. Resulta claro que una nueva conciencia social había cobrado experiencia y asumido un papel continental. Esta conciencia social y popular tuvo, además, otras manifestaciones. Había estallado en la revolución boliviana de 1952, encabezada por Paz Estensoro y el MNR; en la revolución cubana hasta tomar el poder en

1959; en el Frente Sandinista de Liberación Nacional, creado en 1961 y que provocará la caída de Somoza y tomará el poder en Nicaragua el año 1979.

Los gobiernos de América Latina, siguiendo recomendaciones de la Alianza para el Progreso, han comenzado a decretar leyes de reforma agraria desde 1961. La idea central de estas reformas es mitigar la miseria rural, y en cierto modo crear una clase media campesina cuya presencia es muy reducida, pese a los proyectos existentes desde la revolución de independencia. Pero existe otro motivo de importancia y es reducir la base social de los focos guerrilleros, cuyo número creció en las décadas de los 60 y 70. Debemos señalar que las situaciones de pobreza rural y urbana no son iguales en todas las regiones latinoamericanas. En los años 70, por ejemplo, en Honduras la pobreza alcanzaba el 75 por 100 de la población campesina, pero en Argentina era del 19 por 100. No obstante, en el mismo período, unos 72 millones de personas estaban en situación de pobreza rural en el conjunto de América Latina.

Existen, claro está, reformas agrarias que provienen de situaciones revolucionarias. Una de ellas es la iniciada en México después de la caída de la dictadura de Porfirio Díaz y continuada en la época del presidente Lázaro Cárdenas; otra es la que puso en práctica la revolución boliviana de 1952, impulsada por Paz Estensoro; la desarrollada, luego de la caída del dictador Fulgencio Batista, por la revolución sandinista cuando derribó la dinastía dictatorial de los Somoza.

A su vez, otras reformas agrarias han sido propuestas desde gobiernos como la Democracia Cristiana en Chile, durante la presidencia de Eduardo Frei desde 1964, y continuada por Salvador Allende y la Unidad Popular en 1970. Otras leyes de reforma agraria han sido promulgadas en Venezuela, 1960; El Salvador, Costa Rica y Colombia, en 1961; en Honduras, Panamá, República Dominicana y Haití en 1962; en Paraguay en 1963, y en Brasil, Perú y Ecuador en 1964. La legislación existe, aunque muchas veces recortada por los dueños de la tierra y casi siempre postergada en su aplicación por las presiones de los intereses, no sólo de grandes terratenientes, sino también de las multinacionales que invierten en la industria de la agroalimentación.

Una gran mayoría de la población de América Central vive en condiciones de pobreza y subdesarrollo, y no resulta extraño, por tanto, que las estructuras políticas de la región, en crisis permanente, promuevan estallidos de violencia. Éstos, hasta ahora, han producido la caída de Somoza en Nicaragua, y la de Jean Claude Duvalier en Haití. Mientras tanto, El Salvador y Guatemala soportan un estado de ocupación militar permanente, con el ejército enfrentado a la guerrilla. Es absolutamente claro que el hambre, el desempleo —que en la zona supera el 35 por 100 de la población activa— y la represión política y cultural agravarán las tensiones hasta extremos desconocidos si no se introducen cambios esenciales. La Iglesia lo ha comprendido así en Latinoamérica y mantiene esa visión pese a los vaivenes experimentados por la *teología de la liberación,* desde Camilo Torres hasta Puebla. El camino había sido trazado ya por el papa Pablo VI en su encíclica *Populorum Progressio,* al afirmar: *Cuando tantos pueblos tienen hambre, cuando tantos hogares sufren miseria, cuando tantos hombres viven sumergidos en la ignorancia, cuando aún quedan por construir tantas escuelas, tantos hospitales, viviendas dignas de ese nombre, todo derroche público o privado, todo gasto de ostentación nacional o personal, toda carrera de armamentos, se convierte en un escándalo intolerable. Nos vemos obligados a denunciarlo. Quieran los responsables oírnos antes de que sea tarde.* La Conferencia Episcopal de Puebla, en 1979, cerraba sus sesiones con una declaración de condena a la carrera de armamentos y reclamando: *que se realicen cambios profundos que hagan desaparecer las opresiones y desigualdades sociales, abominación y mal endémico del continente sur-*

americano. Para entonces, los Estados latinoamericanos habían entrado ya en crisis.

La respuesta de las clases dominantes a estos esfuerzos de reforma, unas veces, y revolucionarios, otras, pero todos destinados a provocar cambios necesarios, se volvió cada vez más violenta. Durante los años 60 y 70 una larga serie de intervenciones militares derriba gobiernos en América Latina.

El golpe castrense consumado en Brasil en 1964, que instauró una dictadura militar, pronto fue imitado en Bolivia en 1971; en Uruguay y en Chile en 1973; en Argentina, Perú y Ecuador en 1976. Las cúpulas militares extendieron la llamada *doctrina de la seguridad nacional* sobre la mayor parte del continente.

9. Los problemas actuales

La explosión demográfica

El crecimiento de la población en América Latina muestra un continuo progreso. En 1920 era de unos 94 millones de habitantes; en 1937 de 135 millones; en 1960 trepa a los 202 millones; en 1970, según datos de la CEPAL, llegaba a los 273; en 1975 sobrepasó la barrera de los 300 millones; en 1978 las estimaciones eran de 342; en 1984 de 390 millones de habitantes, y se espera superar los 630 millones para el año 2000. Una virtual duplicación en los dos últimos decenios del siglo actual. Por otra parte, se considera que, de acuerdo a las estructuras actuales, más de la mitad de esos 630 millones de habitantes estará concentrada en las áreas urbanas —algo así como el uno por 100 del territorio latinoamericano—, excepto que se intente una drástica reorientación en el poblamiento de la frontera interna.

Un cambio de estas características implicaría, desde luego, modificaciones en las estructuras existentes en las áreas rurales. Una de las características es, precisamente, que, en conjunto, el nivel de urbanización de América Latina es un 68 por 100 de la población total del continente; se aproxima al de la Europa desarrollada, duplica el de Asia, y es el triple del porcentaje de urbanización de África. Otra singularidad es que, en países exportadores de productos agrícolas y ganaderos, como Argentina y Uruguay, más del 80 por 100 de la población vive en las ciudades; en Chile, una economía agraria y minera, también las ciudades concentran más del 80 por 100 de los habitantes; Colombia, donde la producción predominante es la plantación de café, o Venezuela, con fuertes enclaves de explotación petrolera, tienen un 77 por 100 de su población concentrada en las ciudades.

Es a partir de mediados del siglo actual que se produce una formidable expansión, y algunos la han considerado verdadera *revolución* en las cifras de habitantes. Se trata de un fuerte crecimiento demográfico desigualmente repartido en el continente. Afecta sobre todo a la América media continental, y a la América del Sur tropical, donde supera el 3 por 100 de aumento anual. La región Caribe mantiene un ascenso moderado, y la América del Sur templada no alcanza el 1,9 por 100, descendiendo a los niveles europeos. Hasta la primera mitad del siglo actual, la progresión demográfica estuvo pautada por el flujo de la inmigración europea en la denominada *América blanca meridional,* los países de la fachada atlántica; pero luego entra en una fase de declive demográfico, que muestra crecimientos del 1,6 por 100 en Argentina y de 1,2 en Uruguay. La causa es, sin duda, el descenso de la natalidad en una población de fuerte presencia de las clases medias.

En Brasil, país de la América del Sur tropical, el crecimiento de la población se mantiene alto, y se estima que actualmente cuenta unos 140 millones de habitantes; algo similar ocurre en México, donde supera los 80 millones. Son los dos gigantes demográficos de América Latina, seguidos por Argentina con 31 millones. Pero el potencial de crecimiento demográfico es muy grande en el continente latinoamericano.

Se calcula que en 1960 los habitantes menores de 15 años constituían el 40 por 100 de la población del continente. El incremento más impresionante de la población se encuentra ahora en la América del Sur tropical y en Centroamérica, por lo que este aumento se convierte en un hecho social potencialmente explosivo, por tratarse de las zonas más pobres y explotadas. La salud y la educación son allí problemas urgentes, estrechamente ligados a un bajísimo nivel de vida. Las cifras de analfabetismo en la

sobre todo debido a la influencia de factores culturales, la promiscuidad, y al hecho de que en las familias muy pobres los hijos se convierten en un brazo más, en una especie de protección para la vejez. También contribuye al índice de nacimientos la tradicional influencia de la Iglesia Católica, en el rechazo de los métodos de contracepción. El ritmo más intenso de natalidad, a veces moderado por una mortalidad infantil todavía elevada, afecta a las áreas de menor desarrollo económico y social, con desempleo o

Estados Unidos: inversión directa en Latinoamérica
(en porcentajes)

Sectores	1940	1950	1960	1970	1976
Minería y fundición	19,0	15,0	14,0	14,0	7,0
Petróleo	21,2	27,7	35,0	27,0	12,0
Manufactura	7,8	17,5	18,0	31,0	12,0
Otros (a)	52,0	40,7	33,0	28,0	42,0

(a) incluye agricultura, comercio y servicios públicos.
Fuente: CEPAL. *El financiamiento externo de América Latina*, 1964;
Alfredo Eric Calcagno, *Informe sobre las inversiones extranjeras en América Latina*, Cuadernos de CEPAL, 1980.

zona rural en 1970 eran para Colombia del 34 por 100, en República Dominicana el 42 por 100, en Panamá el 35 por 100, en Guatemala el 37 por 100, pero en Haití llegaban al 80 por 100.

Pese a la elevada mortalidad aún existente en muchas zonas rurales de mayor subdesarrollo, especialmente el alto índice de muerte infantil en Centroamérica, el progreso científico y tecnológico han logrado disminuir las causas de fallecimiento, han erradicado enfermedades endémicas y aumentan la esperanza de vida. Se mantiene una fuerte natalidad en algunas áreas,

subempleo crónicos. Estas situaciones están agravadas en algunas zonas por agudos desequilibrios en las ofertas estacionales de empleo. El resultado es un éxodo desde las zonas rurales que, en los últimos años, ha tomado alguna de las siguientes direcciones: a) la urbana, en procura de mejores ocasiones de fortuna; b) la emigración interna hacia zonas rurales dentro del mismo país, como es el caso de los nordestiños en Brasil, que emigran hacia el sur, o hacia las nuevas ofertas de empleo en la Amazonia; c) hacia países vecinos, siendo los ejemplos más conocidos el paso clandestino de co-

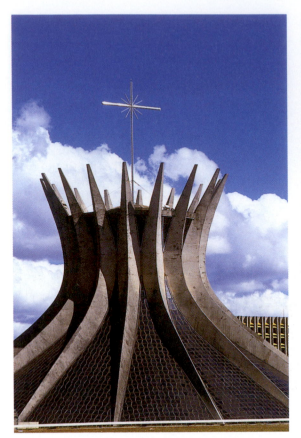

Arquitectura futurista
en Brasilia, la nueva capital
administrativa de Brasil

lombianos a través de la frontera con Venezuela, el de los mexicanos hacia Estados Unidos, o el de los haitianos empleados masivamente para la temporada de zafra en República Dominicana.

Los problemas urbanos

Es cierto que este fenómeno de rápido crecimiento de los complejos urbanos y la hipertrofia demográfica de las capitales en cada país no son exclusivos de América Latina. Pero alcanzan allí proporciones espectaculares. Las migraciones internas, y en especial los éxodos rurales, explican la expansión de las ciudades y también la rápida degradación de la trama urbana. En efecto, esas migraciones no dejan de tener relación con las construcciones precarias, que bajo formas espontáneas o no, constituyen hoy día uno de los rasgos del paisaje urbano en los países en vías de desarrollo. Pero no es el éxodo rural el único fenómeno masivo que produce este mal llamado *marginalidad*. El desplazamiento de poblaciones desde ciudades pequeñas hacia ciudades más importantes, y el reagrupamiento de los sectores más desfavorecidos de la propia ciudad en las zonas de habitación precaria, contribuyen al crecimiento de las viviendas suburbanas, los cinturones de miseria de las ciudades latinoamericanas.

Sería inexacto considerar esta *chabolización* de la ciudad lalinoamericana como la sola consecuencia del éxodo rural. En la mayoría de los países este proceso continúa, o se acelera, mientras la inmigración interna disminuye. Es cierto que entre 1930 y 1950 fue una etapa de transición para el recién llegado del medio rural; pero hoy día acoge menos a estos desarraigados del campo que a los trabajadores víctimas de la especulación urbana o del paro. Es decir, que el habitante de la chabola proviene de la ciudad misma. Es la pauperización de población urbana la que nutre estos barrios irregulares. La autoconstrucción de la vivienda es un medio de defensa contra la precariedad del empleo, frecuente en algunas actividades, como la construcción, ciertas tareas de reparación a domicilio, o la industria sumergida. Es un exponente de la degradación de la existencia entre los trabajadores no cualificados.

La población urbana, concentrada en las capitales de los países latinoamericanos, genera enormes megalópolis. Por lo general, estas ciudades concentran un alto porcentaje de la población del país, una gran densidad demográfica y muestran una ampliación desmesurada del área urbana. Esta situación es muy clara en Argentina, con la macrocefalia de Buenos Aires, que alberga un tercio de la población; o en Uruguay, donde más de un 30 por 100 de los habitantes del país se concentra en Montevideo. Santiago acoge, a su vez, una

Algunos países como Puerto Rico han encontrado en el turismo una de sus principales actividades económicas

cuarta parte de la población de Chile; Lima, un tercio de la población de Perú; San Juan de Puerto Rico más del 25 por 100. Ciudad de México, la primera ciudad del país, cuenta con unos 20 millones de habitantes. En algunos territorios el crecimiento urbano está repartido. Es el caso de Ecuador, con dos o tres grandes ciudades. Quito, capital política y administrativa en la Sierra, rivaliza con Guayaquil, puerto sobre el Pacífico y centro comercial e industrial. En Colombia, Bogotá es la capital política, situada en la cordillera occidental y tiene cuatro millones de habitantes; pero la capital de la región de Antioquía, zona de fuerte desarrollo industrial y productivo es, de hecho, Medellín y tiene unos dos millones de habitantes. A su vez, Cali, en el

Sur, y el puerto de Barranquilla, sobre el Caribe, tienen poblaciones que superan el millón y medio.

Históricamente, las clases pobres de la ciudad habitaron los antiguos barrios en el centro de las ciudades: eran viejas casonas que albergaban varias familias. El barrio de chabolas es la etapa siguiente y su número y población se incrementan después de la mitad del siglo actual. Son estas construcciones irregulares los denominados *ranchitos,* en los cerros que rodean Caracas; las *barriadas,* en Lima; las *callampas* o *poblaciones,* en Chile; las *villas miseria,* en Argentina; los *cantegriles,* en Montevideo, o las *favelas,* en Río de Janeiro. Se trata, por lo general, de construcciones hechas con latas, cartones entelados, maderas u otros desechos. Estas verdaderas villas se instalan en terrenos no aptos para la construcción, en peligro de derrumbe o insalubres; en las orillas de pantanos o incluso en las lagunas, en armazones sobre pilotes.

Estas urbanizaciones de la miseria se encuentran desprovistas de la infraestructura más elemental, como colectores, agua corriente o luz eléctrica. En Lima, a vía de ejemplo, en 1957 el 9,5 por 100 de sus habitantes vivía en las llamadas *barriadas;* pero en los últimos tiempos las barriadas se han ampliado, han cobrado personalidad y pasan a denominarse *pueblos jóvenes,* entre los que sobresale el bautizado *El Salvador,* que cuenta con más de 300.000 habitantes. En Brasil, las *favelas* se han multiplicado, sobre todo en Río de Janeiro y en San Pablo. En Río de Janeiro, hacia 1950, alrededor de 170.000 personas vivían en *favelas;* en 1980 la cifra había saltado a los 2.000.000, y constituía el 32 por 100 de la población de la ciudad.

Dos soldados cubanos vigilan una playa durante la crisis de los balseros de los años 90

El narcotráfico

Uno de los fenómenos que se ha acrecentado con la presencia de la coyuntura de crisis es el desarrollo del narcotráfico. Se trata, por supuesto, de un problema mundial y América Latina no es la región productora más importante. Existe, asimismo, una fuerte demanda difícil de controlar en los países desarrollados, y en conjunto, productores y consumidores constituyen los dos extremos de un complejo sistema de relaciones que, como es conocido, ha extendido la corrupción no sólo a los escalones más bajos de la Administración, sino también a nivel de funcionarios de gobierno de algunos países.

El cinturón andino que se extiende desde Ecuador a Bolivia es una región tradicionalmente productora de coca. En efecto, la hoja de coca es un cultivo histórico; fue utilizada desde la época prehispánica por los indios del altiplano para superar las elevadas alturas donde debían realizar sus tareas agrícolas, e incluso ascender transportando cargas. Esta práctica continuó durante la época colonial, pues la hoja de coca era cultivada en algunas regiones, y comprada en otras por los empresarios mineros, para el consumo de los indios que extraían plata de los yacimientos. Eran sometidos allí a interminables horarios de dura labor, en socavones situados muchas veces a niveles elevados, como, por ejemplo, el cerro de Potosí. Puesto que las condiciones de trabajo y de subsistencia del indio no mejoraron después de la independencia, la hoja de coca continuó manteniendo su valor en la cultura andina. Masticarla renovaba energías y permitia realizar esfuerzos prolongados. De tal modo, existe un uso legal de la hoja de coca, por su utilidad, entre otras cosas, para combatir el mal de altura en el altiplano; *mal de puna,* también llamado *soroche.* En Perú, por ejemplo, la venta legal está controlada por la Empresa Nacional de Coca, y no puede ser comercializada por particulares. En Bolivia el cultivo es, asimismo, legal para el mal de altura, o las molestias estomacales, en algunas áreas cercanas a La Paz y a Cochabamba.

Pero en la actualidad, la demanda mundial de la hoja de coca transformada en cocaína y los altos precios que ésta alcanza en el mercado internacional del narcotráfico han provocado el desarrollo, en la región andina de cultivo tradicional, de verdaderas plantaciones destinadas al abastecimiento del consumo por adictos de todos los países. En Perú, las plantaciones más importantes de hoja de coca, en manos de aquellos que controlan el narcotráfico están situadas en el departamento de Huánuco. Allí, en la región conocida por alto Huallaga, se extienden decenas de miles de hectáreas del cultivo clandestino. Según fuentes especializadas, en Perú se produce el 50 por 100 de la coca mundial. Las hojas se convierten luego en pasta de coca en laboratorios ocultos en la selva peruana del Amazonas, para ser transportada en avionetas a Colombia. Las numerosas pistas de aterrizaje construidas en la zona hacen muy difícil el control total del tráfico por las fuerzas del gobierno.

En Colombia, a su vez, existen unas 30.000 hectáreas de cultivo clandestino, y se procesa la pasta de coca llegada de Perú y Bolivia. Los llamados *cártel de Medellín* y *cártel de Cali* poseen centenares de laboratorios y numerosas pistas de aterri-

zaje para el tráfico ilegal, siendo la región de Magdalena Medio, por su vinculación con la zona selvática del Amazonas, uno de los reductos más importantes de los narcotraficantes.

El segundo productor mundial de hoja de coca es Bolivia. También abastece a los distribuidores colombianos, sobre todo desde las plantaciones ilegales situadas en la zona de El Chapare. Existen, asimismo, laboratorios de cocaína, sobre todo en la sierra de Huanchaca, bajo control de poderosos narcotraficantes.

La batalla de las autoridades para desbaratar las organizaciones productoras de coca es muy desigual. Éstas cuentan con ejércitos de mercenarios bien pagados y preparados por eficaces instructores extranjeros; armamento sofisticado; parques de avionetas y múltiples pistas de aterrizaje en las áreas bajo su control, e incluso poderosas influencias en el sistema estatal. Pero, además, explotan la miserable situación de los campesinos. El mercado internacional, al provocar la caída de los precios de sus cultivos exportables, ha colocado, indirectamente, a estos trabajadores de la tierra en manos de los propietarios de las organizaciones que cultivan hoja de coca. Éstos les pagan por trabajar sus plantaciones varias veces más de lo que recibían por sus cultivos legales. Varias autoridades de los países andinos han denunciado esta situación. El presidente peruano, Alan García, señalaba esta crítica circunstancia en el último tercio de 1989. La reconversión propuesta por la Organización de las Naciones Unidas y la intervención de fuerzas norteamericanas en la región, e incluso la desarticulación de algunos grupos de narcotraficantes, serán sólo medidas parciales mientras subsista la miseria indígena. Por otra parte, ofrecer al campesino de la región andina la opción de nuevos cultivos sería una medida eficaz si estuviera acompañada por otra: la apertura de mercados para las cosechas, ya se trate de café, cacao u otro producto alternativo.

Centroamérica y el Caribe

Los conflictos actuales en Centroamérica y el Caribe tienen lejanos antecedentes; uno de ellos es el problema estructural: injusta distribución del ingreso, poblaciones relegadas al abandono cultural y social, etc. Ya hemos subrayado algunos de estos temas. Es entonces un hecho claro que las poblaciones de esos países se encuentran en situaciones límite. En la América Latina de la década de los años setenta, el 40 por 100 de las familias estaban viviendo en condiciones de pobreza absoluta, según cifras pro-

de personas estaban en la pobreza en las zonas rurales.

Antes de proseguir en esta línea de reflexión, examinaremos algunas de las razones que hacen de Centroamérica y el Caribe un área de tanta importancia mundial y foco de conflictividad de primer orden. En primer término está el interés de Estados Unidos, pero la gran potencia del Norte no es la única que posee intereses en la región. Francia mantiene, bajo la denominación de Departamentos de Ultramar, las islas Guadalupe, Martinica, María Galante y, además, la Guyana Francesa; de Gran

Centro hotelero en una de las islas colombianas del Rosario en las proximidades de Cartagena de Indias

porcionadas por la CEPAL, y no existen razones para suponer que estas proporciones hayan variado en sentido positivo. Existen, asimismo, diferencias en las proporciones de la pobreza rural y urbana entre las regiones latinoamericanas. En la misma época, el porcentaje de pobreza rural era del 75 por 100 en Honduras, por ejemplo, y del 19 por 100 en Argentina. Pero en el conjunto de América Latina, unos 72 millones

Bretaña se han independizado muchas islas, pero aún posee en el Caribe Montserrat, Anguila y las islas Vírgenes británicas; los Países Bajos conservan dependientes a Curaçao, Bonaire, Aruba y las islas de San Eustaquio.

Ahora bien, aparte de la importancia militar y estratégica de la región, ésta constituye una extraordinaria reserva de materias primas con alto interés estratégico:

a) Las dos terceras partes de la bauxita procesada en Estados Unidos se importa de Jamaica y Guyana.

b) Venezuela y Trinidad-Tobago ofrecen petróleo, y en cuatro puntos del Caribe se refina el 40 por 100 del crudo que proviene de los países árabes hacia el mercado norteamericano, éstos son: las Bahamas, Trinidad, Antillas Holandesas y Barbados.

c) Las inversiones de Estados Unidos en la región de Centroamérica y el Caribe representan aproximadamente un 17 por 100 del total de las inversiones en el extranjero, y son el 77 por 100 de las colocadas en toda América Latina.

d) Los productos básicos de la región son de vital importancia para la defensa y la actividad comercial y financiera. Platino colombiano; la ya mencionada bauxita de Jamaica, Guyana y Surinam; petróleo de Venezuela; azúcar, bananas y café de las Antillas, Centroamérica y Colombia.

e) Los Estados Unidos poseen bases e instalaciones militares en Panamá (donde además controlan el Canal interoceánico), Puerto Rico, las Bahamas, Antigua, Santa Lucía, Barbados y no se han retirado aún de su base de Guantánamo en Cuba.

En consecuencia, desde la revolución cubana, todo cambio político no controlado en la región es percibido por la Casa Blanca como una amenaza en esa *frontera* que constituye el mar Caribe. Las intervenciones en el área han resurgido desde entonces, y las últimas han tenido lugar en la pequeña isla de Granada el año 1983, y más recientemente en Panamá, en diciembre de 1989, recurriendo a las fuerzas de despliegue rápido que operan en la zona y a sus bases en distintos puntos del Caribe.

Los cambios que podrían atenuar la conflictividad social no llegan para Centroamérica y el Caribe, y en muchos países las vías constitucionales parecen estar clausuradas para los partidos progresistas, lo que acentúa la radicalización de los opositores. Por otra parte, el recuerdo de la revolución cubana parece estar siempre presente en la política exterior norteamericana. Un ejemplo es el enfoque del problema de Ni-

Castillo del Morro en La Habana, recuerdo de la presencia española en la isla

caragua. Por consiguiente, se recurrió a la instalación de bases en Honduras y en Costa Rica, las maniobras intimidatorias en aguas próximas al pequeño país centroamericano, el minado de los puertos nicaragüenses y también al respaldo con financiación y armamentos a los grupos somocistas y a los *contras* que hostigan al gobierno sandinista. Pese a todo, la política norteamericana en la zona ha encontrado escollos para actuar con absoluta libertad. El grupo de Contadora, que se integra con México, Venezuela, Colombia y Panamá, elabora en 1983 un programa de 21 puntos sobre la base de detener el armamentismo en la región, retirar los asesores militares extranjeros, cese del terrorismo y sabotaje y el perfeccionamiento de sistemas democráticos pluralistas. Aprobado en primera instancia, el rechazo de Estados Unidos lo tornó ineficaz, pero la ampliación de Contadora con el «Grupo de Apoyo» formado por Argentina, Uruguay, Brasil y Perú, abrió nuevas perspectivas para el diálogo. Los esfuerzos del presidente Arias, de Costa Rica, y las reuniones de Esquipulas han girado en torno a los mismos propósitos. Si bien no han clausurado totalmente las hostilidades, abrieron vías para una paz en la región, en parte facilitada por las concesiones del gobierno sandinista para con sus adversarios, y por la posición de las naciones europeas, entre las que juega un importante papel España.

El campesino de El Salvador padece, sencillamente, hambre. Es uno de los países de mayor densidad demográfica en el área, y el desempleo agrícola llegaba en 1974 al 49 por 100. Sus escasos recursos naturales, las plantaciones de café, algodón y caña de azúcar están controladas en un 45 por 100 por unas 200 familias que predominan a su vez en el sector industrial. Esta oligarquía dominante se ampara en el respaldo de un ejército que hasta hace bien poco ejercía la dictadura, apoyada por cuerpos paramilitares. Este cuadro explica la actitud de una Iglesia contestataria, de la cual surgieron sacerdotes como monseñor

Óscar Arnulfo Romero, asesinado en 1980, o los jesuitas ejecutados en 1989 en la Universidad de El Salvador. La reforma agraria, iniciada sin mucha convicción por un gobierno que recibía presiones de los terratenientes para postergarla, y la concentración del poder en manos de la oligarquía y el ejército dejó pocas esperanzas de cambio. En 1980 se creó el *Frente Farabundo Martí para la Liberación Nacional* (FMLN), por la fusión de varios grupos guerrilleros, y opera con éxito en varias zonas del país.

El presidente demócrata cristiano Napoleón Duarte llegó a la presidencia en 1984. Pretendía entablar diálogo con la guerrilla, pero tanto la extrema derecha, ARENA, como el ejército, mantienen una posición contraria a todo acuerdo. En los últimos tiempos, y como resultado de las resoluciones de Esquipulas, parecía entreverse alguna solución negociada para el conjunto de la región, que no llegó a cristalizar. La *cumbre* centroamericana, reunida en El Salvador, formuló sus propuestas en igual sentido. Pero el gobierno del candidato ultraderechista, Alfredo Cristiani, clausuró todo diálogo. El año 1989 se cerró con una fuerte ofensiva de la guerrilla, que creó enormes dificultades y tomó incluso la capital, pese a enfrentarse a un ejército con armamento ultramoderno.

En Guatemala existe, asimismo, una fuerte tensión social. La población indígena representa aproximadamente el 65 por 100 de los habitantes en un país que tiene también una alta concentración demográfica. En el panorama político se han configurado dos tendencias: la creciente politización de las Fuerzas Armadas hasta constituir un cuerpo con caracteres propios y el progresivo viraje de las fuerzas políticas hacia la derecha. Desde 1970 hasta 1985, cuando obtiene la presidencia el demócrata cristiano Marco Vinicio Cerezo, los militares han detentado el poder y se han sustituido a sí mismos por sendos golpes castrenses. La actuación de los cuerpos paramilitares de extrema derecha y la violación permanente de los derechos humanos controló toda

oposición. Entretanto, la guerrilla atrae sectores de la población cada vez más amplios y alcanza dimensión nacional. Opera aliada con organizaciones político-militares, que agrupan sindicatos, centrales campesinas, organizaciones estudiantiles y comunidades eclesiales de base. En los años 70 el ejército comenzó a emplear el genocidio de comunidades indígenas como forma de combatir los focos guerrilleros, ordenó el traslado forzoso de poblaciones e instaló las llamadas *aldeas estratégicas,* al estilo Vietnam, obligando a los campesinos a integrar las Patrullas de Autodefensa Civil (CAP). El resultado de estos procedimientos fue que miles de campesinos buscaron refugio en Honduras o en México.

El problema de la deuda externa

Una de las demostraciones del fracaso del desarrollismo es que la deuda, situada en 13.197 millones de dólares para 1965, diez años más tarde se eleva a 68.000 millones. En la actualidad, la situación presenta novedades con respecto a épocas anteriores de endeudamiento. En la década de los años setenta el aumento de las cifras de la deuda corresponde al ingreso de préstamos destinados a programas de *estabilización* por el encarecimiento de la factura del petróleo, a las políticas neoliberales implantadas por los asesores de las dictaduras, y a las necesidades de pago de intereses del principal de la deuda externa.

Pero en los años ochenta sus cifras se han disparado, y crece por acumulación de intereses. Por lo demás, entre 1975 y 1984 el volumen total de la deuda latinoamericana se multiplicó por seis y superó los 360.000 millones de dólares. En 1989 asciende a 410.000 millones. Este incremento de la deuda externa se agravó como consecuencia de una caída del precio internacional de las materias primas, el exceso de gastos militares en que incurrieron algunas dictaduras, y la ruina del empresario nacional producido por las políticas neoliberales. El resultado se tradujo en una fuerte crisis de las industrias locales, alimentando, al mismo tiempo, las condicionantes para el estallido de la conflictividad social cuando se produjo el retorno de las democracias y las masas pudieron reclamar soluciones en libertad. La inflación se convirtió en otro problema considerable, aunque las cifras oscilaron de un país a otro. En la Argentina de 1980 los precios habían tenido un ascenso del 80 por 100, pero en 1983 la subida superaba el 800 por 100; Brasil, con un 90 por 100 de inflación en la primera fecha, alcanza el 225 por 100 tres años más tarde. El caso extremo es Bolivia, que en 1984 registraba una inflación estratosférica, con un 8.200 por 100. Para el conjunto de América Latina, el nivel de precios se disparó desde una media de aproximadamente un 50 por 100 anual durante el período 1976-1981, a un 130 por 100 en 1983, hasta el 175 por 100 de 1984.

La crisis afloró en 1982, cuando México, cuya deuda externa ascendía a 88.000 millones de dólares, se vio obligado a cesar el pago a sus acreedores. La banca internacional se alarmó, temiendo una reacción en cadena sobre otros países en pleno marasmo económico: era el caso de Brasil, que debía más de 87.000 millones de dólares, Argentina, con 46.000 millones y Venezuela, endeudada en 30.000 millones. Detener el crecimiento de la deuda externa exigió imponer duras condiciones a unas economías ya debilitadas. Los gobiernos latinoamericanos decidieron reducir drásticamente las importaciones, como en 1930, e intentaron políticas de exportación más agresivas. Al mismo tiempo los ingresos de capital extranjero en la región disminuían radicalmente, y los gobiernos se veían obligados a utilizar los saldos positivos de su balanza de intercambio para atender los plazos de pago de la deuda externa. Por tanto, como ha señalado la CEPAL, en la

Moderno edificio de oficinas en Santiago de Chile, muestra de su importante desarrollo económico

década de los ochenta los países latinoamericanos se han convertido en exportadores netos de capital hacia las naciones más desarrolladas.

El porcentaje del valor de las exportaciones que los países latinoamericanos deben destinar al pago de intereses de la deuda, osciló entre un 35 y un 49 por 100. Esto explica con bastante claridad las moratorias decretadas por algunos países. Por otra parte, después de la guerra de las Malvinas en el Atlántico Sur, la economía argentina experimentó un colapso, y Brasil sorteaba grandes dificultades para hacer frente a sus pagos. Desde 1984, los organismos latinoamericanos, entre ellos el SELA, decidieron abordar el tema y proponer respuestas a nivel continental. Los proyectos oscilaron entre destinar el 20 por 100 del producto de las exportaciones al pago de la deuda —proyecto del SELA—, al porcentaje del 10 por 100 con la misma finalidad —propuesta de Alan García, el presidente del Perú—, hasta la opción cero, sustentada por Fidel Castro, insistiendo en que la deuda es, en puridad, imposible de pagar. La Reunión de Cartagena, en Colombia, rechazó la idea de formar un frente de deudores y decidió que era imprescindible encontrar una solución política a la coyuntura. Dadas las características de la deuda, sostenían, las responsabilidades deberían ser compartidas entre deudores y acreedores. La verdad es que los inversores, en una época de excedente de capital, prestaron alegremente a las dictaduras militares, olvidando que éstas habían desplazado a gobiernos democráticos, y en este momento pretenden cobrar esas deudas a las democracias. Pero la cumbre de países desarrollados, reunida en 1985, en la ciudad alemana de Bonn, no dio respuesta a las peticiones de los latinoamericanos. El Plan Baker, presentado como posible solución, está destinado, en realidad, a preservar el valor de la deuda para los bancos y no ha arrojado hasta el momento resultados positivos. Las negociaciones continúan, pero el problema es de enorme complejidad por la intrincada malla de intereses que es necesario conciliar. Mientras tanto, la deuda externa pesa sobre cada país de América Latina, impidiendo liberar a las actuales democracias latinoamericanas de las tensiones sociales que conlleva esta coyuntura.

10. América Latina en los noventa
Por Germán Vázquez

El proceso de remodelación del orden mundial, cuyo punto álgido puede situarse en 1989, año de la caída del Muro de Berlín, también afectó a América Latina que experimentó cambios radicales políticos y económicos en la primera mitad de los años noventa.

Centroamérica: el fin de la guerrilla

En concreto, el fin de la política de bloques y la consecuente devaluación de la importancia geoestratégica de Centroamérica favoreció la rapísima pacificación de una región que había vivido en un perenne estado de guerra civil. De hecho, el contexto de distensión fue clave para que las distintas partes aceptaran las propuestas de paz del *Grupo de Contadora,* pusieran en marcha el programa firmado en la localidad guatemalteca de Esquipulas, o se materializaran algunos de los puntos acordados por la

Grupo de escolares portorriqueños, un ejemplo del actual mestizaje latinoamericano

CEE con los cancilleres centroamericanos *(Conferencias de San José)*. El *placet* internacional al proceso pacificador se puso de manifiesto simbólicamente con la concesión del Premio Nobel de la Paz de 1992 a la india guatemalteca Rigoberta Menchú, tenaz defensora de los derechos de los indígenas de Guatemala.

El sosiego llegó a Nicaragua en 1990, año de las elecciones que dieron el triunfo a Violeta Chamorro, candidata de la coalición de los partidos opuestos al FSLN. Ese

des en Guatemala por la fuerte resistencia de ciertos sectores al cambio, como puso de manifiesto el autogolpe frustrado del general Serrano (1993) o en la actitud recelosa de los indígenas que regresaron del exilio mexicano. A pesar de ello, el proceso de transición hacia la democracia ha dado sus primeros frutos. Así, en las elecciones del 7 de enero de 1996, los guatemaltecos decidieron que rigiera los destinos del país Alvaro Arzú, cuyo mensaje sintonizaba mejor con los nuevos tiempos que el de su contrincante.

Buenos Aires, capital de Argentina, es en la actualidad una de las ciudades más modernas y pobladas del mundo

mismo año comenzaron las negociaciones entre el gobierno salvadoreño y la guerrilla, que cristalizaron en 1994 con las elecciones que llevaron al poder a Armando Calderón, representante del partido ARENA.

La transición presentó mayores dificulta-

Culminando el cambio político, los actuales gobiernos de la región se enfrentan ahora con una transición socio-económica cuyos principales retos a corto plazo son la reincorporación de los excombatientes a la vida civil, la transformación de la policía en un órgano civil, la consolidación de la independencia del Poder Judicial, y la desmilitarización total de la región (los presupuestos militares se sitúan todavía en una franja del 6 al 25 por 100 y se mantiene la proporción de un soldado por cada 200 habitantes). A medio plazo, la zona tendrá que planificar una política económica que concilie el notable crecimiento del PIB, producido gracias al fin de los conflictos, con un índice de pobreza continuamente a la baja.

Mujer boliviana vendiendo tejidos en un mercado a las afueras de la ciudad de La Paz

Cabe añadir que, hoy por hoy, el objetivo prioritario de los gobiernos centroamericanos debe ser la integración a todos los niveles de los contingentes desmovilizados porque los excombatientes tienden a crear una incipiente delincuencia muy bien organizada y armada que además de dedicarse a la extorsión y al secuestro, está integrándose en las redes del narcotráfico internacional.

Pero, sin duda, ha sido en Haití donde el proceso democratizador ha ofrecido los resultados más espectaculares. El 7 de febrero de 1991, Jean Bertrand Aristide se hizo cargo de la presidencia de la nación tras ganar las primeras elecciones libres que el país celebraba en sus doscientos años de historia; el 30 de septiembre de ese mismo año, el flamante presidente fue derrocado por un golpe militar encabezado por el general Raoul Cédras; y el 15 de octubre de 1994, una fuerza multinacional, formada casi exclusivamente por soldados estadounidenses, ocupó Haití y le restauró en el cargo. Las reformas de Aristide entre las que destacan la disolución del ejército, la reorganización total de la policía y la no reelección del presidente saliente hicieron posible la celebración de unas nuevas elecciones y primera transición de poder pacífica de la agitada historia haitiana (febrero de 1996).

Latinoamérica: hacia la estabilidad democrática

En todo el continente, las democracias surgidas de la caída de las dictaduras se han consolidado y en muchas regiones —concretamente en los países del Cono Sur— la normalización democrática es un hecho real. Conviene añadir que la democratización no se ha limitado sólo a las naciones sometidas a regímenes autocráticos, sino que también se ha extendido a las democracias tradicionales del continente (Venezuela, Colombia y México) que han iniciado una serie de reformas para poner fin a las restricciones impuestas al sistema democrático y a los abusos y corrupciones que se dan en torno a él.

Uno de los factores que más ha contribuido a la estabilidad política ha sido la bonanza económica que una gran parte de la región experimentó tras la puesta en marcha del *Plan Brandy* (1989), que implantaba nuevas vías para la financiación de la deuda externa, confirmando de forma explícita la incapacidad de los durísimos ajustes de la década anterior para generar el crecimiento del PIB. Las nuevas inyecciones de capital exterior, los beneficios de las masivas privatizaciones y los fuertes recortes en inversiones y gasto sociales, ha reducido de forma considerable la deuda externa, generando al tiempo una sensación de euforia económica.

La favorable coyuntura deberá aprovecharse para diseñar una estrategia que permitiese a la economía latinoamericana mostrarse competitiva en el contexto mundial, especialmente tras la aplicación de los acuerdos sobre la liberalización del comercio mundial negociados por el GATT en la *Ronda Uruguay* (1986-1993), poco favorables para Iberoamérica. Asimismo, superada la fase más dura del ajuste, es imprescindible relanzar el gasto público en las áreas que los latinoamericanos, según el VI Barómetro de Opinión Iberoamericana (1995), consideran prioritarias: la educación, la administración de la justicia y la sanidad.

El riesgo de una involución militar parece definivamente superado, pero lamentablemente no ocurre lo mismo con el caudillismo populista típico del mundo latinoamericano. La capacidad simbiótica del populismo para adaptar su discurso tradicional a las ideologías vigentes en cada momento histórico le convierte en el principal peligro de las jóvenes democracias iberoamericanas. Paradigma de lo expuesto sería Alberto Fujimori, quien venció contra todo pronóstico a Mario Vargas Llosa en las elecciones a la presidencia del Perú (1990) y posteriormente aprovechó el despegue económico para dar un autogolpe de Estado en 1992. En 1995 Fujimori sería reelegido presidente en unas nuevas elecciones presidenciales.

Los proyectos de integración

Las nuevas orientaciones económicas y la homogeneización democrática han favorecido el desarrollo de estructuras supranacionales tanto políticas como económicas. La primera propuesta en esta línea fue hecha por el presidente estadounidense Bush, quien lanzó en 1990 la llamada *Iniciativa de las Américas,* un plan que tiene como último objetivo crear una zona de libre comercio que abarque todo el continente. El proyecto fue aceptado por Canadá y México, firmantes junto con EE.UU. del *Tratado de Libre Comercio* (NAFTA); tratado que entró en vigor en 1994.

La iniciativa norteamericana tuvo su réplica en el *Tratado de Asunción* (1991), cuyo propósito era claramente defensivo: proteger un mercado de 194 millones de potenciales consumidores de la competencia de la Unión Europea, EE.UU. y Japón. Los países signatarios (Argentina, Brasil, Paraguay y Uruguay) acordaron la creación de un mercado común suramericano (MERCOSUR) que comenzó a funcionar en 1995. Ese mismo año, MERCOSUR suscribió con la UE un acuerdo de cooperación que prevé la creación en el año 2005 de un área de libre cambio para 580 millones de consumidores.

Los mismos motivos impulsaron a los ministros de economía de México y Centroamérica a diseñar en 1992 un mercado regional que debería comenzar a funcionar a partir de 1996.

Los planes de integración económica tienen su complemento en los proyectos de construcción de organismos de carácter político de índole supranacional. Su desarrollo lógicamente es más lento porque las naciones, como se ha visto en Europa, se resisten a perder soberanía. El PARLATINO (Parlamento Latinoamericano) y el PARLANDINO (Parlamento Andino) están todavía en período de gestación y sometidos a las presiones comunes a cualquier proceso de este tipo. Mejores expectativas tiene el PARLACEN (Parlamento Centroamericano), sobre todo por la experiencia acumulada por sus inte-

Grupo de cubanos llegando a las costas de Miami, en Estados Unidos, tras su salida clandestina de la isla

grantes durante las negociaciones para la pacificación de la región. A estos organismos cabe añadir el *Grupo de Río* o *Grupo de los ocho* (Argentina, Brasil, Colombia, México, Panamá, Perú, Uruguay y Venezuela), un bloque que nació a raíz de las negociaciones de paz en Centroamérica y que hoy en día sirve para que las naciones miembros coordinen determinados temas internacionales.

Pero, sin duda alguna, el principal foro iberoamericano es la *Cumbre* anual que celebran los jefes de Estado y de Gobierno de España, Portugal y las repúblicas iberoamericanas. Las *Cumbres* son el embrión de una futura *Comunidad Iberoamericana de Naciones*, cuyo espíritu está claramente definido en el punto tercero de la declaración final de la Primera *Cumbre* (Guadalajara, México, 20 de julio de 1991): *Nuestra comunidad se asienta en la democracia, el respeto a los derechos humanos y en las libertades. En este marco se reafirman los principios de soberanía y de no intervención y se reconoce el derecho de cada pueblo a construir libremente en la paz, estabilidad y justicia, su sistema político y sus instituciones.*

Se trata, en suma, de potenciar una unidad hasta ahora inexistente que permita a los 21 países miembros actuar como un conjunto sin grandes fisuras en el seno de la comunidad internacional. De ahí que las reuniones hagan hincapié en los intereses comunes y limen en la medida de lo posible las diferencias.

La cuestión cubana

Al finalizar 1995, Cuba era el único país latinoamericano que no se regía por el sistema democrático y uno de los contactos del planeta que conservaba aún una economía estatal. La transición cubana hacia la democracia es sumamente compleja y constituye un problema por sí. Por un lado, el castrismo tiene pocas similitudes con los restantes totalitarismos iberoamericanos dado que, a diferencia de las dictaduras típicas del continente, prestó una atención considerable a los temas sociales, efectuando una serie de mejoras en sanidad y educación que conviene tenerlo muy presente fueron posibles en gran parte gracias a la lectura política de una balanza comercial que habría sido desfavorable para Cuba si la URSS hubiera aplicado las leyes de la oferta y la demanda. Por el otro, sólo han transcurrido 37 años desde la entrada de Castro en La Habana y el pasado todavía está muy vivo, lo que se traduce en una radicalización ideológica que no contribuye en nada a solventar una cuestión de por sí peliaguda. En cualquier caso, la nueva Cuba debería, según el profesor cubano de la Universidad de Pittsburgh Carmelo Mesa-Lago, *procurar salvar, en la medida de lo posible, los logros sociales positivos de la revolución y sentar las bases para una economía más eficiente y más productiva.*

Iberoamérica a las puertas del siglo XXI

Al finalizar febrero de 1996, el riesgo de que se reproduzca en América Latina la caótica situación imperante en los años setenta y ochenta es prácticamente mínimo.

Iberoamérica ha finalizado la fase de transición hacia la democracia y se enfrenta ahora al reto de consolidar el sistema democrático, potenciando la estructura judicial y creando redes educativas y sanitarias que lleven a la práctica el principio de igualdad ante la ley, el derecho a gozar de una calidad de vida aceptable y la igualdad de oportunidades, cualquiera que sea la edad, el sexo, la raza o el nivel de renta.

Un reto apasionadamente para un continente multiétnico que ha padecido en exceso la dictadura militar, el caudillismo y la discriminación social.

Bibliografía

ALCÁNTARA SÁEZ, Manuel
   1989-90   *Sistemas políticos de América Latina,* 2 vols. Madrid: Tecnos.
CARMAGNANI, Marcello
   1984   *Estado y sociedad en América Latina, 1850-1930.* Madrid: Barcelona.
CENTRO DE ESTUDIOS INTERNACIONALES
   1980   *Centroamérica en crisis.* México: El Colegio de México.
GONZÁLEZ CASANOVA, Pablo (Coord.)
   1977-1981   *América Latina: historia de medio siglo.* México: Siglo XXI (2 vols.).
HARDOY, Jorge E.; MORSE, Richard M. (Coord.)
   1988   *Repensando la ciudad de América Latina.* Buenos Aires: Grupo Editor de América Latina.
LAMBERT, D. C.; MARTÍN, J. M.
   1976   *América Latina: economías y sociedades.* Madrid: Fondo de Cultura Económica.
MARTÍNEZ DÍAZ, Nelson
   1986   *América Latina en el siglo XX.* Barcelona: Orbis.
NOHLEN, Dieter, y SOLARI, Aldo
   1988   *Reforma política y consolidación democrática. Europa y América.* Caracas: Nueva Sociedad.
SELA
   1988   *La economía mundial y el desarrollo de América Latina y el Caribe.* Caracas: Nueva Sociedad.
SILVA MICHELENA, José A. (Coord.)
   1987   *Paz, seguridad y desarrollo en América Latina.* Caracas: Nueva Sociedad.
TOURAINE, Alain
   1989   *América Latina: política y sociedad.* Madrid: Espasa Calpe.

Índice onomástico

Aztlan: 53.
Azayacatl: 54.

Bahamas, islas (o Lucayas): 96, 196, 195.
Bahía (Brasil): 161.
Baker, Plan: 199.
Balaguer, Joaquín: 183.
Balmaceda, José: 162.
Balsas, río: 9.
Bancroft, Hubert Howe, 24.
Banda Oriental (ver tbn:: Uruguay): 142, 143, 144, 147.
Barbados, islas: 195.
Barradas, Isidro: 155.
Barranquilla (Colombia): 191.
Barrientos, René: 182.
Barrios, Justo Rufino: 156.
Bastidas, Rodrigo de: 101.
Bataillon, Marcel: 129.
Batista, Fulgencio: 173, 181, 182, 187.
Batlle y Ordóñez, José: 163, 171.
Baudin, Louis: 81, 82.
Bayhaut, Gustavo: 163.
Bayhaut, Helene: 163.
Belaunde Terry, Fernando: 183.
Bélgica: 111.
Belgrano, Manuel: 143.
Belice: 28, 43.
Belzu, Manuel Isidoro: 158.
Benalcázar, Sebastián de: 108.
Beneyto Pérez, José: 129.
Bennassar, Bartolomé: 129.
Berdan, Francis F.: 82.
Bering, estrecho de: 29, 31, 33, 100.
Berlín, Muro de: 199.
Bernal, Ignacio: 40.
Berro, Bernando P.: 163.
Bethencourt, Jean de: 88.
Bio-bio, río: 161.
Blanco, Guzmán: 157.
Blanco Galindo, Carlos: 173.
Bogotá (Santa Fe de): 13, 14, 66, 108, 122, 125, 146, 191.
Bojador, cabo: 88.
Bolívar, Simón: 133, 142, 144, 146, 147, 149, 151, 153, 156, 157.
Bolivia: 12, 13, 28, 67, 108, 147, 150, 158, 159, 173, 175, 176, 177, 178, 182, 184, 185, 186, 188, 192, 193, 198.
Bonaire, isla: 194.
Bonampak: 44, 46, 48.
Bonaparte, José: 140.
Bonaparte, Napoleón: 134, 147.
Bonifaz, Neftalí: 173.
Bonn: 199.
Borbones, los: 124, 126, 128.

Borgoña: 111.
Bosch, Juan: 183.
Boston (EEUU): 90.
Boves, José Tomás: 142, 146.
Boyacá: 66.
Bragança, Casa de: 147.
Brainerd, George W.: 82.
Brandy, Plan: 202.
Brasil: 10, 13, 30, 32, 35, 101, 136, 144, 147, 148, 150, 154, 159, 160, 163, 172-176, 179, 180, 185-188, 192, 196, 198, 200, 202, 203.
Brasilia: 180.
Bravo, Concepción: 80.
Bravo del Norte, río: 8, 9.
Brizola, S.: 180.
Buena Esperanza, cabo de: 88.
Buenos Aires: 13, 14, 122, 128, 142-144, 147, 148, 151, 162-164, 170, 190.
Buenos Aires, lago: 9.
Bulnes, Manuel: 161.
Burgos, Leyes de (Leyes Nuevas): 112.
Busch, Germán: 178.
Buscón, El: 98.
Busch, George: 202.
Busto, J.A. del: 130.

Caamaño Deño, Francisco: 183.
Cabo Verde, Islas de: 88, 96.
Cabotto, Juan: 102.
Cabotto, Sebastián, 102.
Cacaxtla (México): 54.
Cádiz: 128, 139.
Cajamarca: 72, 73, 107.
Calcedo, José: 136.
Calderón, Armando: 200.
Cali (Colombia): 191, 193.
Calicut (India): 89.
California (EEUU): 26, 33, 103, 107, 116, 155.
Callao, puerto de El: 146.
Calles, Plutarco Elías: 169.
Campeche: 43.
Canadá: 184, 202.
Canarias, islas: 88, 92, 96.
Cancha Rayada: 142.
Canudos (Bahía, Brasil): 161.
Cao, Diego: 88.
Capac, Huayna: 107.
Capac, Maita: 73.
Capac, Manco: 73, 75.
Caquetá, río: 8.
Carabobo, batalla de: 146.
Caracas: 13, 14, 101, 134, 142, 146, 155, 156, 191.
Caracas, Real Compañía Guizpuzcoana de: 126.
Cárdenas, Lázaro: 187.
Carias Andino, Tiburcio: 173.
Caribe, lengua: 26.

Caribe, mar: 85, 101, 102, 134, 138, 165, 166, 181, 184, 188, 191, 194, 195.
CARICOM: 185.
Carlos, Archiduque (Casa de Austria): 123.
Carlos II: 111, 123.
Carlos III: 125, 138.
Carlos V: 21, 102, 108, 111, 115, 117.
Carlota Joaquina, Princesa: 147.
Carmagnani, Marcello: 163, 204.
Carranza, Venustiano: 168.
Carrera, José Miguel: 142.
Carrera, Rafael: 156.
Cartagena, Reunión de: 199.
Cartagena de Indias (Colombia): 108, 121, 134.
Casa de la Contratación (Sevilla): 112, 126.
Casa de la Fundición: 136.
Casas, Francisco de las: 105.
Casas, Fray Bartolomé de las: 22, 29, 91, 110, 112, 115, 117.
Casetta, Giovanni: 201.
Casiquiare, río: 9.
Casma, valle de: 36.
Caso, Alfonso: 82.
Castelo Branco, Humberto: 180.
Castilla: 86, 88, 91, 93, 96, 97, 104, 109-111, 114, 115, 121, 123.
Castilla, Consejo de: 112.
Castilla, Ramón: 158.
Castilla del Oro: 102, 105.
Castillo, Alonso del: 106.
Castillo Armas, coronel: 181.
Castro, Cipriano: 157.
Castro, Fidel: 182, 185, 199, 204.
Cataluña: 86, 87, 123.
Cauac Caan de Quiriguá: 45.
Caura, río: 9.
Cebú (Filipinas): 102.
Cedrás, Raoul: 201.
CEE: 184, 200.
CEPAL: 184, 185, 188, 189, 194, 198.
Cerdeña: 111.
Cerezo, Marco Vinicio: 196.
Cerro Sechín, templo de: 36.
César, Julio: 21.
Céspedes del Castillo, Guillermo: 130, 148.
Ceuta: 88.
Chac, dios: 51.
Chacabuco: 146.
Chachapoya: 72.
Chaco, El Gran: 8, 177, 178.
Chaco, Guerra del: 177.
Chaco, lago (México): 53.
Chalchiuhtlicue, dios: 40, 60.
Chalchiuhuecan (Veracruz, México): 103.
Chamorro, Violeta: 200.
Chanca: 72.
Chancay: 72.

Chanchán: 72.
Chapare, El: 193.
Chapultepec: 53.
Chalpultepec: 53.
Charcas: 74.
Chavín, cultura: 67, 68.
Chavín de Huantar: 67.
Chesapeake, bahía de: 90.
Chiapas: 43, 48.
Chibcha, lengua: 26.
Chicama, valle de: 69.
Chichén-Itzá: 45.
Chilam Balam, libros de: 24.
Chilam Balam de Chumayel: 24.
Chilam Balam de Maní: 24.
Chilam Balam de Tizimin: 24.
Chile: 10, 11, 13, 28, 73, 74, 106, 108, 125, 137, 141, 142, 146, 150, 158, 159, 161, 165, 171, 172-174, 177, 186, 188, 191, 194.
Chimor, reino: 71, 74.
Chimú, cultura: 72.
China: 29, 85, 98.
Chincha: 70.
Chiriqui: 64.
Choco: 107.
Cholula: 103.
Churchward, James: 30.
Cibola: 106.
Cieza de León, Pedro: 22.
Ciquis: 64.
Cisneros, cardenal Francisco Jiménez de: 115.
Coatlicue, diosa: 60.
Coatlinchan: 53.
Coatzacoalcos, río: 9.
Cobo, Bernabé: 22.
Coca, río: 108.
Cochabamba (Bolivia): 134, 193.
Cochrane, Thomas: 146.
ocijo, dios: 40.
Cocle: 64.
Coco, río: 9.
Cod, cabo: 105.
Códice Pérez: 24.
Coe, Michael D.: 82.
Colbert, Jean Baptiste: 123.
Colima: 38, 65.
Colla: 72.
Coloma, Juan de: 94.
Colombia: 10, 13, 28, 63-65, 102, 146, 150, 157, 165, 172-174, 176, 180, 184, 185, 187, 188, 189, 191, 193, 195, 199.
Colombo, Doménico: 91.
Colón, Bartolomé: 94.
Colón, Cristóbal: 13, 32, 88-93, 94-99, 101, 102, 118.
Colón, Diego: 94.
Colon, Hernando: 91.

Colorado, Estado de (EEUU): 107.
Colorado, Cañón del río: 106.
Comunidad Iberoamericana de Naciones: 203.
Congo, río: 88.
Consejo de Indias: 112, 114, 117, 124, 126.
Conselheiro, Antonio: 158.
Constantinopla: 85.
Contadora, Grupo de: 196, 199.
Copán (Honduras): 45.
Copán, Montañas de: 7.
Coquimbo: 142.
Córdoba, Tratado de: 144.
Corea, Guerra de: 178, 182.
Coricancha (Templo del sol): 73.
Coro (Venezuela), serranías de: 134.
Cortés, Hernán: 21, 103, 105, 107, 115.
Coruña, La: 128.
Cosa, Juan de la: 95, 101.
Costa, Manuel Da: 136.
Costa Real, hermanos: 102.
Costa Rica: 14, 63, 64, 146, 187, 196.
Costeras, Sierras (América del Sur): 7.
Covilham, Pedro de: 88.
Cristeros, revolución de los: 169.
Cristiani, Alfredo: 196.
Cruz, Sor Juana Inés de la: 122.
Cuba: 14, 96, 98, 102, 142, 149, 154, 165, 166, 172, 181-184, 195, 204.
Cumbres Iberoamericanas: 203.
Cundinamarca: 66.
Curaçao, isla: 194.
Curicaveri, dios: 42.
Cuzco (Perú): 72, 78, 81, 107, 108, 122, 134.

Darién, región/golfo del: 102.
Dávila, Pedrarias: 102, 105, 106.
Dávila, Pedro Francisco: 128.
Dessalines, Jean: 134.
Días, Bartolomé: 88.
Díaz, Porfirio: 155, 165, 167, 168, 187.
Díaz de Solís, Juan: 102.
Díaz del Castillo, Bernal: 21.
Disselhorff, Hans-Dietrich: 82.
Domínguez Jorge: 148.
Domínguez Ortiz, Antonio: 129.
Dorado (cacique Chibcha): 66.
Dorantes, Andrés: 106.
Drago, doctrina: 166.
Duarte, José Napoleón: 196.
Durán, fray Diego: 22.
Duvalier, François: 181.
Duvalier, Jean Claude: 187.

Echeveste, Matías de: 90.
Ecuador: 10, 14, 28, 63-65, 74, 108, 157, 173,

176, 180, 185, 187, 188, 192.
Egipto: 30, 89.
Ek Chuac, dios: 51.
El Paso (EEUU): 20.
Elcano, Juan Sebastián: 102, 105.
Eldorado: 108.
Elío, gral. Javier de: 140.
Elliot, John H.: 130.
Encinas, Diego de: 112.
Enciso (Martín Fernández de): 102.
Enrique El Navegante: 88.
Enrique VIII de Inglaterra: 102.
Enríquez de Arana, Beatriz: 94.
Entre Ríos (Argentina): 162.
Erik «el Rojo»: 90.
Errázuriz, Federico: 161.
Esmeraldas (Ecuador): 65.
España: 29, 85, 88, 93, 100, 109, 116, 123, 127, 128, 133, 139, 140, 146, 147, 149, 159, 167, 196.
España, José María: 136.
Española, La (isla de Santo Domingo): 101, 102, 115.
Esquimal, lengua: 26.
Esquipulas, Acuerdos de: 199.
Estados Unidos: 8, 10, 20, 28, 30, 36, 103, 105, 116, 150, 155, 157, 166, 173, 177, 180, 181, 184, 189, 194, 195.
Estebanico (esclavo moro): 106.
Estigarribia, Félix: 178.
Estrada Cabrera: 166.
Europa: 10, 25, 27, 30, 85, 86, 90, 98-101, 102, 104, 108, 111, 121, 126, 162, 172, 174, 188.
Extremadura: 103.

FAR (Guatemala): 184.
Federmann, Nicolás: 108.
Felipe II: 111.
Felipe III: 111.
Felipe IV: 111.
Felipe V: 123, 125.
Fenicia: 29.
Fernández de Lugo, Alonso: 88.
Fernández Lizardio, José: 137.
Fernando El Católico: 86-88, 93, 94, 98.
Fernando VII: 133, 142, 147.
Felipinas: 104.
Fisola, Vicente: 146.
Flandes: 111.
Flores, Juan José: 157.
Flores, Venancio: 163.
Florida, La (EEUU): 20, 103, 105, 107.
Fonseca, Manuel Deodoro de: 160.
Fontanarossa, Sussanna: 91.
Francia: 73, 92, 94, 111, 123, 124, 134, 138, 140, 173, 194.
Francia, Doctor: 162.

Maipú, batalla de: 146.
Malaespina, Alejandro: 124.
Malvinas, islas: 198.
Mamacocha: 79.
Mamaquilla: 79.
Managua, lago: 9.
Manchester, Escuela de: 30.
Manco, Ayar: 73.
Manco Inca (Hermano de Atau Huallpa): 107, 108.
Manzano, Juan: 129.
Maracaibo (Venezuela): 134.
Maracaibo, lago: 9.
Marañón, río (o Negro): 8.
Marchena, fray Antonio de: 93.
María Galante, isla: 194.
Mariátegui, Carlos: 176.
Marklandia: 90.
Marquet, Paulette: 31.
Martín, J. M.: 201.
Martín Fierro: 162.
Martínez de Irala: 108.
Martínez Díaz, Nelson: 148, 163, 204.
Martinica, La: 194.
Martins, Fernando: 92.
Mason, John A.: 82.
Mather, Cotton: 117.
Matto Grosso: 163.
Maule, río: 73, 142.
Maximiliano I de México: 155.
Maya, lengua: 26.
Mayapán: 45, 46.
Mckinley, monte: 166.
Mcquown, Norman A.: 26.
Medellín (Colombia): 191, 193.
Medellín (España): 103.
Medinaceli, Duque de: 93.
Medinasidonia, Duque de: 93.
Mediterráneo, mar: 85-87.
Melanesia: 31.
Melgarejo, Mariano: 158.
Menchú, Rigoberta: 200.
Mendoza, Pedro de: 108.
Menéndez Pidal, Ramón: 130.
MERCOSUR: 202.
Mesa-Lago, Carmelo: 204.
México: 8, 9, 11, 12, 13, 14, 22, 24, 26, 28, 41, 51, 53, 54, 58, 60, 67, 102-104, 115, 117, 122, 139, 142-144, 149-151, 153, 155, 165-168, 172, 174, 176, 182, 187, 188, 193, 196, 197, 199, 201, 202, 203.
México, golfo de: 8, 59.
México, Valle de: 10, 38.
Michoacán (México): 38, 42, 168.
Mictlantecuhtli, dios: 40, 60.
Minas Gerais (Brasil): 136.
Miranda, Francisco de: 138, 142.
Mississippi, río: 106.

Mitre, Bartolomé: 162, 163.
Moche, cultura: 68, 69, 70.
Moctezuma: 103, 104, 106.
Mohave, desierto de: 33.
Monagas, José Tadeo: 156.
Moncada, cuartel (Cuba): 182.
Monroe, Doctrina: 166.
Monte Albán: 40.
Montejo, Francisco de: 46, 105.
Montejo, Francisco de «el Mozo»: 105.
Monterrey (México): 124.
Monteverde, general: 142.
Montevideo (Uruguay): 13, 140, 142, 143, 147, 148, 162, 163, 190, 191.
Montoneros (Argentina): 184.
Montserrat, isla: 194.
Montt, Manuel: 161.
Moñiz de Perestrello, Felipa: 92.
Mora, José María Luis: 155.
Morales Bermúdez, Remigio: 184.
Morales Padrón, Francisco: 129.
Morazán, Francisco: 151, 155, 156.
Morelos (México): 168.
Morelos, José María: 142, 144.
Moreno, Mariano: 143.
Morillo, general: 142.
Morley, Silvanus G.: 82.
Morse, Richard M.: 201.
Motecuhzoma I (Ilhuicamma): 54.
Motecuhzoma II (Xocoyotzin): 54.
Movimiento «Francisco Morazán»: 184.
Mu, continente desaparecido: 30.
Murillo, Bartolomé Esteban: 111.
Murra, John V: 82.
Mutis, José Celestino: 124.

NAFTA (Tratado de Libre Comercio): 202.
Nahuel Huapi, lago: 9.
Nakún, centro maya: 44.
Nancy (Francia): 19.
Napo, río, 108.
Nápoles (Italia): 91, 111.
Naranjo, centro maya: 44.
Nariño, Antonio: 137.
Narváez, Pánfilo de: 104-106.
Navarra: 86.
Navarro García, Luis: 130.
Navidad, fuerte La: 96.
Nayarit (México): 38.
Nazca, cultura: 68, 70.
Neanderthal, hombre de: 34.
Negro, río (Marañón): 8.
Nicaragua: 13, 63, 105, 146, 156, 166, 173, 185, 186, 187, 195, 200.
Nicaragua, lago: 9.
Nicoya, golfo de: 37.

Nicoya, península de: 63.
Nicoya, cultura: 63.
Nicuesa, Diego de: 102.
Niña, La, carabela: 95, 96.
Niño, familia (de Palos, Huelva): 95.
Noé: 29.
Nogueira Bermejillo, Manuel: 123.
North, John: 162.
Nueva Andalucía: 102.
Nueva Escocia: 102.
Nueva España: 22, 24, 115, 141.
Nueva Granada: 117, 125, 133, 136, 140, 146.
Nueva York: 90, 155.
Nueva Zembla: 89.
Nuevo México: 107, 116, 155.
Núñez, Rafael: 157.
Núñez Cabeza de Vaca, Alvar: 20, 106.
Núñez de Balboa, Vasco: 102, 103-105.

O'Higgins, Bernardo: 142, 146.
Oaxaca (México): 38, 40, 42, 54.
Obregón, Alvaro: 168.
Oceanía: 31.
Ocllo, Mama: 73.
Ocho, Grupo de los: 203.
OEA: 185, 186.
Odría, Manuel: 177.
Ojeda, Alonso de: 98, 101, 102, 107.
Olid, Cristóbal de: 105.
Ollantaytambo: 81.
Olom Dz-Acab, dios: 49.
Omecihuatl, dios. 60.
Ometucuhtli, dios: 60.
ONU: 180, 195.
Ophir, región mítica: 29.
Ordenanzas sobre el buen tratamiento a los indios: 112.
Oribe, Manuel: 151, 163.
Orinoco, río: 8, 9, 101, 124, 146.
Orizaba, volcán: 7.
Oruro (Bolivia): 134.
Otomangue, lengua: 26.
Ouro Preto (Brasil): 136.
Ovando, Nicolás de: 102.

Pacal, personaje maya: 45.
Pachacamac, ciudad (Perú): 72.
Pachamana, diosa inca: 79.
Pacífico, océano: 7, 25, 28, 30, 31, 33, 37, 53, 59, 63, 78, 102, 104, 146, 158, 175, 191.
Pacífico, Guerra del: 162, 177.
Páez, José Antonio: 146, 151, 156.
Paiva, Alfonso de: 88.
Palacios, Alfredo: 169.
Palenque: 45, 46.

Palenque, Templo de las Inscripciones de: 45.
Palma, La (Canarias): 88.
Palos (Huelva): 94-96.
Palpa, valle de: 70.
Pampas, Las: 8, 12.
Panamá: 13, 64, 101-104, 107, 115, 144, 149, 157, 165, 187, 189, 195, 203.
Panamá, canal de: 166, 195.
Pánuco, río: 9, 37.
Papaloapán, río: 9.
Pará, península (Venezuela): 101.
Paracas, cultura: 67, 68.
Paraguay: 108, 116, 127, 143, 160, 162, 163, 173, 175, 177, 178, 179, 185, 187, 202.
Paraguay, río: 162, 178.
Paraíba (Brasil): 31.
Paraná, río: 8, 9, 108, 162.
Pardo, Manuel: 159.
PARLACEN (Parlamento Centroamericano): 202.
PARLANDINO (Parlamento Andino): 202.
PARLATINO (Parlamento Latinoamericano): 202.
Paso, Juan A.: 143.
Pasto: 73.
Patagonia, región de La: 9, 10, 11, 12, 170.
Paulo VI: 190.
Paz, La (Bolivia): 134, 193.
Paz Estensoro, Víctor: 176, 181, 182, 186, 187.
Pedro de Portugal, Príncipe: 147.
Pedro I de Brasil: 147, 159.
Pedro II de Brasil: 160.
Peixoto, Alvarenga: 136.
Peñaloza, Chacho: 162.
Pereyra, Carlos: 129.
Pérez, fray Juan: 93.
Pérez, Juan (explorador): 124.
Pérez Embid, Florentino: 129.
Pernambuco (Brasil): 160.
Perón, Eva (Duarte de): 178.
Perón, Juan Domingo: 176, 178, 179.
Perú: 10, 13, 22, 26, 28, 29, 36, 67, 69, 70, 106, 108, 115, 126, 133, 139, 142, 144, 147, 152, 158, 159, 167, 176-178, 183, 184, 187, 188, 191, 193, 195, 196, 199, 202, 203.
Petén, región de El (Guatemala): 44, 46, 52.
Petén-Itza, lago: 105.
Petión, Alejandro: 146.
Petrópolis, Tratado de: 158.
Pichincha, volcán: 146.
Picornell, Juan Bautista: 134, 136.
Piedras Negras: 45, 46, 52.
Piérola, Nicolás: 159.
Pije-tao, dios: 40.
Pinta, La carabela: 95, 96.
Piquillacta (Perú): 72.
Pisac, ciudad inca: 81.
Pisco (Perú): 70.
Pitao-Cozobi, dios: 40.

Santa Lucía, isla de: 195.
Santa María, nao: 95, 96.
Santa María de Iquique (Chile): 171.
Santa María del Buen Aire (Buenos Aires): 108.
Santa María la Antigua del Darién: 102.
Santa Marta (Colombia): 108, 134.
Santángel, Luis de: 94.
Santiago, Miguel de: 122.
Santiago de Chile: 13, 14, 142, 150, 171, 193.
Santiago de Cuba: 182.
Santo Domingo (República Dominicana): 93, 105, 115, 134.
Sanz, Ángel: 52.
Sapper, Karl: 26.
Saravia, Aparicio: 171.
Sechín, Cerro: 67.
SELA: 185, 198, 199.
Sendero Luminoso: 184.
Serna, José de la: 146.
Serra, fray Junípero: 124.
Serrano, Jorge: 200.
Sevilla: 94, 112, 121, 140.
Si, diosa: 72.
Sicilia: 111.
Sicuani (Cuzco, Perú): 72.
Sierra Madre: 7.
Sierra Maestra: 182.
Sigvald, Linne: 82.
Sihuas (Perú): 72.
Silva Michelena, José A.: 204.
Silva Xavier, Joaquín José da («Tiradentes»): 137.
Sinaloa (México): 37.
Smith, Elliot: 30.
Solano López, Francisco: 163.
Solimóes, río (o Negro): 8.
Somoza, Anastasio: 173, 187.
Somoza, familia: 166, 181.
Somoza, Luis: 187.
Soto, Hernando de: 106, 109.
Soustelle, Jacques: 82.
Spinden, Herbert: 26.
Standard Oil: 177, 179.
Stanley, J.: 163.
Stein, Bárbara: 163.
Sucre, Antonio José de: 133, 144, 147.
Sudré Dartiguenave (Haití): 166.
Surinam: 185, 195.

Tabasco (México): 37, 43.
Tajín, El: 42.
Talamanca, sierra de: 7.
Tapajoz, río: 8.
Tarapacá (Bolivia): 159.
Taviani, P. E.: 129.
Tayasal: 46.

Tehuantepec: 53, 54.
Tehuicamma (Moctezuma I): 54.
Tenerife: 88.
Tenochtitlán (México): 53, 54, 57, 60, 102, 103, 104.
Teotihuacán: 38, 39, 40, 44, 50, 71.
Teresa de Mier, fray Servando: 137.
Terra, Gabriel: 173.
Terranova: 90, 102.
Tetzcoco: 54.
Texas (EEUU): 107, 155.
Tezcatlipoca, dios: 60.
Thompson, Eric J.: 51.
Thompson, John Eric S.: 82.
Thorstein (hijo de Erik el Rojo): 90.
Thorvald (hijo de Erik el Rojo): 90.
Tiahuanaco: 68, 71.
TIAR: 179.
Tierradentro (Colombia): 65.
Tikal, centro maya: 44, 52.
Titicaca, lago: 9, 73.
Tizoc, rey azteca: 54.
Tlaloc, dios: 40, 60, 63.
Tlatelolco (México): 53, 54.
Tlaxcala: 104.
Tlaxcallan (México): 54.
Tlazolteotl, diosa: 60.
Tloquenahuaque, deidad: 79.
Toledo, Francisco de, virrey: 134.
Toluca, valle de: 54.
Tonatiuh, dios: 60.
Tordesillas, Tratado de: 97.
Toro, David: 178.
Torres, Camilo: 136, 137, 142, 187.
Tourain, Alain: 204.
Toussaint Louverture: 134, 153.
Tox, dios: 51.
Tratado de la Cuenca del Plata: 185.
Trento, Concilio de: 118.
Tres Zapotes: 37.
Trinidad-Tobago: 195.
Triple Alianza, guerra de la (1865-70): 178.
Trujillo, familia dominicana: 166, 181.
Trujillo, Rafael Leónidas: 173.
Trujillo (Perú): 72.
Tucumán (Argentina): 74.
Tula: 41.
Tumaco (Colombia): 65.
Túmbez: 107.
Tupac Amaru (Movimiento «Tupamaros»): 184.
Tupi-guaraní (lengua): 26.

Uaxactún, centro maya: 44.
Ubico Castaneda, Jorge: 173, 181.
Ucayali, río: 8.
Ulloa, Antonio de: 124.